交通运输职业教育高职汽车运用与维修技术专业教

Qiche Xingneng yu Jiance Jishu
汽车性能与检测技术

全国交通运输职业教育教学指导委员会　**组织编写**
　　　　　　　　　　　　　杨柳青　**主　　编**
　　丁在明　王　毅　解　云　**副主编**
　　　　　　　　　　　　　文爱民　**主　　审**

人民交通出版社股份有限公司
China Communications Press Co.,Ltd.

内 容 提 要

本书为交通运输职业教育高职汽车运用与维修技术专业教材。本书分为七个单元,主要内容包括:汽车检测站认识、汽车安全性能与检测、汽车环保性能与检测、汽车综合性能与检测、汽车整车技术参数与检测、汽车主要总成性能参数与检测、汽车试验场。

本书可作为高等职业院校汽车运用与维修技术专业、汽车检测与维修技术专业的教学用书,也可作为汽车检测与维修技术人员的培训教材。

图书在版编目(CIP)数据

汽车性能与检测技术/全国交通运输职业教育教学指导委员会组织编写;杨柳青主编. —北京:人民交通出版社股份有限公司,2020.6
 ISBN 978-7-114-16235-0

Ⅰ.①汽… Ⅱ.①全… ②杨… Ⅲ.①汽车—性能检测—高等职业教育—教材 Ⅳ.①U472.9

中国版本图书馆 CIP 数据核字(2020)第 008309 号

书　　名:	汽车性能与检测技术
著 作 者:	杨柳青
责任编辑:	张一梅
责任校对:	孙国靖　宋佳时
责任印制:	刘高彤
出版发行:	人民交通出版社股份有限公司
地　　址:	(100011)北京市朝阳区安定门外外馆斜街 3 号
网　　址:	http://www.ccpcl.com.cn
销售电话:	(010)59757973
总 经 销:	人民交通出版社股份有限公司发行部
经　　销:	各地新华书店
印　　刷:	北京市密东印刷有限公司
开　　本:	787×1092　1/16
印　　张:	14
字　　数:	316 千
版　　次:	2020 年 6 月　第 1 版
印　　次:	2024 年 5 月　第 2 次印刷
书　　号:	ISBN 978-7-114-16235-0
定　　价:	35.00 元

(有印刷、装订质量问题的图书,由本公司负责调换)

前　言

为贯彻落实《国务院关于印发〈国家教育事业发展"十三五"规划〉的通知》(国发〔2017〕4号)精神,深化教育教学改革,提高汽车技术人才培养质量,满足创新型、应用型人才培养目标的需要,全国交通运输职业教育教学指导委员会组织来自全国交通职业院校的专业教师,按照教育部发布的《高等职业学校汽车运用与维修技术专业教学标准》的要求,紧密结合高职高专人才培养需求,编写了交通运输职业教育高职汽车运用与维修技术专业教材。

在本系列教材编写启动之初,全国交通运输职业教育教学指导委员会组织召开了交通运输职业教育高职汽车运用与维修技术专业教材编写大纲审定会,邀请行业内知名专家对该专业的课程体系和教材编写大纲进行了审定。教材初稿完成后,每种教材由一名资深专业教师进行主审,编写团队根据主审意见修改后定稿,实现了对书稿编写全过程的严格把关。

本系列教材在编写过程中,认真总结了全国交通职业院校的专业建设经验,注意吸收发达国家先进的职业教育理念和方法,形成了以下特色:

1. 与专业教学标准紧密衔接,立足先进的职业教育理念,注重理论与实践相结合,突出实践应用能力的培养,体现"工学结合"的人才培养理念,注重学生技能的提升。

2. 打破了传统教材的章节体例,采用模块式或单元+任务式编写体例,内容全面、条理清晰、通俗易懂,充分体现理实一体化教学理念。为了突出实用性和针对性,培养学生的实践技能,每个模块后附有技能实训;为了学习方便,每个模块后附有模块小结、思考与练习(每个单元后附有思考与练习)。

3. 在确定教材编写大纲时,充分考虑了课时对教学内容的限制,对教学内容进行优化整合,避免教学冗余。

4. 所有教材配有电子课件,大部分教材的知识点,以二维码链接动画或视频资源,做到教学内容专业化,教材形式立体化,教学形式信息化。

《汽车性能与检测技术》是本系列教材之一。全书由安徽交通职业技术学院杨柳青担任主编,山东交通职业学院丁在明、贵州交通职业技术学院王毅、合肥职业技术学院解云担任副主编,南京交通职业技术学院文爱民担任主审。参加本教材编写工作的有:安徽交通职业技术学院杨柳青、黄智勇、徐晓东(编写单元一、单元二、单元七),贵州交通职业技术学院王毅、田佩先(编写单元三、单元六),山东交通职业学院丁在明、陈世军(编写单元四),合肥职业技术学院解云、江滔(编写单元五)。

由于编者水平和经验有限,书中难免存在不足或疏漏之处,恳请广大读者提出宝贵意见,以便进一步修改和完善。

全国交通运输职业教育教学指导委员会
2019 年 2 月

目 录

单元一　汽车检测站认知 ··· 1
　　学习任务 1　汽车检测概述 ··· 1
　　学习任务 2　汽车检测站 ·· 7
　　思考与练习 ··· 14
单元二　汽车安全性能与检测 ·· 15
　　学习任务 1　汽车转向轮横向侧滑量检测 ································ 15
　　学习任务 2　汽车制动性能检测 ·· 25
　　学习任务 3　汽车车速表误差检测 ··· 33
　　学习任务 4　汽车前照灯性能检测 ··· 40
　　思考与练习 ··· 47
单元三　汽车环保性能与检测 ·· 51
　　学习任务 1　汽油发动机排放污染物检测 ································ 51
　　学习任务 2　柴油发动机排放污染物检测 ································ 64
　　学习任务 3　汽车噪声检测 ··· 77
　　思考与练习 ··· 86
单元四　汽车综合性能与检测 ·· 89
　　学习任务 1　汽车动力性能检测 ·· 89
　　学习任务 2　汽车燃油经济性检测 ··· 100
　　学习任务 3　汽车操纵稳定性检测 ··· 106
　　学习任务 4　汽车平顺性能检测 ·· 112
　　思考与练习 ··· 119
单元五　汽车整车技术参数与检测 ·· 122
　　学习任务 1　汽车外观检测 ··· 122
　　学习任务 2　结构参数检测 ··· 130
　　学习任务 3　质量与质心参数检测 ··· 136
　　学习任务 4　通过性参数检测 ·· 141

学习任务 5　稳定性参数检测 ………………………………………………… 145
　　学习任务 6　整车密封性检测 …………………………………………………… 150
　　思考与练习 ……………………………………………………………………… 154
单元六　汽车主要总成性能参数与检测 …………………………………………… 156
　　学习任务 1　汽车发动机技术性能检测 ………………………………………… 156
　　学习任务 2　汽车转向系性能检测 ……………………………………………… 169
　　学习任务 3　汽车车轮动平衡性能检测 ………………………………………… 179
　　思考与练习 ……………………………………………………………………… 188
单元七　汽车试验场 ………………………………………………………………… 192
　　学习任务 1　汽车试验场、设施与试验 ………………………………………… 192
　　学习任务 2　基于虚拟现实(VR)技术的汽车性能与检测 …………………… 207
　　思考与练习 ……………………………………………………………………… 215
参考文献 ……………………………………………………………………………… 217

单元一　汽车检测站认知

学习任务1　汽车检测概述

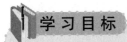

☞ **知识目标**
1. 掌握汽车检测相关概念与术语；
2. 了解汽车检测技术发展状况；
3. 熟悉汽车检测相关参数；
4. 掌握汽车检测主要标准。

☞ **技能目标**
能完整表达汽车整车及其总成性能检测参数的内涵。

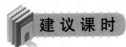

2课时。

一、理论知识准备

1. 术语解释

(1) 汽车技术状况：利用相关检测设备定量测得的表征某一时刻汽车外观和性能的参数值的总和。

(2) 汽车故障：指汽车部分或完全丧失工作能力的现象。

(3) 汽车检测：为确定汽车技术状况或工作能力进行的检查和测量。

(4) 汽车诊断：汽车在不解体（或仅拆卸个别零部件）的条件下，为确定汽车技术状况或查明故障部位、故障原因进行的检测、分析和判断。

(5) 诊断参数：供诊断或检测用表征汽车、总成及机构技术状况的参数。

(6) 汽车检测标准：是对汽车检测方法、技术要求和限值等的统一规定。是汽车检测维修行业共同遵守的准则和依据,属强制性范围,任何单位不得擅自更改和降低标准。

2.汽车检测技术发展概况

汽车检测技术是伴随着汽车工业的发展而发展起来的一门应用型技术。特别是随着计算机技术的发展和单片机技术在汽车上的应用与发展,各种先进的检测仪器与设备开始应用到汽车检测过程中。网络技术的应用,也为汽车检测技术带来了一次质的飞跃。

1)国外发展概况

国外汽车检测技术的发展大体经历了三个阶段,最后不断地走向"自动化、智能化、标准化、制度化"。在20世纪50年代,一些发达国家,最初只是生产具有单项检测功能的设备。汽车检测以故障诊断与性能调试为主,进行单项技术检测。进入20世纪60年代,随着光电等一体化技术在汽车检测设备中的应用与发展,汽车检测设备与技术得到了较大的发展与应用。随着汽车维修活动、汽车检测等生产活动对检测设备的大量使用,汽车检测设备与技术再次得到更广的发展与应用。特别是20世纪70年代,随着计算机技术的发展,汽车检测进入了检测过程与控制自动化、数据采集与处理微机化及检测结果显示与打印也进入自动化阶段,大大地提高了汽车检测效率。20世纪80年代,在先进发达国家,汽车检测技术得到了广泛的应用与发展。以社会力量为主,建设了众多检测站,同时,各维修企业也建立了用于维修检测的汽车检测线,汽车制造企业在其总装线终端也建立了汽车检测线。随着网络技术的发展,单一检测设备可以连线联网工作,检测结果也可实现共享,这又给检测站的自动化建设带来了发展。这些检测站或检测线的建立,提高了维修质量、节约了能源、保护了环境,带来了较好的社会、经济效益。

2)国内发展概况

汽车检测与诊断技术在我国虽然起步较晚,但随着国民经济建设和中国汽车工业的发展,得到了迅速的发展。20世纪80年代起,随着汽车制造业和交通运输业的发展,中国机动车保有量迅速增加。随之也带来了车辆运行安全问题、环境公害问题。因而,汽车检测与诊断技术成为国家"六五"期间重点推广项目。自此,交通部门和公安部门在全国主要县市级城市建立了汽车检测站。同时,自20世纪90年代,国家机械、煤炭、冶金等行业和一些大专院校也相继建立了不同用途的检测站。

随着计算机技术、网络技术的发展,特别是我国汽车工业的飞速发展,各类汽车检测设备与仪器应运而生,汽车检测技术也得到了深入发展,并开始普遍应用于交通运输管理、汽车维修行业、汽车制造业等方面。目前,国内汽车检测技术已逐渐同汽车发达国家同步发展。

3.汽车检测与诊断方法

汽车检测与诊断方法主要有人工经验诊断法和现代仪器设备诊断法。

1)人工经验诊断法

诊断人员凭借丰富的实践经验和一定的理论知识,在汽车不解体或局部解体的情况下,借助简单工具,用眼看、耳听、手摸、鼻闻等手段,边检查、边试验、边分析,进而对汽车的技术状况作出判断的一种方法。

2)现代仪器设备诊断法

在人工经验诊断法的基础上,在汽车不解体(或仅拆卸个别小件)的情况下,使用现代专用仪器设备,检测汽车、汽车总成及机构的参数,为分析和判断汽车的技术状况提供定量依据。采用计算机控制管理的仪器设备,能自动分析、判断、存储并打印检测结果,速度快、准确性高,能做到定量分析。

4.汽车标准与法规

2015年国务院印发的《深化标准化工作改革方案》(国发〔2015〕13号)指出,政府主导制定的标准由6类整合精简为4类,分别是强制性国家标准、推荐性国家标准、推荐性行业标准、推荐性地方标准。市场自主制定的标准分为团体标准和企业标准。2017年,《中华人民共和国标准化法》经第十二届全国人民代表大会常务委员会第三十次会议修订后对各类标准作了明确的规定:标准(含标准样品)是指农业、工业、服务业以及社会事业等领域需要统一的技术要求。标准包括国家标准、行业标准、地方标准和团体标准、企业标准。我国现有标准编号通常由标准代号、标准发布顺序号和标准发布年号构成。

对满足基础通用、与强制性国家标准配套、对各有关行业起引领作用等需要的技术要求,可以制定推荐性国家标准。推荐性国家标准由国务院标准化行政主管部门制定。国家标准的代号由大写汉语拼音字母构成,强制性国家标准代号为GB,推荐性国家标准代号为GB/T。如《机动车运行安全技术条件》(GB 7258—2017)。

对没有推荐性国家标准、需要在全国某个行业范围内统一的技术要求,可以制定行业标准。行业标准由国务院有关行政主管部门制定,报国务院标准化行政主管部门备案。行业标准代号由汉语拼音大写字母构成,代号由国务院各有关行政主管审查确定并正式公布。再加上斜线T表示推荐性行业标准。如《道路运输车辆技术等级划分和评定要求》(JT/T 198—2016)。

为满足地方自然条件、风俗习惯等特殊技术要求,可以制定地方标准。地方标准由省、自治区、直辖市人民政府标准化行政主管部门制定。地方标准由省、自治区、直辖市人民政府标准化行政主管部门报国务院标准化行政主管部门备案。地方标准代号由大写汉语拼音DB加上省、自治区、直辖市行政区划代码的前面两位数字,如北京市为11、上海市13、安徽省为34等构成。再加上斜线和大写字母T表示推荐性地方标准。如《机动车驾驶员培训机构 分训场地要求》(DB 34/T 2693—2016)。

国家鼓励学会、协会、商会、联合会、产业技术联盟等社会团体协调相关市场主体共同制定满足市场和创新需要的团体标准,由本团体成员约定采用或者按照本团体的规定供社会自愿采用。国务院标准化行政主管部门会同国务院有关行政主管部门对团体标准的制定进行规范、引导和监督。2019年,国家标准化管理委员会和民政部制定了《团体标准管理规定》,规定团体标准代号由大写汉语拼音字母T加斜线再加社会团体代号构成。如《工坊啤酒及其生产规范》(T/CBJ 3201—2019)。

企业可以根据需要自行制定企业标准,或者与其他企业联合制定企业标准。企业标准代号由汉字大写拼音字母Q加斜线再加企业代号组成。企业代号可用大写汉语拼音字母或阿拉伯数字或者两者兼用所组成。如《CJ-4柴油机油》(Q/DX TYS 0149—2018)。

汽车制造厂推荐的标准是汽车制造厂在汽车使用说明书中公布的汽车使用性能参数、结构参数、调整数据和使用极限等,可以作为检测诊断参数标准来使用。汽车运输企业和维修企业的标准是企业内部制定的标准,只在企业内部贯彻执行。企业标准须达到国家标准和上级标准的要求,同时允许超过国家标准和上级标准的要求,也可根据本企业的具体情况制定上级标准中没有规定的内容。检测仪器设备制造厂推荐的参考性标准是检测仪器设备制造厂,针对本仪器或设备所检测的参数,在尚没有国家标准和行业标准的情况下,制定的检测诊断参数的限值,通过使用说明书提供给使用单位作为参考性标准,以判断汽车、汽车总成及机构的技术状况。

二、任务实施

1. 认识汽车检测与诊断参数

在汽车检测与诊断过程中常用的汽车检测诊断参数,见表1-1。

常用汽车检测诊断参数　　　　　　　表1-1

诊断对象	检测诊断参数	诊断对象	检测诊断参数
汽车整车	最高车速	转向系	车轮侧滑量
	加速时间		车轮前束值
	最大爬坡度		车轮外倾角
	驱动车轮输出功率		主销后倾角
	驱动车轮驱动力		主销内倾角
	汽车燃料消耗量	行驶系	车轮动不平衡量
	汽车侧倾稳定角		车轮静不平衡量
	CO排放量		车轮端面圆跳动量
	HC排放量		车轮径向圆跳动量
	NO_x排放量		轮胎胎面花纹深度
	CO_2排放量		车轮接地性指数
	O_2排放量	制动系	制动距离
	柴油车自由加速烟度		制动减速度
	前照灯发光强度		制动力
	前照灯光束照射位置		车轮阻滞力
	车速表误差		驻车制动力
	客车车内噪声级		制动协调时间
	驾驶员耳旁噪声级		制动力完全释放时间
	喇叭声级	冷却系	冷却液温度
传动系	传动系游动角度		冷却液液面高度
	传动系功率消耗		风扇传动带张力
	滑行距离		风扇离合器离合温度
	各总成工作温度	空调系统	出风口温度
转向系	转向盘自由行程		冷凝器出入口温度
	转向轮最大转向角		蒸发器温度
	转向盘最大转向力		储液干燥器温度
	最小转弯半径		高、低压管路压力

续上表

诊断对象	检测诊断参数	诊断对象	检测诊断参数
空调系统	压缩机冷冻机油面高度	柴油机供给系	供油提前角
发动机总成	发动机功率		供油间隔
	发动机燃料消耗量	点火系	点火提前角
	汽缸压力		各缸点火电压值
	汽缸漏气量		各缸点火电压短路值
	曲轴箱漏气量		点火系最高电压值
	进气管负压		各缸波形重叠角
	单缸断火(油)转速降		火花塞间隙
	急速转速		火花塞加速特性值
	额定转速		初级电路闭合角
	各种传感器、执行器性能参数	润滑系	机油压力
	气门间隙		机油温度
	配气相位		机油消耗量
汽油机供给系	空燃比		油底壳油面高度
	系统油压		机油清净性系数
	系统残压		机油理化性能指标
	喷油器喷油量	电源起动系统	蓄电池电解液液面高度
	喷油器喷油状况		蓄电池电解液密度
	喷油器喷油不均匀度		蓄电池高倍率放电程度
柴油机供给系	输油泵输油压力		发电机及调节器性能参数
	高压油管内最高压力		发电机定子、转子线圈电阻
	高压油管内残余压力		硅整流二极管电阻
	喷油器针阀开启压力		发电机电刷长度
	喷油器针阀关闭压力		起动机励磁线圈电阻
	喷油器针阀升程		起动机电枢线圈电阻
	喷油器喷油量		起动机电磁开关吸引线圈电阻
	喷油器喷油状况		起动机电磁开关保持线圈电阻
	喷油器喷油不均匀度		起动机电刷长度

2.认识汽车检测标准

与汽车检测相关的法规和相关管理制度有：《机动车运行安全技术条件》(GB 7258—2017)、《道路运输车辆综合性能要求和检验方法》(GB 18565—2016)、《汽车维护、检测、诊断技术规范》(GB/T 18344—2016)、《汽车运输业车辆综合性能检测站管理办法》《汽车运输业车辆技术管理规定》《汽车检验机构计算机控制系统技术规范》(JT/T 478—

2017)等。

与整车性能检测相关的标准有：《汽车、挂车及汽车列车外廓尺寸、轴荷及质量限值》（GB 1589—2016）、《汽车动力性台架试验方法和评价指标》（GB/T 18276—2017）、《汽车燃料消耗量试验方法 第1部分：乘用车燃料消耗量试验方法》（GB/T 12545—2008）、《汽车加速性能试验方法》（GB/T 12543—2009）、《汽车滑行试验方法》（GB/T 12536—2017）、《汽车最小转弯直径、最小转弯通道圆直径和外摆值测量方法》（GB/T 12540—2009）、《汽车道路试验方法通则》（GB/T 12534—1990）、《客车防雨密封性限值》（GB 12481）、《客车防雨密封性试验方法》（GB/T 12480）、《卧铺客车结构安全要求》（GB/T 16887—2008）等。

与汽车安全性能检测相关的标准有：《商用车辆和挂车制动系统技术要求及试验方法》（GB 12676—2014）、《汽车驾驶员前方视野要求及测量方法》（GB 11562—2014）等。

与汽车环保性能检测相关的标准有：《汽车排放污染物限值及测试方法》（GB 14761）、《重型车用汽油发动机与汽车排气污染物排放限值及测量方法（中国Ⅲ、Ⅳ阶段）》（GB 14762—2008）、《重型柴油车污染物排放限值及测量方法（中国第六阶段）》（GB 17691—2018）、《汽油车排放污染物限值及测试方法（双怠速法及简易工况法）》（GB 18285—2018）、《轻型汽车污染物排放限值及测量方法（中国第六阶段）》（GB 18352—2016）。

三、评价与反馈

1. 自我评价

（1）通过本学习任务的学习，回答以下问题：

①常用的汽车检测参数有哪些？

_____。

②汽车检测相关标准有哪些？

_____。

（2）通过本学习任务的学习，你认为自己的知识和技能还有哪些欠缺？

_____。

签名：_____　　_____年___月___日

2. 小组评价（表1-2）

小组评价表　　　　　　　　　　　表1-2

序号	评价项目	评价情况
1	是否理解汽车检测相关术语的内涵	
2	能否列举汽车检测相关标准	
3	能否列举汽车检测参数	
4	是否遵守学习、实训场地的规章制度	
5	是否能保持学习、实训场地整洁	
6	团结协作情况	

参与评价的同学签名：_____　　_____年___月___日

3. 教师评价

_____

_____

_____。

教师签名：_____   _____年___月___日

学习任务2　汽车检测站

☞ **知识目标**
1. 了解汽车检测站相关知识；
2. 了解汽车检测技术发展状况；
3. 掌握汽车检测线的类型与工位布置；
4. 熟悉汽车检测站及检测线的工艺路线流程。

☞ **技能目标**
能按照汽车检测站及检测线的工艺路线流程引导车辆办理汽车检测相关业务。

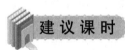

4课时。

一、理论知识准备

为了保证日益增多的在用汽车的安全运行，减少交通事故，国家机动车管理部门颁布了一系列的法规、条例、管理方法等，为汽车安全检测作出了明确的规定。汽车检测站是综合运用现代检测技术，对汽车实施不解体检测、诊断的机构。它具有现代化的检测设备和检测方法，能在室内检测出车辆的各种参数并诊断出可能出现的故障，为全面、准确评价汽车的使用性能和技术状况提供可靠的依据。

1. 汽车检测站类型

按不同的分类方法，汽车检测站可分为不同的类型。

1）按服务功能分类

按服务功能分类，汽车检测站可分为安全检测站、维修检测站和综合检测站三种。

2）按规模大小分类

按规模大小分类，汽车检测站可分为大、中、小三种类型。

3）按自动化程度分类

按检测线的自动化程度分类，汽车检测站可分为手动式、半自动式和全自动式三种类型。

2. 汽车检测站任务

《汽车运输业车辆综合性能检测站管理办法》规定，汽车检测站主要任务如下：

（1）对在用运输车辆技术状况进行检测诊断。

（2）对在用车辆安全性能相关项目进行检测，提供检测结果。

（3）对汽车维修行业的维修车辆进行质量检测。

（4）接受委托，对车辆改装、改造、报废及其有关新工艺、新技术、新产品、科研成果等项目进行检测，提供检测结果。

（5）接受环保、商检、计量和保险等部门的委托，为其进行有关项目的检测，提供检测结果。

3. 汽车检测站建站条件

汽车检测站建设须达到一定条件，具体要求参见《汽车运输业车辆综合性能检测站管理办法》和《汽车检验机构计算机控制系统技术规范》（JT/T 478—2017）。

4. 汽车检测站组成

汽车检测站一般由一条至数条检测线和其他附属设施或场所构成。

检测线是汽车检测站的主体部分。检测线由多个检测工位组成。检测工位以一定的顺序分布在直线通道上，依次对汽车实施检测，实现流水作业。汽车检测线分为安全环保检测线和综合检测线。

1）安全环保检测线

安全环保检测线根据自动化程度可以分为三工位安全环保检测线和五工位安全环保检测线。

三工位安全环保检测线一般由外观检查（人工检查）工位（Pit Inspection，P 工位）、侧滑（Alignment Inspection）、制动（Brake Test）、车速表（Speedometer Test）工位（ABS 工位）和灯光尾气（废气）工位（HX 工位）组成。

五工位安全环保检测线一般由汽车资料输入及安全装置检查工位（L 工位）、侧滑、制动、车速表工位、灯光尾气（废气）工位、车底检查工位及综合判定及主控制室工位组成。

2）综合检测线

综合检测线分为全能综合检测线和一般综合检测线两种类型。全能综合检测线设有包括安全环保检测线主要检测设备在内的比较齐全的工位；一般综合检测线设置的工位中不包括安全环保检测线主要检测设备。

全能综合检测线由外观检查与车轮定位工位、制动工位和底盘测功工位组成，可对汽车技术状况进行全面检测，也能对汽车进行安全环保检测。

一般综合检测线主要由底盘测功工位组成，承担除安全环保检测项目以外的检测项目，而安全环保检测项目只能在安全环保检测线上才能完成。

3）其他附属设施或场所

其他附属设施或场所有停车场、泵气站、办公区、清洗站、维修车间及相关生活设施等。有的检测站还配有交通事故司法鉴定方面的仪器与设施。

二、任务实施

1. 汽车检测线工位布置

1)安全环保检测线工位布置

汽车检测站一般由一条至数条安全环保检测线组成。

五工位安全环保检测线的工位布置如图1-1所示。

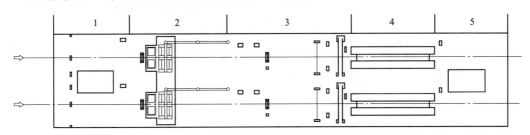

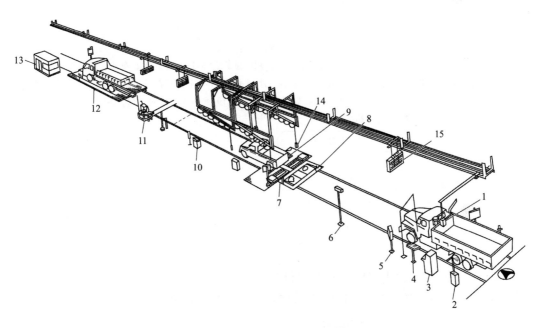

图1-1 五工位安全环保检测线

1-进线指示器;2-烟度计;3-汽车资料录入计算机;4-安全装置检查不合格项目输入键盘;5-前轮定位检测仪;6-高清摄像机;7-滚筒式制动试验台;8-侧滑试验台;9-车速表试验台;10-废气分析仪;11-汽车前照灯检测仪;12-车底检查工位;13-主控制室;14-车速表检测申报开关;15-检验程序指示器

2)综合检测线工位布置

汽车综合检测站一般由安全环保检测线和综合检测线组成,可以各为一条,也可以各为数条。而汽车维修检测站一般由一条至数条综合检测线组成。综合检测线工位布置如图1-2所示。

2. 检测站工艺路线流程

1)检测站工艺路线流程

对于一个独立而完整的检测站,汽车进站后的工艺路线流程如图1-3所示。

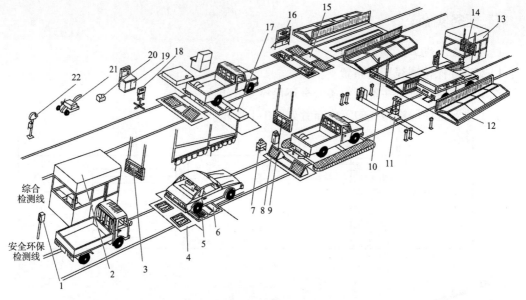

图 1-2　综合检测线工位布置

1-进线指示灯;2-进线控制室;3-L 工位检验程序指示器;4、15-侧滑试验台;5-制动试验台;6-车速表试验台;7-烟度计;8-排气分析仪;9-ABS 工位检验程序指示器;10-HX 工位检验程序指示器;11-前照灯检测仪;12-地沟系统;13-主控制室;14-P 工位检验程序指示器;16-前轮定位检测仪;17-底盘测功工位;18、19-发动机综合测试仪;20-机油清净性分析仪;21-就车式车轮平衡仪;22-轮胎自动充气机

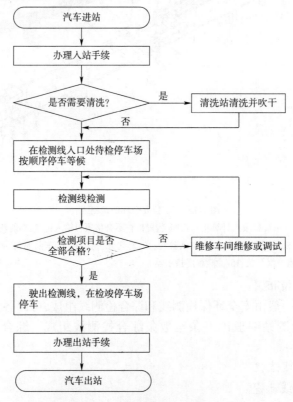

图 1-3　汽车检测站工艺路线流程

2）检测线工艺流程

检测线的工位布置是固定的,进线检测的汽车按工位顺序流水作业。以五工位安全环保检测线为例,其工艺路线流程如图1-4所示。

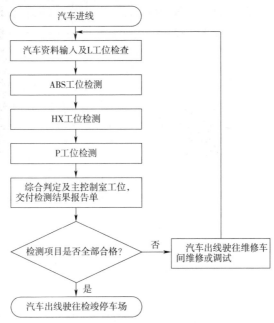

图1-4　五工位安全环保检测线工艺路线流程图

以全能综合检测线为例,其工艺路线流程如图1-5所示。

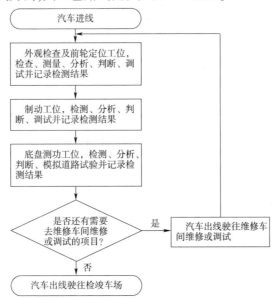

图1-5　全能综合检测线工艺路线流程图

3．检测评定

汽车检测结束后,汽车检测站将会出具一份汽车检测报告单(表1-3),作为对汽车技术状况检测结果的评定。检测报告单中包含对汽车各项性能指标合格或不合格的评定。

汽车综合检测报告单

表 1-3

检测单位：　　　　　　　　　　　号牌号码：　　　　　　厂牌型号：　　　　　　车辆类型：　　　　　　编号：
　　　　　　　　　　　　　　　　营运证号：　　　　　　发动机号：　　　　　　车架号码：　　　　　　载质量（座位数）：　　　燃料：　　　出厂日期：

类别	序号	检测内容		检测结果	评价		序号	检测内容		检测结果	评价
发动机	1	急速转速					17	发光强度			
	2	机油压力				前照灯	18	近光光束水平偏移量			
驱动轮输出功率	3	(1) 校正驱动轮输出功率					19	远光光束水平偏移量			
		(2) 额定驱动轮输出功率					20	远光光束上下偏移量			
油耗	4	等速百公里耗油					21	远光光束水平偏移量			
	5	轴荷	整车			排放污染物	22	双怠速	怠速		
			前轴						高速		
			一轴				23	ASM工况法	(1) 5025		
			二轴						(2) 2540		
			三轴				24	柴油车自由加速烟度	光吸收系数		
			四轴						烟度		
制动性	6	行车制动	整车			噪声	25	定置噪声			
			前轴				26	客车车内噪声级			
			一轴				27	喇叭声级			
			二轴				28	客车防雨密封性			
			三轴			其他	29	车速表示值误差			
			四轴				30	清行	(1) 距离		
	7	制动协调时间					31	新能	(2) 阻力		
	8	制动力平衡									
	9	制动调节时间									
	10	车轮阻滑									
	11	驻车制动									
转向操纵性	12	转向轮自由转动量									
	13	转向盘操作力									
	14	转向轮最大转角									
悬架效率	15	吸收率或悬架效率									
	16	同轴左右差值									

序号	检测内容	检测结果	评价
32	整车设备及标识		
33	车架、车身驾驶室外形与连接		
34	车窗、车门、刮水器		
35	驾乘座椅		
36	卧铺		
37	行李架（舱）		
38	安全出口、安全带		
39	车厢、地板、挡泥板		
40	车轮、轮胎		
41	悬架装置		
42	传动系、车桥		
43	转向节及臂、横直拉杆及球销		
44	制动装置（行车、应急、驻车制动）		
45	螺栓、螺母紧固		
46	灯光装置、光色、位置		
47	信号装置与仪表		
48	漏气、漏油、漏水		
49	底盘异响		
50	发动机异响		
51	润滑		
52	灭火器		
53	车内外后视镜、前视镜		
54	汽车和挂车侧面后下部防护装置		

检测结论：

经我站对该车进行检测，符合《机动车运行安全技术条件》（GB 7258）、《道路运输车辆综合性能要求和检验方法》（GB 18565）之要求。

检测单位技术负责人（签章）　　　　　　　　　　检测日期

（检测单位专用章）　　　　　　　　　　　　　　年　月　日

三、评价与反馈

1. 自我评价

(1) 通过本学习任务的学习,回答以下问题:

①汽车检测站的类型、任务及组成是什么?

_____。

②汽车检测线的类型与工位组成是什么?

_____。

③汽车检测站和汽车检测线的工艺路线流程有哪些?

_____。

(2) 汽车检测线操作过程中用到了哪些设备?

_____。

(3) 实训过程完成情况如何?

_____。

(4) 通过本学习任务的学习,你认为自己的知识和技能还有哪些欠缺?

_____。

签名:_____ ____年___月___日

2. 小组评价(表1-4)

小组评价表   表1-4

序号	评价项目	评价情况
1	是否了解汽车检测站的任务	
2	是否掌握汽车检测站、汽车检测线的组成	
3	能否认识汽车检测线的具体工位	
4	能否分析汽车检测报告单中各参数内涵	
5	是否能合理规范地使用仪器和设备	
6	是否按照安全和规范的流程操作	
7	是否遵守学习、实训场地的规章制度	
8	是否能保持学习、实训场地整洁	
9	团结协作情况	

参与评价的同学签名:_____ ____年___月___日

3. 教师评价

_____
_____
_____。

教师签名:_____ ____年___月___日

思考与练习

(一)填空题

1. 汽车技术状况是指_____。
2. 汽车故障是指_____。
3. 汽车检测的方法有_____和_____两种。
4. "GB/T 18344"中"T"表示_____,"GB"表示_____。"JT/T 198—2004"中"JT"表示_____,"2004"指_____,"198"指_____。地方标准用符号_____表示。
5. 请列举2项企业标准名称_____、_____。
6. 请列举2项汽车发动机性能检测诊断用参数_____、_____;2项制动性能检测诊断参数_____、_____;2项整车性能检测诊断参数_____、_____。
7. 汽车检测站的主要任务有4类,它们分别是_____、_____、_____、_____。
8. 汽车检测站按功能类别主要分为_____、_____两种。
9. 汽车检测站是指_____。
10. 综合检测线分为_____、_____两种类型。
11. 综合检测线的两种主要设备为_____、_____设备。
12. 目前汽车检测用标准为GB 7258—2017,其名称是_____。
13. 检测工位组成_____,检测线组成_____。
14. 汽车进入检测站要按照一定的顺序进行流水作业,这一流水作业过程称为_____。
15. 汽车检测完毕,车主拿到的一张凭据为_____。

(二)判断题

1. 汽车技术状况是指利用检测设备定量测得的,表征某一时刻汽车外观和性能的参数值的总和。( )
2. 汽车检测是为确定汽车技术状况或工作能力进行的检查和测量。( )
3. 汽车检测站就是汽车检测线,两者是一个概念。( )
4. 汽车检测线的类型分为安全环保检测线和综合检测线。( )
5. 汽车安全环保检测线上的检测项目全部可以在汽车全能综合检测线上检测。( )

(三)选择题

三工位汽车安全环保检测线中的三个工位是( )。

A. 外观检查(人工检查)工位　　B. 侧滑制动车速表工位
C. 灯光尾气工位　　　　　　　D. 汽车资料输入
E. 综合判定及主控制室工位

(四)问答题

请谈谈你对汽车检测站的相关认识。

单元二　汽车安全性能与检测

学习任务1　汽车转向轮横向侧滑量检测

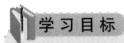

☞ 知识目标

1. 熟悉汽车前轮定位参数理论知识；
2. 熟悉汽车转向轮横向侧滑量的概念及其与汽车前轮定位参数的关系；
3. 掌握侧滑试验台的结构、工作原理及使用方法；
4. 掌握汽车转向轮横向侧滑量的检测方法；
5. 清楚汽车转向轮横向侧滑量的检测标准。

☞ 技能目标

1. 能完成汽车转向轮横向侧滑量的检测流程；
2. 能完成汽车转向轮横向侧滑量检测结果的分析。

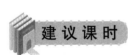

4课时。

一、理论知识准备

1. 汽车前轮定位参数

汽车的转向前轮、转向主销和前桥三者之间的安装具有一定的相对位置，这种具有一定相对位置的安装叫作转向车轮定位，也称前轮定位。前轮定位包括前束、前轮外倾角、主销后倾角、主销内倾角四个参数。对两个后轮来说也同样存在后轮与后桥之间安装的相对位置，称后轮定位。后轮定位包括后轮外倾角和逐个后轮前束。前轮定位加上后轮定位，统称四轮定位。

1）前轮外倾角

从汽车前、后方向看转向前轮时，轮胎并非垂直于地面安装，而是稍微倾倒呈现八字形张开,如图2-1所示。车轮中心平面与地面垂直线(车轮支撑点处相对路面的垂直线)之间的角度称为前轮外倾角。如果车轮上部相对车轮中心平面向外倾斜,称为正外倾;如果车轮上部相对车轮中心平面向内倾斜,则称为负外倾。前轮外倾角以度数为测量单位。

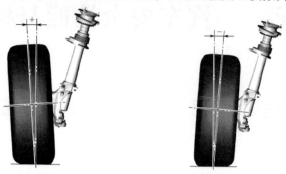

图2-1 前轮外倾示意图

前轮外倾角的设计,使轮胎倾斜接触地面而便于转向盘的操作。所以前轮外倾角设计得较大,以保证转向轻便性。目前,汽车普遍装用扁平子午线轮胎,由于其具有轮胎花纹刚性大、外胎面宽等特性,若设计较大前轮外倾角,会使轮胎磨偏,降低轮胎与地面间的摩擦力。所以,现在汽车一般将前轮外倾角设计得很小,甚至接近垂直。同时,由于助力转向机构的不断应用,也使前轮外倾角不断缩小。尽管如此,设计一定的前轮外倾角可对车桥上的车轮轴承施加适当的横推力。

2)前束

如图2-2所示,前束是指该转向前轮的前部距离与后部距离之间的长度差。图2-2中所示前束值为 $a-b$ 或 $c+d$。测量时,在轮辋边缘、车轮中心高度处选择测量点测量前束值。用四轮定位仪进行四轮定位检测时,测量车轮中心平面与汽车纵向中心平面之间的角度或与几何行驶轴之间的角度来表示前束值。

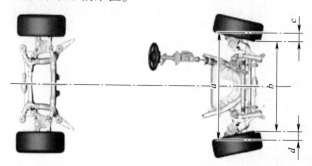

图2-2 汽车前束示意图

两转向前轮的前部距离小于后部距离称为正前束,前部距离大于后部距离称为负前束。如果前束值为零,则表示两转向前轮的车轮中心平面相互平行。

如前所述,由于前轮外倾角的存在,转向盘操作轻便性得到提高。但有了前轮外倾角后,前轮在滚动时类似于滚锥。两侧车轮相对汽车纵向中心线有向外侧滚开的趋势,由于车桥和转向横拉杆的约束,两前轮在向外侧滚动的同时向内侧滑动,其结果是使车轮磨损增加。为了解决这个问题,如果左、右两轮带有向内的角度,则正负相抵为零,左、右两轮可保持直线行进,减少轮胎磨损。前束的作用就是使锥体重心前移,消除前轮外倾角带来的这种不良后果。因此,前束与前轮外倾角相互关联,属性相同、成对儿出现。

前束可通过改变横拉杆的长度来调整,使两轮的前、后中心高度距离差值符合规定要求,一般此值小于 0~12mm。由于前轮外倾角有时为负值,而前束是为了协调前轮外倾角的不良后果。因此,有时前束值可能出现负值。

3) 主销后倾角

从汽车侧面方向看车轮,转向主销即车轮转向时的旋转中心线沿汽车纵向中心线向后倾倒,这一倾斜角度称为主销后倾角,如图 2-3 所示。

设置主销后倾角后,转向主销中心线的接地点与车轮中心在地面的投影点之间产生距离称作主销后倾移距。此参数与自行车的前轮叉梁向后倾斜的原理相同。这种结构使车轮的接地点位于转向主销延长线的后端,车轮就靠行驶中的滚动阻力被向后拉,使车轮的旋转方向自然朝向汽车行驶方向。较大的主销后倾角可提高车轮的直线行驶性能,但同时使主销后倾移距也增大,进而使转向盘沉重,同时由于路面干扰而使车轮的前后颠簸加剧。

4) 主销内倾角

从汽车前后方向看轮胎时,转向主销即车轮转向时的旋转中心线向汽车纵向中心平面方向即车身内侧倾斜。如图 2-4 所示,转向主销的中心线与地面垂直线(车轮支撑点处,相对路面的垂直线)之间的夹角 γ 称为主销内倾角。

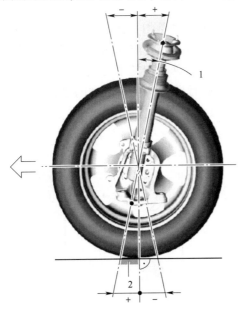
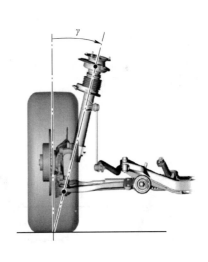

图 2-3 主销后倾角示意图　　　　　　　图 2-4 主销内倾角示意图
1-主销后倾角;2-主销后倾移距

当转向前轮以转向主销为中心回转时,车轮的最低点将陷入路面以下。但实际上车轮下边缘不可能陷入路面以下,而是将转向车轮连同整个汽车前部车身向上抬起一个相应的高度,这样汽车本身的重力有使转向前轮回复到原来中间位置的效应,这样就会产生车轮回正力,因而转向盘可自动回位。

此外，主销内倾角还使得转向主销轴线与路面交点到车轮中心平面与地面交线的距离减小，从而减小转向时驾驶员施加在转向盘上的力，使转向操纵轻便，同时也可减少从转向前轮传到转向盘上的行驶冲击力。不过，主销内倾角也不宜过大，否则将加速轮胎的磨损。

车轮定位的作用是使汽车保持稳定的直线行驶和转向轻便，并减少汽车在行驶中轮胎和转向机件的磨损。当车辆使用中，出现转向沉重、发抖、跑偏、不正、不归位，轮胎单边磨损、波状磨损、块状磨损、偏磨等不正常磨损，以及驾驶时出现车感漂浮、颠簸、摇摆等现象时，应检查车轮定位值，看是否偏差太多并进行及时调整与修理。

上述四个参数都是前轮定位参数，后轮定位值与前轮定位值相似，但大多数轿车的后轮定位不可调。

2. 汽车转向轮横向侧滑量

汽车如果没有准确的前轮定位参数，转向车轮在向前滚动时将会产生横向滑移现象，即车轮侧滑。

汽车转向轮横向侧滑量是指汽车保持直线行驶状态的行驶位移量为 1km 时，转向轮的横向位移量。转向轮的横向位移量用 m/km 表示。

可见，汽车转向轮侧滑量与汽车前轮定位参数密切相关。

3. 汽车转向轮横向侧滑量与前轮定位参数关系

1）转向轮横向侧滑量与前轮外倾角关系

如图 2-5 所示，汽车在直线行驶过程中，由于前轮外倾角的存在，在陀螺效应作用下，以汽车纵向中心线为基准，两转向前轮将背离汽车纵向中心线有向外侧张开滚动的趋势。由于汽车前梁的刚性连接，其不可拉伸与压缩，因而实际上两转向轮不可能真正地向外侧张开滚动。但汽车转向轮在地面上的滑磨是客观存在的，且两转向轮在滑磨的过程中分别给地面一个向内的侧向力 F。

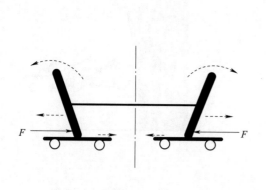
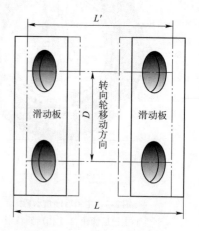

图 2-5 前轮外倾角与转向轮横向侧滑量关系

若此时汽车转向轮在两块互不刚性连接且可以自由左右滑动的滑板上行驶位移 D 时，在转向轮给地面向内侧向力的作用下，则左右两块滑板向内侧滑动，因而两滑板的外侧边距将由 L 变为 L'。

滑板向内侧滑动的位移量则是由于前轮外倾角而引起的转向轮横向侧滑量,该横向侧滑量 $=L-L'$,转向轮纵向移动距离为 D。

2) 转向轮横向侧滑量与前束关系

如图2-6所示,汽车在直线行驶过程中,由于前束的存在,以汽车纵向中心线为基准,两转向轮将有向汽车纵向中心线靠拢滚动的趋势。由于汽车前梁的刚性连接,其不可拉伸与压缩,因而实际上两转向轮不可能真正地向内侧靠拢滚动。但汽车转向轮在地面上的滑磨是客观存在的,且两转向轮在滑磨的过程中分别给地面一个向外的侧向力 F。

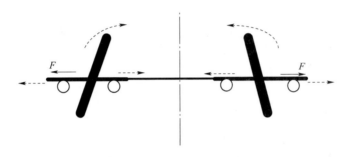

图2-6 转向轮横向侧滑量与前束关系

若此时汽车转向轮在两块互不刚性连接且可以自由左右滑动的滑板上由 P 点行驶至 P' 点即行驶位移 D 时,在转向轮给地面向外侧向力的作用下,则左右两块滑板向外侧滑动,因而两滑板的外侧边距离将由 L 变为 L'。

滑板向外侧滑动的位移量则是由于前束而引起的转向轮横向侧滑量。

可见,转向轮横向侧滑量并不单单反映汽车前束值的调整,还反映出汽车前转向轮外倾角调整情况。所以,转向轮横向侧滑量是前束与前轮外倾角配合关系的综合反映。

如果某些汽车的后轮也有前束与外倾,则后轮也存在横向侧滑量。

4. 侧滑试验台结构与工作原理

侧滑试验台是用以检测汽车转向轮横向侧滑量的一种专门设备。侧滑试验台按其测量参数可以分为两类:一类是测量转向轮横向侧滑量的滑板式侧滑试验台,此类侧滑试验台在汽车检测线上得到普遍使用;另一类是测量车轮侧向力的滚筒式侧滑试验台。上述两种试验台都属于动态侧滑试验台。

滑板式侧滑试验台如图2-7所示。它们一般由侧滑量测量装置、信号传动装置和指示装置三大部分组成。其整体结构置于确定参数的土木框架之中。

1) 测量装置

侧滑量测量装置由左右两块侧滑板、连杆机构和复位装置等组成,该装置把转向轮横向侧滑量检测出来后,再通过传动装置传递给指示装置。

侧滑板用来模拟汽车实际行驶的路面,将汽车的实际道路行驶过程模拟到汽车检测线侧滑试验台上行驶。由于侧滑试验台的规格不同,侧滑板的尺寸长

图2-7 侧滑试验台外观结构

度分别有 500mm、800mm 和 1000mm 三种规格。

侧滑板表面处理成凹凸不平的花纹形状，以减少转向轮与滑动板之间可能产生的滑移，同时也尽量真实地模拟汽车车轮与行驶路面间的附着系数。

侧滑板下方装有四只滚柱轴承，可保证当转向轮对侧滑板施加向内或向外的侧向力时，侧滑板可以左右滑动。

侧滑板上方一般标有"内"（或"IN"与"＋"）的方向字样，以此表示由前束引起的侧滑板侧滑，同时还标有"外"（或"OUT"与"－"）的方向字样，以此表示由前轮外倾角引起的侧滑板侧滑。

两块侧滑板之间通过双销叉式曲柄相连，因而左右两块侧滑板可以联动。左右两块侧滑板间装有复位弹簧，从而保证左右两块侧滑板向内或向外移动后，在其作用下两块侧滑板均可准确复位，并回复到零点位置。

2）测量传动装置

测量传动装置是将侧滑板的位移量转换成电信号传至显示装置显示的装置。其形式因试验台品牌不同而出现差异。常见的形式可分为差动变压器式或自整角电机式。

图 2-8 所示为差动变压器式测量装置，由一个线框和一个铁芯组成。在线框上设置一个原绕组和两个对称的副绕组，铁芯放在线框中央的圆柱形孔中。在原绕组中施加交流电压时，两个副绕组中就会产生感应电动势 e_1 和 e_2。如果两个副绕组按图 2-8 所示反向串联，则它的总输出电压 $u_2 = u_{21} - u_{22} \approx e_1 - e_2$。当铁芯位于中央位置时，由于对称关系，$e_1 = e_2$，输出电压 u_2 为零，表示铁芯无位移量。如果铁芯向右移动，则穿过副绕组 2 的磁通量将比穿过副绕组 1 的磁通量多，于是感应电动势 $e_2 > e_1$，差动变压器的输出电压 u_2 不等于零，而且输出电压值的大小与铁芯位移量间基本呈线性关系。

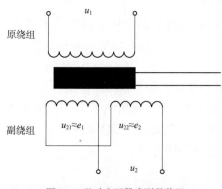

图 2-8　差动变压器式测量装置

反之，如果铁芯向左移动，差动变压器的输出电压 u_2 不等于零。采用适当的差动整流电路可以得到差动变压器的输出电压值与铁芯位移间成比例的线性读数。从而通过差动变压器测量出侧滑板的位移量大小。

自整角电机式测量传动装置由连杆、齿条、自整角电机组成。连杆与侧滑板相连，可以获取侧滑板的位移量信息。齿条随着连杆移动，并带动自整角电机轴端的转动。此时，自整角电机相当于一台发电机将机械能转换为电能，产生电信号。电信号传递给另一台自整角电机后，另一台自整角电机相当于一台电动机，再将电能转换为机械能，引起自整角电机轴端的转动，如图 2-9 所示。

3）显示装置

汽车侧滑试验台显示装置可将测量传动装置送来的信号通过显示仪器显示出来，一般配有两种显示装置，分别可定量显示和定性显示。

定量显示装置有指针式和数字式。图 2-10 所示为指针式定量指示装置，图 2-11 所示为数字式指示装置。

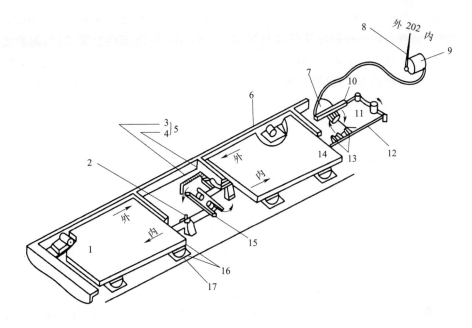

图 2-9　电气式侧滑试验台

1、14-滑板;2-滚轮;3-弹簧;4-摆臂;5-复位装置;6-框架;7-产生信号的自整角电机;8-指示机构;9-接收信号的自整角电机;10-齿条;11-齿轮;12-连杆;13-限位开关;15-双销曲柄;16-轨道;17-滚轮

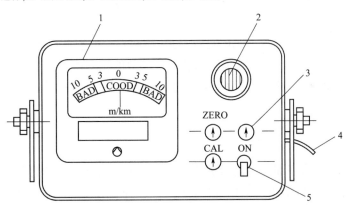

图 2-10　指针式指示装置

1-指针式表头;2-报警用蜂鸣器或信号灯;3-电源指示灯;4-导线;5-电源开关

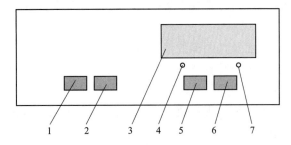

图 2-11　数字式指示装置

1-电源接通键;2-电源断开键;3-数码显示器;4-电源指示灯;5-打印键;6-复位键;7-报警灯

在检测侧滑量时，为了便于快速显示检测结果是否合格，当侧滑量超过规定值时，侧滑台的定性显示装置即用蜂鸣器或用信号灯等声光信号同时发出定性报警，以引起检测人员的注意。对于指针式指示装置上，其显示刻度盘上分别绘有绿、黄、红三种颜色的区域以分别表示侧滑量的不同状态，绿色区域表示"-3~+3"、黄色表示"-5~-3"或"3~5"、红色表示"+5"以上或"-5"以上。

当限位开关的两侧开关被接通后，蜂鸣器或信号灯将被接通，并发出声光信号，作为定性显示。

侧滑试验台的型号、结构形式、允许轴重不同，其使用方法也有所区别。在使用前一定要认真阅读使用说明书，以掌握正确的使用方法。

4）工作原理

当汽车转向轮行驶在侧滑试验台的侧滑板上时，由于前束和前轮外倾角的作用，汽车转向轮有相对汽车纵向中心线向内靠拢或向外张开滚动的趋势，但由于刚性梁的连接，将对汽车前轮产生向外推力或向内拉力，从而使侧滑板向外侧或向内侧移动。侧滑板位移信息通过测量传动装置转变为电信号，最终通过显示装置显示。

前束和前轮外倾角的作用越大，汽车转向轮相对汽车纵向中心线向内靠拢或向外跑的趋势就越明显，刚性梁柱通过汽车前轮作用在侧滑试验台的侧滑板的向外推力或向内拉力就越大，侧滑板向外侧或向内侧移动的位移量就越大，测量传动装置产生的电信号就越强，最终显示装置显示的数值就越大。

5. 检测标准

《机动车运行安全技术条件》（GB 7258—2017）和《道路运输车辆综合性能要求和检验方法》（GB 18565—2015），对汽车有关转向轮定位参数的检测作了如下规定：机动车转向轮的横向侧滑量，用侧滑台检测时，其值不得超过5m/km。

二、任务实施

1. 准备工作

使用试验台之前，除仔细阅读侧滑试验台的使用说明书外，还要对试验台和被检汽车进行下列准备工作：

1）试验台准备工作

（1）检查侧滑试验台导线连接情况，在导线连接良好的情况下打开电源开关，查看指针式仪表的指针是否在机械零点上，或查看数码管亮度是否正常并都在零位上，如有故障，及时清除。

（2）检查侧滑试验台上面及其周围的清洁情况，如有油污、泥土、砂石及水等，应予清除。

（3）打开侧滑试验台的锁止装置，检查滑动板能否在外力作用下左右滑动自如，外力消失后回到原始位置，且指示装置指在零点。

（4）检查报警装置能否在到达规定值时发出报警信号，并视需要进行调整或修理。

2）被检汽车准备工作

（1）轮胎气压应符合规定。

（2）轮胎上粘有油污、泥土、水或花纹沟槽内嵌有石子时，应清理干净。

(3)轮胎花纹深度必须符合《机动车运行安全技术条件》(GB 7258—2017)的规定。

2. 检测步骤

对汽车转向轮横向侧滑量的检测步骤如下:

(1)如图2-12所示,拔掉滑动板的锁止销钉,接通电源。注意指示仪表的指针应指示"零"位置。

(2)如图2-13所示,汽车以3~5km/h的速度垂直侧滑板驶向侧滑试验台,使前轮平稳通过滑动板,注意此时严禁转动转向盘或制动。

图2-12 拔掉侧滑试验台锁止销钉

图2-13 汽车驶过侧滑试验台

(3)当前轮完全通过滑动板后,从指示装置上观察侧滑方向并读取、打印最大侧滑量。

(4)检测结束后,切断电源并锁止滑动板。

对于后轮有定位的汽车,仍可按上述方法检测后轴的侧滑量,从而诊断后轴的定位值是否失准。

3. 检测结果分析

若侧滑试验台侧滑板向外侧滑且侧滑量超标,则表明汽车前束过大或前轮外倾角偏小。汽车前束过大,则转向轮向汽车纵向中心线靠拢的趋势增强,但由于刚性梁的存在,左、右两侧的转向轮对侧滑板施加一向外侧的侧向力,引起侧滑板向外侧侧滑量偏大。前轮外倾角偏小会产生同样的效应。

若侧滑试验台侧滑板向内侧滑且侧滑量超标,则表明前轮外倾角偏大或汽车前束过小。前轮外倾角偏大,则转向轮背离汽车纵向中心线外张开滚动的趋势增强,但由于刚性梁的存在,左、右两侧的转向轮对侧滑板施加一向内侧的侧向力,引起侧滑板向内侧侧滑量偏大。汽车前束角偏小会产生同样的效应。

因此,侧滑量超标时应做相应调整,一般应尽量首先调整汽车前束,若无法达到侧滑量检测标准要求或前束调整量太大,则进行前轮外倾角的调整。

三、评价与反馈

1. 自我评价

(1)通过本学习任务的学习,回答以下问题:

①你熟悉汽车前轮定位参数的工程内涵吗?

②是否掌握汽车转向轮横向侧滑量的本质?

③是否掌握汽车侧滑试验台的结构与工作原理?

④是否掌握汽车转向轮横向侧滑量检测流程？

_____。

(2)汽车转向轮横向侧滑量检测操作过程中用到了哪些设备？

_____。

(3)实训过程完成情况如何？

_____。

(4)通过本学习任务的学习，你认为自己的知识和技能还有哪些欠缺？

_____。

签名：_____　　_____年____月____日

2．小组评价(表2-1)

小组评价表　　　　　　　　　　表2-1

序号	评价项目	评价情况
1	能否正确地进行侧滑台的准备工作	
2	是否能合理规范地使用汽车侧滑试验台	
3	是否按照安全和规范的流程操作	
4	能否准确地读取侧滑量数据	
5	能否简要地分析侧滑检测结果	
6	是否遵守学习、实训场地的规章制度	
7	是否能保持学习、实训场地整洁	

参与评价的同学签名：_____　　_____年____月____日

3．教师评价

_____。

教师签名：_____　　_____年____月____日

四、技能考核标准(表2-2)

技能考核标准表　　　　　　　　　　表2-2

项目	操作内容	规定分	评分标准	得分
汽车转向轮横向侧滑量检测	记录车辆铭牌信息，进行车辆登记	5分	记录与登记信息是否全面	
	确认试验台侧滑板左右移动状态	5分	是否有检查动作，并给出正确结论	
	确认车辆的轮胎是否夹有异物、轮胎花纹以及轮胎气压是否正常	5分	是否有检查动作，并给出正确结论	
	确认试验台指示装置处于零点状态	10分	操作是否正确，并给出结论	
	汽车驶过侧滑试验台速度与方向	15分	操作是否正确，并给出结论	
	汽车驶过侧滑试验台时驾驶状态：有无制动、转向	15分	是否进行此操作	
	正确读数与否	15分	是否进行此操作	
	汽车驶离侧滑试验台	5分	是否达到操作要求标准	
	检测结束，整理试验现场	5分	操作是否正确，并给出结论	
	结果分析	20分	是否达到现场整理规范	
总分		100分		

学习任务2　汽车制动性能检测

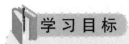

学习目标

☞ 知识目标

1. 掌握汽车制动性能评价指标；
2. 掌握汽车制动性能的影响因素；
3. 了解汽车制动性能的检测设备；
4. 掌握汽车制动性能检测的理论知识；
5. 清楚相关国家标准的检测要求。

☞ 技能目标

1. 能完成汽车制动性能的检测流程与检测步骤；
2. 能根据检测结果评价汽车的制动性能。

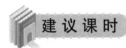

6课时。

一、理论知识准备

1. 汽车制动性能检测参数与方法

《机动车运行安全技术条件》(GB 7258—2017)规定,机动车可以用制动距离、制动减速度、制动力作为检测参数检测汽车制动性能。

制动性能的检测可以采用路试检测方法,也可以采用台架检测方法。利用路试检测方法,若用制动距离检测制动性能时,须采用五轮仪进行。若用制动减速度检测制动性能时,须采用制动减速度仪。在台架检测方法中,可以用平板式制动试验台,也可以采用滚筒式制动试验台。目前,在汽车检测线上使用较为普遍的是反力式滚筒制动试验台。

2. 制动试验台结构原理

1) 制动试验台结构

滚筒式制动试验台结构如图2-14所示,主要由框架、滚筒装置、驱动装置、测量装置、举升装置和指示装置等组成。

(1) 框架。

根据试验台的外部结构和尺寸,在检测线上通过一定的土木框架工程将试验台设备置于检测线工位上。

(2)滚筒装置。

滚筒装置由两组四个滚筒组成,每组滚筒独立设置,分为主动滚筒和从动滚筒。每个滚筒两端分别用轴承支承,被测车辆车轮可置于两滚筒之间。为使滚筒更加接近于汽车实际行驶路面,滚筒表面进行沟槽形状处理或附着材料的处理,使其表面附着系数可达 0.6~0.7。故滚筒具有两方面的作用,一是模拟汽车实际行驶路面对汽车进行制动性能检测,其次是对汽车轮胎进行支承作用。试验台的滚筒装置结构如图 2-15 所示。

图 2-14 滚筒式制动试验台结构

图 2-15 试验台滚筒装置

(3)驱动与测量装置。

驱动装置由电动机、减速器和链传动等装置组成。滚筒装置中与减速器输出轴相连的滚筒称为主滚筒。电动机通过减速器减速后将动力传递给主滚筒,主滚筒再通过链传动将动力传递给从动滚筒,减速器壳体处于浮动支承状态。

测量装置主要由测力杠杆、测力传感器、测力弹簧等组成,测力杠杆前端和测力传感器相连,后端和减速器相连。与减速器的连接方式有两种:一种是测力杠杆通过轴承松套在框架的支承轴承上,通过减速器壳体上的带有刃口的传力臂作用其后端进行力的测量。另一种连接方式是将测力杠杆后端直接固定在减速器壳体上。安装在测力杠杆前端的测力传感器可将测力杠杆的位移或力转换成反映制动力大小的电信号,送到指示装置中,如图 2-16 所示。

 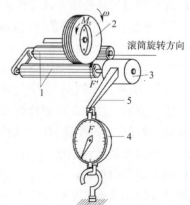

图 2-16 驱动与测量装置
1-滚筒;2-车轮;3-减速器;4-测力传感器;5-测力杠杆

(4)举升装置。

在试验台滚筒装置的主、从动滚筒之间装有举升装置。举升装置由举升器、举升平板和控制开关等组成。举升装置的驱动形式主要有三种,即液压式、电动机械式及气压式。举升装置的作用主要是两个方面:一是支承汽车轮胎,方便汽车驶入或驶出制动试验台;二是在汽车驶入或驶出试验台时对滚筒轴及其支承轴承起保护作用。

(5)指示装置。

反力式滚筒制动试验台多为微机式,其指示与控制装置主要由放大器、A/D转换器、微机、数字式显示器和打印机等组成。

2)制动试验台工作原理

汽车驶入反力式滚筒制动试验台,将被检车辆的车轴左、右车轮置于每组滚筒之间。放下举升器,起动电动机,使滚筒转动。滚筒通过减速器减速、链条传动,使主、从动滚筒带动车轮低速旋转。当踩下汽车制动踏板时,车轮制动器产生的制动力矩作用在滚筒上,对滚筒产生一反作用力矩,且反作用力矩方向与滚筒的转动方向相反。因而,浮动支承的减速器壳体在反作用力矩作用下,壳体前端将绕其输出轴向下旋转,最终测力标杆前端发生位移。这一位移通过测力传感器转换成反映制动力大小的电信号,通过试验台指示装置采集、处理、显示或打印出汽车制动力值大小,如图2-17所示。

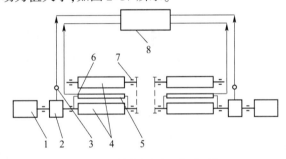

图2-17 制动试验台工作原理图

1-电动机;2-减速器;3-测力传感器;4-滚筒装置;5-举升装置;6-转速传感器;7-链传动;8-指示装置

3.制动性能检测评定标准

1)台架检测标准

《机动车运行安全技术条件》(GB 7258—2017)在检验制动性能参数标准中作出以下规定:

(1)行车制动性能检测标准。

①制动力百分比要求。

汽车、汽车列车在制动试验台上测出的制动力应符合表2-3的标准要求,对空载检测制动力有质疑时,可用表中规定的满载检验制动力要求进行检测。

台架试检测制动力大小要求(%)　　　　　　表2-3

机动车类型	制动力总和与整车重量百分比		轴制动力与轴荷百分比	
	空载	满载	前轴①	后轴②
乘用车、总质量不大于3500kg的货车	≥60	≥50	≥60	≥20
其他汽车、列车	≥60	≥50	≥60[b]	≥50[b]

注:①机动车纵向中心线中心位置以前的轴为前轴,其他轴为后轴;挂车的所有车轴均按后轴计算;
　　②空载和满载状态下测试均应满足此要求。

②制动力平衡要求。

在制动力增长全过程中,同时测得的左、右轮制动力差的最大值,与全过程中测得的该轴左、右轮最大制动力中大者(当后轴制动力小于该轴轴荷的60%时为与该轴轴荷)之比,对新注册车和在用车应符合表2-4要求。

台架检测制动力平衡要求　　　　　　　　　表2-4

项　目	前　轴	后　轴	
		轴制动力≥该轴轴荷60%时	轴制动力<该轴轴荷60%时
新注册车	≤20%	≤24%	≤8%
在用车	≤24%	≤30%	≤10%

③制动协调时间要求。

汽车的制动协调时间,对液压制动的汽车不应大于0.35s,对气压制动的汽车不应大于0.60s;汽车列车和铰接客车、铰接式无轨电车的制动协调时间不应大于0.8s。

④汽车车轮阻滞力要求。

汽车、汽车列车各车轮的阻滞力均不应大于轮荷的10%。

(2)驻车制动力要求。

采用台架检测驻车制动的制动力时,车辆空载,乘坐一名驾驶员,使用驻车制动装置,驻车制动力的总和应不小于该车在测试状态下整车质量的20%;对总质量为整备质量1.2倍以下的车辆,此值为15%。

2)路检评定标准

道路试验主要通过检测制动距离、平均减速度等参数来检测汽车行车制动和应急制动性能;用坡道试验检测汽车驻车制动性能。

(1)路试检测条件。

行车制动性能和应急制动性能检测应在平坦硬实、清洁干燥且轮胎与地面间的附着系数不小于0.7的水泥或沥青路面上进行,对于自动变速器汽车,其变速器手柄应处于驱动挡(D挡)位置。

(2)行车制动性能检测标准。

①用制动距离检测行车制动性能。

车辆在规定的初速度下的制动距离和制动稳定性应符合表2-5的要求。对空载检测制动距离有质疑时,可用表中满载检测的制动性能要求进行。

制动距离和制动稳定性要求　　　　　　　　　表2-5

车 辆 类 型	制动初速度(km/h)	满载检测的制动距离(m)	空载检测的制动距离(m)	制动稳定性要求车辆任何部位不得超出的试车道宽度(m)
乘用车	50	≤20	≤19	2.5
其他总质量≤3500kg的汽车	50	≤22	≤21	2.5
其他汽车	50	≤10	≤9	3.0
总质量≤3500kg的低速货车	30	≤9.0	≤8.0	2.5
铰接客车、铰接式无轨电车、汽车列车	30	≤10.5	≤9.5	3

②用平均减速度检测行车制动性能。

汽车、汽车列车在规定的初速度下急踩制动踏板时充分发出的平均减速度和制动稳定性应符合表2-6的要求(对空载检测制动性能有质疑时,按照满载检测的制动性能进行要求)。

制动减速度和制动稳定性要求　　　　　　　　　　表2-6

车 辆 类 型	制动初速度（km/h）	满载检测充分发出的平均减速度（m/s²）	空载检测充分发出的平均减速度（m/s²）	制动稳定性要求车辆任何部位不得超出的试车道宽度（m）
乘用车	50	≥5.9	≥62	2.5
其他总质量≤3500kg的汽车	50	≥5.4	≥5.8	2.5
其他汽车	50	≥5.0	≥5.4	3.0
总质量≤3500kg的低速货车	30	≥5.2	≥5.6	2.5
铰接客车、铰接式无轨电车、汽车列车	30	≥4.5	≥5.0	3

③制动踏板力或制动气压要求。

A．满载检测时,气压制动系统气压表的指示气压应小于或等于额度工作气压;液压制动系统,对乘用车踏板力应小于或等于500N,其他车辆小于或等于700N。

B．空载检查时,气压制动系统气压表的指示气压应小于或等于600kPa;液压制动系统,对乘用车踏板力应小于或等于400N,其他车辆应小于或等于450N。

④应急制动性能检测标准。

应急制动用于保证在行车制动系统有一处管路失效的情况下,在规定的距离内将车停止。应急制动检测要求汽车在空载状态下,按规定的初速度检测应急制动性能,数据应符合表2-7的要求。

应急制动性能要求　　　　　　　　　　表2-7

车 辆 类 型	制动初速度（km/h）	制动距离（m）	充分发出的平均减速度（m/s²）	允许操纵力不大于(N) 手操纵	允许操纵力不大于(N) 脚操作
乘用车	50	≤38.0	≥2.9	400	500
客车	30	≤18.0	≥2.5	600	700
其他汽车（三轮车除外）	30	≤20.0	≥2.2	600	700

⑤驻车制动性能检验标准。

在空载状态下,驻车制动装置应能保证车辆在坡度为20%(总质量为整备质量的1.2倍以下的车辆为15%)、轮胎与路面间的附着系数≥0.7的坡道上正反两个方向保持固定不动的时间应≥5min。检验汽车列车时,应使牵引车和挂车的驻车制动装置均起作用。

二、任务实施

1．准备工作

1)试验台准备

(1)将制动试验台指示与控制装置上的电源开关打开,按使用说明书的要求预热至规定时间。

(2) 如果指示装置为指针式仪表,检查指针是否在零位,否则应调零。
(3) 检查并清洁制动试验台滚筒上黏附的泥、水、砂、石等杂物。

2) 车辆准备

(1) 核实汽车各轴轴荷,不得超过制动试验台允许载荷。
(2) 检查并清除汽车轮胎黏附的泥、水、砂、石等杂物。
(3) 检查汽车轮胎气压是否符合规定,否则应充气至规定气压。

2. 制动性能检测注意事项

(1) 为了防止制动时车轮容易抱死而难以测出制动器能够产生的制动力,允许在汽车上增加足够的附加质量或施加相当于附加质量的作用力,但附加质量或作用力不计入轴荷。
(2) 检测制动力时,可以在非测试车轮上加三角垫块或采取牵引方法阻止车辆移动。
(3) 检测制动力时,通过采取措施后,仍出现车轮抱死并在滚筒上打滑或整车随滚筒向后移出现象,而制动力仍未达到合格要求时,应改用平板试验台检测或路试检测。

3. 操作步骤

(1) 如图 2-18 所示,升起制动试验台举升器。
(2) 车辆尽可能沿垂直于滚筒的轴线方向驶入制动试验台,如图 2-19 所示。

图 2-18　升起试验台举升器　　　　图 2-19　车辆垂直驶入滚筒试验台

(3) 汽车被测车轴在轴重计或轮重仪上检测轴荷,如图 2-20 所示。
(4) 汽车停稳后变速杆置于空挡位置,行车制动器和驻车制动器处于完全放松状态,降下举升器,至举升平板与轮胎完全脱离为止,如图 2-21 所示。

图 2-20　汽车轴荷检测　　　　图 2-21　降下试验台举升器

(5) 如图 2-22 所示,起动电动机,让滚筒带动车轮转动。先测出车轮阻滞力。
(6) 用力踩下制动踏板,检测轴制动力。
(7) 读取并打印结果。

(8)升起举升器,驶出已测车轴,驶入下一车轴,按上述同样方法检测轴荷和制动力,如图 2-23 所示。

图 2-22 起动试验台电动机

图 2-23 检测其他轴制动力

(9)当与制动器相关的车轴在制动试验台上时,检测完行车制动力后应重新起动电动机检测驻车制动力大小。

(10)升起举升器,汽车驶出制动试验台。

4. 检测结果分析

1)制动力不足

当检测数据中车轮的制动力没有达到技术标准要求,则是制动力不足故障,又叫制动效能下降。主要原因与处理方法如下:

(1)制动管路中有空气,或油管凹瘪,软管老化、发胀,内孔不畅通或管路内壁积垢太厚,应予排气、清洁或更换。

(2)储液罐制动液不足或变质,应使用规格正确的制动液并调整到规定高度。

(3)制动主缸、制动轮缸、管路或管接头漏油,应予检查排除。

(4)制动鼓磨损过甚,或制动间隙调整不当,应予更换或调整。

(5)制动主缸出油阀、回油阀不密封或活塞复位弹簧预紧力太小,或进油孔、补偿孔、储液罐通气孔、活塞前贯通小孔堵塞,应予调整、清洁或更换。

(6)制动器摩擦片(制动盘)与制动鼓(制动钳)的接触面积太小,制动蹄摩擦片质量欠佳或使用中表面硬化、烧焦、油污、铆钉头外露,应予磨削、修理或更换。

(7)制动踏板自由行程太大,应予调整等。

2)制动跑偏

当检测结果中出现左、右车轮制动力不相等且超过了平衡要求,则是汽车出现制动跑偏故障,主要原因与处理方法如下:

(1)前轮定位不正确,应予调整或更换部件。

(2)一侧鼓式制动器制动底板松动或盘式制动器制动钳固定支架(板)松动,应予复原紧固。

(3)左、右轮制动蹄(钳)摩擦片与制动鼓(盘)的接触面积不一致或制动间隙不一致,应予调整。

(4)左、右轮制动蹄(钳)复位弹簧拉力不一,应予更换。

(5)左、右轮轮胎气压不一致、直径不一致、花纹不一致或花纹深度不一致,应按规定充气或更换轮胎。

(6)一侧车轮制动管凹瘪、阻塞、漏油或制动系统内有空气,应予修理、清洁或排气。

(7)一侧车轮制动轮缸活塞与缸壁磨损过甚或皮碗老化、发胀、发黏,应予更换。

(8)一侧车轮制动蹄弯曲、变形,应予校正或更换。

(9)悬架装置紧固件松动,应予紧固等。

三、评价与反馈

1. 自我评价

(1)通过本学习任务的学习,回答以下问题:

①汽车制动性能的评价指标有哪些?

_____。

②汽车制动试验台的工作原理是怎样的?

_____。

(2)汽车制动性能检测操作过程中用到了哪些设备?

_____。

(3)实训过程完成情况如何?

_____。

(4)通过本学习任务的学习,你认为自己的知识和技能还有哪些欠缺?

_____。

签名:_____ ____年___月___日

2. 小组评价(表2-8)

小组评价表　　　　　表2-8

序号	评价项目	评价情况
1	能否正确地进行制动试验台的准备工作	
2	是否能合理规范地使用汽车制动试验台	
3	是否按照安全和规范的流程操作	
4	能否准确地读取制动检测参数的数据	
5	能否正确地分析制动检测结果	
6	是否遵守学习、实训场地的规章制度	
7	是否能保持学习、实训场地整洁	
8	团结协作情况	

参与评价的同学签名:_____ ____年___月___日

3. 教师评价

_____。

教师签名:_____ ____年___月___日

四、技能考核标准（表2-9）

技能考核标准表　　　　　　　　　　　　　表2-9

项目	操作内容	规定分	评分标准	得分
汽车制动性能检测	记录车辆铭牌信息，进行车辆登记	5分	记录与登记信息是否全面	
	确认试验台的滚筒、指示装置等是否处于正常的预备状态	5分	是否有检查动作，并给出正确结论	
	确认车辆的轮胎是否夹有异物、轮胎花纹以及轮胎气压是否正常	5分	是否有检查动作，并给出正确结论	
	升起制动试验台举升器	5分	操作是否正确，并给出结论	
	汽车垂直于滚筒的轴线方向驶向试验台	5分	操作是否正确，并给出结论	
	被测车轴在轴重计或轮重仪上检测轴荷	5分	是否进行此操作	
	汽车驶上举升器	10分	是否进行此操作	
	降低试验台举升器	5分	是否达到操作要求标准	
	起动电机，使滚筒带动车轮转动	10分	是否达到操作要求标准	
	根据提示踩下制动踏板	10分	是否达到操作要求标准	
	检测轴制动力或制动距离	10分	操作是否正确，并给出结论	
	读取制动性能检测结果，打印结果	5分	记录信息是否全面、正确	
	升起制动试验台举升器	10分	操作是否正确，并给出结论	
	汽车驶离制动试验台	5分	操作是否正确，并给出结论	
	检测结束，整理试验现场	5分	是否达到现场整理规范	
	总分	100分		

学习任务3　汽车车速表误差检测

学习目标

☞ 知识目标

1. 了解汽车车速表误差检测的必要性；
2. 掌握汽车车速表试验台的结构、工作原理及使用方法；
3. 掌握汽车车速表误差检测的方法；
4. 熟悉汽车车速表误差检测的相关标准及要求。

☞ 技能目标

1. 能完成汽车车速表误差检测；
2. 能完成汽车车速表误差检测结果的分析。

建议课时

4课时。

一、理论知识准备

1. 汽车车速表误差检测的必要性

行驶速度是交通安全的重要因素。为保证行车安全,特别是在特殊的山区、限速路段或限速车道上行驶时,汽车车速表必须为驾驶员提供准确的车速指示值,以便驾驶员根据道路状况、行人、车辆等交通因素准确地控制车速驾驶。如果车速表指示误差太大,将导致驾驶员难以正确地控制车速,且极易因判断失误而造成交通事故。

(1)汽车加速行驶时,由于人的感官具有适应性,对速度的变化具有边际效益递增性。因此,当汽车加速行驶,在由较低车速提至一较高车速行驶时,驾驶员感觉的车速将远远高于汽车实际行驶车速。这样容易引起驾驶员在超车等行驶工况下产生误判,存在驾驶隐患。

(2)汽车减速行驶时,同样由于人的感官特性,当汽车减速行驶,在由较高车速降至一较低车速行驶时,驾驶员感觉的车速将远远低于汽车实际行驶车速。这样容易引起驾驶员在减速行驶、弯道行驶等行驶工况下产生误判,存在驾驶隐患。

(3)汽车行驶在两侧环境比较单调的道路上时,由于驾驶员对车速的感觉是以道路两边景物及其变化作为参照物的,因而此种情况下容易让驾驶员对某一车速产生静化效益。同时,由于人的感官具有适应性和惯性,尤其是对较长时间以某一固定车速行驶情况下,对速度的感知出现固化,从而使感觉的车速远远小于实际行驶的车速。这两种情况都会导致驾驶员对速度产生误判。

因此,汽车驾驶室仪表板的车速表一定要准确可靠,以便为驾驶员提供准确的车速值,保证行驶安全。

2. 汽车车速表误差检测原理

车速表误差的测量需采用滚筒式车速表试验台(此装置将在以后章节具体介绍)进行,将被测汽车车轮置于滚筒上旋转,模拟汽车在道路上的行驶状态,如图2-24所示。

图2-24 筒式车速表试验台

测量时,由被测车轮驱动滚筒旋转或由滚筒驱动车轮旋转,滚筒端部装有速度传感器(测速发电机),测速发电机的转速随滚筒转速的增高而增加,而滚筒的转速与车速成正比,因此测速发电机发出的电压也与车速成正比。

滚筒的线速度、圆周长与转速之间的关系,可用下式表达:

$$V = nL \times 60 \times 10^{-6} \qquad (2\text{-}1)$$

式中：V——滚筒的线速度（km/h）；

L——滚筒的圆周长（mm）；

n——滚筒的转速（r/min）。

因车轮的线速度与滚筒的线速度相等，故上述的计算值即为汽车的实际车速值，由车速表试验台上的速度指示仪表显示，称为试验台指示值。

车轮在滚筒上转动的同时，汽车驾驶室内的车速表也在显示车速值，称为车速表指示值。将试验台指示值与车速表指示值相比较，即可得出车速表的指示误差。

$$\text{车速表指示误差}(\%) = \frac{\text{车速表指示值} - \text{试验台指示值}}{\text{试验台指示值}} \times 100 \qquad (2\text{-}2)$$

3. 车速表试验台

1）车速表试验台的类型

车速表试验台有三种类型，第一种是标准型车速表试验台：该种试验台为汽车检测线上较为常用的一种类型，不使用作为驱动装置的电动机，它依靠被测汽车的车轮带动滚筒旋转。第二种是驱动型车速表试验台：该种试验台装配有用作驱动装置的电动机，由电动机通过减速机构驱动滚筒旋转，再由滚筒带动被测汽车的车轮旋转。第三种是综合型车速表试验台：该种试验台将车速表试验台与制动试验台或底盘测功试验台组合在一起，具备多项检测功能。

2）标准型车速表试验台的结构

标准型车速表试验台由速度测量装置、速度指示装置和举升装置等组成，如图2-25所示。

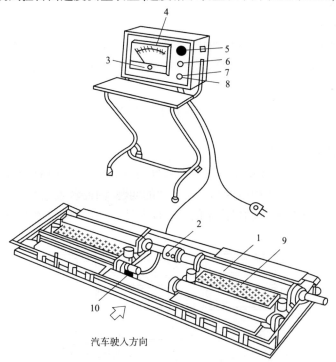

图2-25 标准型车速表试验台

1-滚筒；2-联轴器；3-零点校正螺钉；4-速度指示仪表；5-蜂鸣器；6-报警灯；7-电源灯；8-电源开关；9-举升器；10-速度传感器

(1)测量装置。

测量装置主要由滚筒、速度传感器、联轴器组成。

滚筒是车速表试验台的主要支承形式,具体的结构、数量、作用、要求与制动试验台的滚筒类似,此处不再赘述。

车速表试验台的速度传感器采用测速电机,安装在滚筒轴的轴端,用来采集汽车轮胎的行驶速度。这一速度值为汽车轮胎的线速度,也是汽车行驶的实际车速。测速电机实际是一台测速发电机,当它在滚筒轴的轴端随着滚筒一起旋转时,则滚筒的转速和测速电机的转速完全相同,都为 $n(\text{r/min})$。当已知滚筒的设计半径为 $r(\text{m})$,则可通过下列两式测出滚筒的角速度和线速度:

滚筒的角速度

$$\omega = \frac{\pi n}{30} \quad (\text{rad/s})$$

滚筒的线速度

$$v = \omega r = \frac{\pi n r}{30} \quad (\text{m/s})$$

车速表误差检测时,由于汽车轮胎是置于滚筒之上,因而在汽车轮胎与滚筒接触点处,汽车轮胎的线速度和滚筒的线速度是相同的,通过此装置测出汽车行驶的实际速度。所以,汽车车速表试验台显示的速度值为汽车行驶的实际速度。

在左、右两滚筒之间安装有联轴器,其目的是消除汽车差速器中行星齿轮的自转对左、右两车轮速度的影响。

(2)速度指示装置。

当速度传感器产生的滚筒线速度的电信号送来后,可将其根据滚筒周长、滚筒转速计算出滚筒线速度,以 km/h 为单位的速度显示在仪表上,仪表形式有指针式也有数字式。

(3)举升装置。

在前、后滚筒之间,于左、右两侧均设置有举升装置,其结构、作用、类型均与汽车制动试验台相似,此处不再赘述。

3)驱动型车速表试验台

汽车车速表的转速信号多数取自变速器或分动器的输出端,但对于后置发动机的汽车,如车速表软轴过长,会出现传动精度和寿命方面的问题,因此转速信号取自前轮。驱动型车速表试验台就是为适应后置发动机汽车的试验而制造的,其结构如图2-26所示。

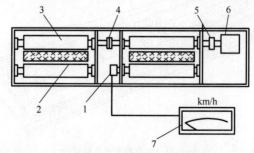

图 2-26 驱动型车速表试验台

1-测速发电机;2-举升器;3-滚筒;4-联轴器;5-离合器;6-电动机;7-速度指示仪表

这种试验台的结构与标准型的车速表试验台大体结构类似,不同之处在于在主动滚筒的一端装有电动机,由它来驱动滚筒旋转。此外,这种试验台在滚筒与电动机之间装有离合器,若试验时将离合器分离,又可作为标准型试验台使用。

4. 车速表误差检测标准

《机动车运行安全技术条件》(GB 7258—2017)中,对汽车车速表的检测作了如下的规定:车速表指示车速v_1(km/h)与实际车速v_2(km/h)之间应符合下列关系式:

$$0 \leq v_1 - v_2 \leq \left(\frac{v_2}{10}\right) + 4$$

例如,当车速表试验台的速度指示值为40km/h时,车速表指示值应为40~48km/h;当车速表的指示值为40km/h时,车速表试验台的速度指示值应为32.8~40km/h;超出上述范围,车速表的指示为不合格。

二、检测实施

1. 检测前准备

车速表的检测方法因试验台的牌号、类型而异,应根据使用说明书进行操作。车速表试验台通用的检测方法如下:

1)车速表试验台的准备

(1)在滚筒处于静止状态,检查指示仪表是否在零点上,否则应调零。

(2)检查滚筒上是否粘有油、水、泥、砂等杂物,应清除干净。

(3)检查举升器的升降动作是否自如。若动作阻滞或有漏气部位,应予修理。

(4)检查导线的连接接触情况,若有接触不良或断路,应予修理或更换。

2)被检车辆的准备

(1)轮胎气压在标准值。

(2)清除轮胎上的水、油、泥和嵌夹石子。

2. 检测步骤

以标准型车速表试验台为例,车速表误差的检测过程如图2-27~图2-32所示。

(1)升起举升器托板。

(2)将被检车辆驱动车轮驶上车速表试验台,平稳停在举升器托板上。

图2-27 升起举升器托板

图2-28 车辆驶入试验台

(3)放下举升器托板,使车辆两驱动车轮平稳地落于两车速表试验台的两滚筒之间。挂入适当前进挡位,踩下加速踏板,由驱动车轮带动车速表试验台滚筒转动。

（4）当汽车车速表指示值为40km/h时读取车速表试验台指示值。或者是当车速表试验台指示值为40km/h时，读取汽车车速表指示值。

图2-29　起动检测

图2-30　读取显示值

（5）缓慢踩下汽车制动踏板，使车速表试验台的滚筒停转。
（6）升起举升机托板，将车辆驶出车速表试验台。

图2-31　缓慢制动停止检测

图2-32　驶离试验台

3. 检测结果分析

车速表出现误差的主要原因是，长期使用过程中车速表本身出现了故障、损坏和轮胎磨损。为消除车速表机件磨损和轮胎磨损形成的指示误差，应借助于车速表试验台适时地对车速表进行检验。

三、评价与反馈

1. 自我评价

（1）通过本学习任务的学习，回答以下问题：
①你知道汽车车速表检测的必要性吗？
_____。
②是否掌握汽车车速表试验台的结构与工作原理？
_____。
③是否掌握汽车车速表检测流程？
_____。

（2）汽车车速表检测操作过程中用到了哪些设备？
_____。

（3）实训过程完成情况如何？
_____。

(4)通过本学习任务的学习,你认为自己的知识和技能还有哪些欠缺?

_____。

签名:_____ ____年___月___日

2. 小组评价(表2-10)

小　组　评　价　表 表2-10

序号	评价项目	评价情况
1	能否正确地进行车速表试验台的准备工作	
2	是否正确地理解车速表试验台原理	
3	是否能合理规范地使用汽车车速表试验台	
4	是否按照安全和规范的流程操作	
5	能否正确地读取车速表检测数据	
6	能否正确地分析车速表检测结果	
7	是否遵守学习、实训场地的规章制度	
8	是否能保持学习、实训场地整洁	
9	团结协作情况	

参与评价的同学签名:_____ ____年___月___日

3. 教师评价

_____。

教师签名:_____ ____年___月___日

四、技能考核标准(表2-11)

技能考核标准表 表2-11

项目	操作内容	规定分	评分标准	得分
汽车车速表误差检测	记录车辆铭牌信息,进行车辆登记	5分	记录与登记信息是否全面	
	确认试验台滚筒状态	5分	是否有检查动作,并给出正确结论	
	确认车辆的轮胎是否夹有异物、轮胎花纹以及轮胎气压是否正常	10分	是否有检查动作,并给出正确结论	
	确认试验台指示装置零点状态	5分	操作是否正确,并给出结论	
	升起车速表试验台举升器	5分	操作是否正确,并给出结论	
	汽车垂直于滚筒的轴线方向驶向试验台	5分	操作是否正确,并给出结论	
	汽车驶上举升器	5分	是否进行此操作	
	放下试验台举升器	5分	是否达到操作要求标准	
	汽车挂挡,踩加速踏板加速,使车轮带动滚筒转动	15分	是否达到操作要求标准	
	正确读数与否	15分	是否达到操作要求标准	
	升起车速表试验台举升器	5分	操作是否正确,并给出结论	
	汽车驶离试验台	5分	记录信息是否全面、正确	
	检测结束,整理试验现场	5分	操作是否正确,并给出结论	
	结果分析	10分	是否达到现场整理规范	
	总分	100分		

学习任务4　汽车前照灯性能检测

学习目标

☞ 知识目标

1. 掌握汽车前照灯性能的评价指标；
2. 掌握汽车前照灯性能的影响因素；
3. 了解汽车前照灯性能的检测设备；
4. 掌握汽车前照灯性能检测的理论知识；
5. 清楚相关国家标准的检测要求。

☞ 技能目标

1. 能完成汽车前照灯性能的检测流程与检测步骤；
2. 能根据检测结果评价汽车的前照灯性能。

建议课时

4课时。

一、理论知识准备

1. 前照灯检测的意义与检测参数

1）前照灯的检测意义

前照灯是汽车在夜间或在能见度较低的条件下，为驾驶员提供行车道路照明的重要设备，而且也是驾驶员发出警示，进行联络的灯光信号装置。所以前照灯必须有足够的发光强度和正确的照射方向。由于在行车过程中，汽车受到振动，可能引起前照灯部件的安装位置发生变动，从而改变光束的正确照射方向，同时，灯泡在使用过程中会逐步老化，反射镜也会受到污染而使其聚光的性能变差，导致前照灯的亮度不足。这些变化，都会使驾驶员对前方道路情况辨认不清，或在与对面来车交会时造成对方驾驶员炫目等，从而导致事故的发生。因此，前照灯被列为机动车运行安全检测的必检项目，如图2-33所示。

图2-33　汽车前照灯

2）前照灯的检测参数

汽车前照灯检测参数主要是两项：前照灯发光强度和光轴偏斜量。前照灯发光强度的检测单位是坎德拉(cd),光轴偏斜量的检测单位是毫米(mm)。

2. 前照灯的行车变化规律

1)直线行驶过程

在直线行驶过程中,汽车灯光光束的变化与汽车行驶的加速度有关系。当加速度为零,即匀速行驶情况下,汽车前照灯的光束应向前并略微偏下方;当加速度为正值,即加速行驶情况下,汽车前照灯的光束向前并略微偏上方;当加速度为负值,即减速行驶情况下,汽车前照灯的光束向前并明显偏下方,如图2-34所示。

2)弯道行驶过程

在弯道行驶过程中,汽车灯光光束的变化应与汽车行驶弯道的方向及转弯半径有关系。如向右弯道行驶时,汽车前照灯的光束应向右改变,且随着转弯半径的变小而增加向右改变的幅度,以适应道路照射要求,如图2-35所示。

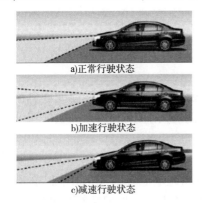

图2-34 前照灯在直线路段上光束变化规律

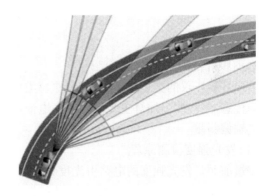

图2-35 前照灯在弯道路段上的光束变化要求

3. 前照灯检测仪

前照灯的技术状况,可用前照灯检测仪检测。前照灯检测仪是按一定测量距离放在被检车辆的对面,用来检测前照灯发光强度与光轴偏斜量的专用设备。

1)前照灯检测仪类型

按照前照灯检测仪的结构特征与测量方法不同,常用汽车前照灯校正仪可分为投影式和自动追踪光轴式两种类型。不同类型的前照灯校正仪均由接受前照灯光束的受光器、使受光器与汽车前照灯对正的照准装置、前照灯发光强度指示装置、光轴偏斜方向和偏斜量指示装置及支柱、底板、导轨、汽车摆正找准装置等组成。

(1)投影式前照灯检测仪。

投影式前照灯检测仪通过映射到投影屏上的前照灯光束,来检测发光强度和光轴偏斜量。检测时,测试距离一般为3m。投影式前照灯检测仪使用光轴刻度盘检测法。要求转动光轴刻度盘,使投影屏上的坐标原点与前照灯影像中心重合,读取此时光轴刻度盘上的指示值即为光轴偏斜量,再根据光度计上的指示值读取发光强度值,如图2-36所示。

(2)自动追踪光轴式检测仪。

自动追踪光轴式前照灯检测仪采用受光器自动追踪光轴的方法检测前照灯发光强度和光轴偏斜量。一般检测距离为3m。其结构如图2-37所示。

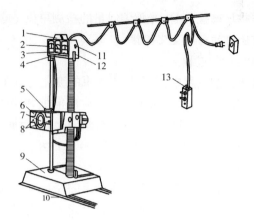

图 2-36 投影式前照灯检测仪

图 2-37 自动追踪光轴式前照灯检测仪
1-在用显示器;2-左右偏斜指示计;3-光度计;4-上下偏斜指示计;5-车辆摆正找准器;6-受光器;7-聚光透镜;8-光电池;9-控制箱;10-导轨;11-电源开关;12-熔断丝;13-控制盒

2)前照灯检测原理

前照灯校正仪的类型很多,但基本原理类似,一般采用能把吸收的光能变成电流的光电池作为传感器,按照前照灯主光束照射光电池产生电流的大小和比例,来测量前照灯发光强度和光轴偏斜量。

(1)发光强度检测原理。

测量前照灯发光强度的电路由光度计、可变电阻和光电池等组成,如图 2-38 所示。按规定的距离使前照灯照射光电池,光电池便按受光强度的大小产生相应的光电流,使光度计指针摆动,指示出前照灯的发光强度。

(2)光轴偏斜量检测原理。

测量前照灯光轴偏斜量的电路如图 2-39 所示,由两对光电池组成,左右一对光电池 $S_左$、$S_右$ 上接有左右偏斜指示计,用于检测光束中心的左右偏斜量;上下一对儿光电池 $S_上$、$S_下$ 上接有上下偏斜指示计,用于检测光束中心的上下偏斜量。当光电池受到前照灯光束照射时,如果光束照射方向偏斜,将分别使光电池的受光面不一致,因而产生的电流大小也不一致。光电池产生的电流差值分别使上下偏斜指示计及左右偏斜指示计的指针摆动,从而检测出光轴的偏斜方向和偏斜量。

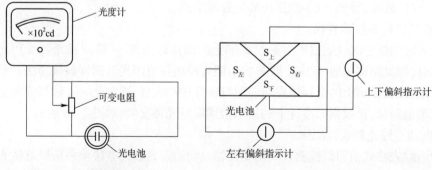

图 2-38 发光强度检测原理

图 2-39 光轴偏斜量检测原理

4.前照灯检测的评定标准

1)光束照射位置检测标准

(1)机动车在检验前照灯的近光光束照射位置时,前照灯在距离屏幕10m处,光束明暗截止线转角或中点的高度应为0.6H~0.8H(H为前照灯基准中心高度),其水平方向位置向左、向右偏差均不得超过100mm,前照灯的近光光束照射位置如图2-40所示。

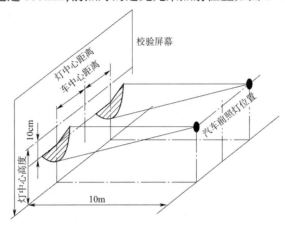

图2-40 前照灯的近光光束照射位置

(2)四灯制前照灯,其远光单光束灯的调整,要求在屏幕上光束中心距离地面高度为0.85~0.90H,水平位置要求左灯向左偏不得大于100mm,向右偏不得大于170mm;右灯向左或向右偏均不得大于170mm。

2)前照灯发光强度检测标准

机动车前照灯发光强度检测标准见表2-12。

前照灯远光光束发光强度最小值要求(单位:cd)　　表2-12

机动车类型	检查项目					
	新注册车			在用车		
	一灯制	二灯制	四灯制[①]	一灯制	二灯制	四灯制[①]
最大设计车速小于70km/h的汽车	—	10000	8000	—	8000	6000
其他汽车	—	18000	15000	—	15000	12000
三轮汽车	8000	60000	—	6000	5000	—

注:①四灯制是指前照灯具有四个远光光束;采用四灯制的机动车其中两只对称的灯达到两灯制的要求时视为合格。

二、任务实施

1.检测前准备

1)检测仪准备

(1)在前照灯检验仪不受光状态下,检查光度计和光轴偏斜指示计的指针是否能对准机械零点。若指针失准,可用零点调整螺钉将其调整在零点上。

(2)检查聚光透镜和反射镜的镜面有无污物或模糊不清的地方。若有,可用柔软的布或镜头纸等擦拭干净。

(3) 检查水准器的技术状况。若水准器无气泡，要进行修理；若气泡不在红线框内时，可用水准器调节器或垫片进行调整。

(4) 检查导轨是否沾有泥土或小石子等杂物。有杂物时要扫除干净。

2) 车辆准备

(1) 清除前照灯上的污渍。

(2) 检查所检车辆的轮胎气压，保证处于汽车制造厂的规定数值范围。

(3) 检查汽车蓄电池状况，使之应处于充足电状态。

2. 前照灯检测注意事项

(1) 检验仪的底座一定要保持水平。

(2) 检验仪不要受外来光线的影响。

(3) 必须在汽车保持空载并乘坐一名驾驶员的状态下检测。

(4) 汽车有四只前照灯时，一定要把辅助照明灯遮住后再进行测量。

(5) 打开前照灯照射受光器，一定要等光电池灵敏度稳定后再进行检测。

3. 操作步骤

(1) 待检车辆沿引导线居中驶入，在距离前照灯检测仪规定的距离处停车，如图2-41所示。

(2) 打开汽车前照灯检测仪的开关，使其沿地面轨道进入工作位置，如图2-42所示。

图2-41　车辆驶入工位

图2-42　前照灯检测仪进入工作位置

(3) 如图2-43所示，开启汽车远光灯，使灯光照射在检测仪正面聚光镜上，前照灯检测仪将沿地面导轨移动，检测仪的主机将沿立柱上下移动，自动搜寻某侧远光灯。并记录与显示检测到的某侧远光灯的发光强度与光轴偏斜量。

(4) 如图2-44所示，开启汽车前照灯某侧近光灯，使灯光照射在检测仪正面聚光镜上，前照灯检测仪将自动搜寻某侧近光灯。并记录与显示检测到的某侧近光灯的光轴偏斜量。

图2-43　检测车辆某侧远光灯

图2-44　检测车辆某侧近光灯

(5)汽车前照灯检测仪自动搜寻另一侧前照灯,如图2-45所示。

(6)如图2-46所示,开启汽车另一侧远光灯,使灯光照射在检测仪正面聚光镜上,前照灯检测仪将沿地面导轨移动,检测仪的主机将沿立柱上下移动,自动搜寻另一侧远光灯。并记录与显示检测到的另一侧远光灯的发光强度与光轴偏斜量。

图2-45　检测另一侧前照灯参数

图2-46　检测车辆另一侧远光灯

(7)如图2-47所示,开启汽车前照灯另一侧近光灯,使灯光照射在检测仪正面聚光镜上,前照灯检测仪将自动搜寻另一侧近光灯。并记录与显示检测到的另一侧近光灯的光轴偏斜量。

(8)灯光的发光强度与光轴偏斜量检测完毕后,移走前照灯检测仪,关闭电源,使车辆驶出。

4. 检测结果分析

1)前照灯发光强度偏低

图2-47　检测车辆另一侧近光灯

在前照灯照射位置正确的前提下,发光强度低于标准值,应检查反光镜的光泽是否明亮,灯泡是否老化;蓄电池到灯座的导线电压降是否过大;是否存在搭铁不良等原因。

2)前照灯光束照射位置偏斜

当前照灯光束照射不符合位置要求时,说明照射位置发生了明显的偏斜,可在前照灯检测仪检测状态下,通过前照灯上的调整螺钉进行调整。机动车装用远光和近光双光束灯时,以调整近光光束为主。对于只能调整远光单光束的灯,调整远光单光束。

3)劣质前照灯问题

若在蓄电池电量充足情况下,仪器检测的结果出现没有光形、前照灯近光亮区暗、前照灯近光暗区漏光、前照灯远光亮区暗等问题,则可能是配光镜和反光镜的角度、弧线以及它们之间的相互配合存在设计、配光镜材质等质量问题。

三、评价与反馈

1. 自我评价

(1)通过本学习任务的学习,回答以下问题:

①汽车前照灯的评价指标有哪些?

_____。

②汽车前照灯的检测标准是怎样的?

_____。

(2)汽车前照灯检测的操作过程中用到了哪些设备?

_____。

(3)实训过程完成情况如何?

_____。

(4)通过本学习任务的学习,你认为自己的知识和技能还有哪些欠缺?

_____。

签名:_____ _____年___月___日

2. 小组评价(表2-13)

小组评价表   表2-13

序号	评价项目	评价情况
1	是否正确理解前照灯检测原理	
2	能否正确地进行前照灯检测仪的准备工作	
3	是否能合理规范地使用汽车前照灯检测仪	
4	是否按照安全和规范的流程操作	
5	能否正确地读取汽车前照灯检测仪检测数据	
6	能否正确地分析前照灯检测结果	
7	是否遵守学习、实训场地的规章制度	
8	是否能保持学习、实训场地整洁	
9	团结协作情况	

参与评价的同学签名:_____ _____年___月___日

3. 教师评价

_____。

教师签名:_____ _____年___月___日

四、技能考核标准(表2-14)

技能考核标准表   表2-14

项目	操作内容	规定分	评分标准	得分
汽车前照灯性能检测	记录车辆铭牌信息,进行车辆登记	5分	记录与登记信息是否全面	
	确认前照灯检测仪、指示装置等是否处于正常的预备状态	5分	是否有检查动作,并给出正确结论	
	确认车辆的蓄电池电量是否充足、轮胎气压是否正常	10分	是否有检查动作,并给出正确结论	
	汽车开启前照灯	10分	操作是否正确,并给出结论	
	汽车行驶至灯光检测仪前方	5分	操作是否正确,并给出结论	
	调节被测车前照灯与检测仪的垂直距离是否符合要求	10分	是否进行此操作	

续上表

项目	操作内容	规定分	评分标准	得分
汽车前照灯性能检测	调节前照灯检测仪的几何高度与汽车前照灯匹配	10分	是否进行此操作	
	开启前照灯检测仪	10分	是否达到操作要求标准	
	前照灯检测仪与前照灯自动对焦	10分	是否达到操作要求标准	
	检测发光强度与光轴偏斜量	10分	是否达到操作要求标准	
	读取灯光检测结果并打印结果	5分	记录信息是否全面、正确	
	汽车驶离检测试验工位	5分	操作是否正确,并给出结论	
	检测结束,整理试验现场	5分	是否达到现场整理规范	
	总分	100分		

思考与练习

(一) 填空题

1. 转向轮侧滑量是指_____。

2. 汽车前束会引起汽车轮胎向汽车纵向中心线_____(靠拢、背离)的趋势。前轮外倾角会引起汽车轮胎向汽车纵向中心线_____(靠拢、背离)的趋势。

3. 汽车前束会引起侧滑板向_____侧移动;前轮外倾角会引起侧滑板向_____侧移动。

4. 由于汽车前束存在,刚性前轴通过轮胎给侧滑板向_____侧力;由于前轮外倾角存在,刚性前轴通过轮胎给侧滑板向_____侧力。

5. 侧滑试验台中的左、右两块侧滑板是用来模拟_____。

6. 侧滑板表面做成凸凹不平的目的是_____。

7. 如果侧滑板长度是1m,则侧滑试验台显示装置上每显示1个刻度单位,表示侧滑板移动_____mm。同样,侧滑板长度是0.8m,表示侧滑板移动_____mm;同样,侧滑板长度是0.5m,表示侧滑板移动_____mm。

8. 进行汽车侧滑量检测时,要对汽车轮胎进行_____和_____两项准备工作。

9. 汽车前束值正常,若前轮外倾角越大,侧滑台侧滑板向内靠拢的趋势越_____(大或小),若前轮外倾角越小,侧滑台侧滑板向内靠拢的趋势越_____(大或小)。

10. 进行制动性能检测,除可测汽车制动距离参数外,还可检测_____和_____两个参数。

11. 用路试法检测汽车制动性能,用_____和_____两种设备可进行,而在汽车检测站中,用_____设备检测汽车制动力。

12. 目前在汽车检测线上得到普遍应用的制动检测设备是_____式滚筒制动试验台。

13. 对制动试验台的滚筒进行喷砂或沟槽处理的目的是_____。

14. 对汽车进行制动性能检测,为了对照标准判断汽车制动力的合格性,在制动试验台前必须有_____设备进行轴荷的检测。

15. 对汽车进行制动性能检测,滚筒带着轮胎转动,检测员还没踩下制动踏板时,显示装置上已有轮胎制动力数值显示,则表明制动系统有_____故障。

16. 汽车加速瞬间,由于驾驶员感官的适应性,感知的车速_____(大于、小于)实际车速。

17. 由于道路景物单调的影响,驾驶员感知的车速变_____(高、低)。

18. 根据 GB 7258 规定,汽车车速表误差在_____检验台上进行。

19. 车速表试验台上,用于信号采集的装置为_____传感器。

20. 车速表误差检验前,要对轮胎从_____和_____两个方面检查,对车速表试验台主要检查_____方面。

21. 对车速表误差检测时,在读数时有_____种读数方式。分别是当_____和当_____方式。

22. 光轴是指_____。

23. 汽车前照灯发光强度的单位中文名称是_____。

24. 对汽车前照灯的检测,根据不同的检测设备可分为_____和_____两种检测方法。

25. 使用屏幕检测汽车前照灯时,前照灯的基准中心距离屏幕距离是_____m。

26. 汽车前照灯检测仪中共有_____块光电池。

27. 汽车前照灯近光可测左、右灯的 1 个_____参数,远光可测左、右灯的 2 个_____和_____参数。

(二) 判断题

1. 由于汽车前束的存在,当汽车经过侧滑试验台时,侧滑板将向内侧移动。 (　　)

2. 侧滑量就是汽车前束。 (　　)

3. 汽车前束值越大,则侧滑板向内侧移动的距离越大。 (　　)

4. 对汽车制动力进行检测,标准中对各轮制动力自身大小有要求外,对左、右车轮制动力的平衡也有一定的要求。 (　　)

5. 在反力式滚筒制动试验台上检测汽车制动性能时,是由汽车车轮驱动滚筒转动。 (　　)

6. 反力式滚筒制动试验台中的减速器壳体是与地面固定安装。 (　　)

7. 进行汽车制动性能检测时,当踩下制动踏板时,汽车轮胎对滚筒产生一个阻碍其转动阻力矩。 (　　)

8. 制动试验台的滚筒上粘有油渍或水渍,对制动力测试结果没有影响。 (　　)

9. 制动性能检测,只进行轮式制动器制动力检测,不对驻车制动力进行检测。 (　　)

10. GB 7258 中,对汽车制动力检测,不仅要求其制动力绝对值大小,还对制动力平衡有要求。 (　　)

11. 用路试的方法检测汽车驻车制动时,要求汽车在坡道上正.反两个方向进行检测。 (　　)

12. 按照制动性能检测标准,汽车必须在满载下检测汽车制动力大小。 (　　)

13. 制动距离越大,汽车制动性能越好。 (　　)

14. 制动减速度越大,表明汽车制动性能越好。   (   )
15. 在车速表试验台上检测汽车车速表误差时,试验台显示的车速值是汽车行驶的实际车速值。   (   )
16. 在车速表试验台上检测汽车车速表误差时,一定是由滚筒驱动汽车车轮转动。
                                                                        (   )
17. 检测汽车车速表误差时,试验台显示的车速值和汽车仪表显示的车速值之差则是汽车车速表的误差。   (   )
18. 车速表试验台.制动试验台.底盘测功机.侧滑试验台均配有四个滚筒。   (   )
19. 车速表试验台可以与制动试验台或底盘测功机进行组合使用,成为一个试验台。
                                                                        (   )
20. 在车速表试验台上,车轮与滚筒接触点处的线速度相等。   (   )
21. 汽车前照灯检测仅仅检测前照灯发光强度一个项目。   (   )
22. 进行汽车前照灯光轴偏斜量的检测时,对汽车左灯向左偏斜量的要求要高于其向右的要求。   (   )
23. 前照灯检测仪对发光强度的检测,是利用光电池在前照灯光线的照射下,产生光电流大小来定量检测的。   (   )
24. 用屏幕检测汽车前照灯时,不可检测汽车前照灯的发光强度。   (   )
25. 光轴自动跟踪是指汽车车身位置可自动跟踪前照灯检测仪的聚光屏幕。   (   )

(三)选择题

1. 《机动车运行安全技术条件》(GB 7258—2017)对汽车侧滑量的检测作了如下规定:机动车转向轮的横向侧滑量,用侧滑仪检测时,其值不得超过5m/km。下列是几组汽车侧滑量的检测值,哪几组是合格的?(   )
   A. -9个单位   B. +4个单位   C. -3个单位   D. +7个单位
2. 下列哪些原因将会引起侧滑板向内侧移动超标?(   )
   A. 前束过大   B. 外倾过小   C. 前束过小   D. 外倾过大
3. 检测汽车侧滑量时,要注意以下哪些条件?(   )
   A. 以3~5km/h的低速度经过侧滑板   B. 行驶方向与侧滑板垂直
   C. 不许转动转向盘   D. 不许踩制动踏板
4. 关于汽车侧滑量,下列正确的说法是?(   )
   A. 由于汽车前轮外倾角的存在,汽车会引起侧滑板向内移动
   B. 由于汽车前束的存在,汽车会引起侧滑板向外移动
   C. 汽车前束偏大,外倾角偏小会引起,将会引起侧滑板向内移动
   D. 汽车前束偏小,外倾角偏大会引起,将会引起侧滑板向外移动
5. 下列哪些设备可以用来检测汽车的制动性能?(   )
   A. 五轮仪   B. 制动减速度仪   C. 滚筒式制动试验台
6. 滚筒式制动试验台中的滚筒具有哪些作用?(   )
   A. 模拟路面   B. 支承轮胎
   C. 驱动轮胎   D. 测出汽车轴重

7. 滚筒式制动试验台中两滚筒间的举升机具有哪些作用？（   ）
   A. 支承轮胎便于汽车驶入和驶出试验台   B. 保护滚筒免受冲击
   C. 驱动轮胎   D. 测出汽车轴重
8. 下列关于汽车反力式滚筒制动试验台的结构，说法正确的是？（   ）
   A. 减速器输出轴和滚筒轴是同一根轴
   B. 滚筒的转动是由轮胎的转动来驱动
   C. 减速器壳体是固定安装
   D. 电动机通过减速器减速驱动滚筒转动
9.《机动车运行安全技术条件》（GB 7258—2017）规定：车速表指示车速 v_1（km/h）与实际车速 v_2（km/h）之间应符合下列关系式：$0 \leq v_1 - v_2 \leq (v_2/10) + 4$。当车速表试验台速度指示仪表的指示值为 40km/h 时，机动车仪表板上车速表的指示值为（   ）时为合格。
   A. 40～48km/h   B. 32.8～40km/h
   C. 36～46km/h   D. 32.8～42km/h
10. 下列单位中，是汽车前照灯发光强度单位的是？（   ）
    A. ppm   B. cd   C. %
    D. db   E. Rb
11. 下列哪些条件是检测汽车前照灯时要具备的？（   ）
    A. 轮胎气压应符合规定
    B. 汽车蓄电池要正常
    C. 零点检查
    D. 清洁前照灯检测仪的聚光透镜
    E. 汽车空载，限乘坐 1 名驾驶人员
    F. 前照灯的基准中心与仪器或屏幕相距一定的距离

（四）问答题

1. 简述汽车侧滑量检测原理。
2. 绘图说明差动变压器式位移传感器的测量原理。
3. 简述汽车制动力检测原理。
4. 用图例和数学公式说明汽车制动性能检测时对制动力大小和平衡的要求。
5. 在车速表试验台中，左、右两滚筒间采用联轴器连接，目的是什么？
6. 简述汽车前照灯发光强度与光轴偏斜量的检测原理。
7. 某汽车转向前轮经过 0.5m 长（沿汽车前进方向）的侧滑板时，滑板单边向外移动了 3mm，请问该车侧滑量是否合格？若不合格，请分析造成侧滑超标的可能原因。

单元三　汽车环保性能与检测

学习任务1　汽油发动机排放污染物检测

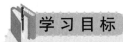

☞ **知识目标**
1. 掌握汽油发动机排气污染物的主要成分及产生机理；
2. 掌握汽油发动机排放污染物控制措施；
3. 掌握气体分析仪结构与工作原理；
4. 了解汽油发动机排放污染物检测方法；
5. 清楚汽油发动机排放污染物检测标准。

☞ **技能目标**
能完成汽油车排气污染物的检测流程及分析。

6课时。

一、理论知识准备

1. 汽油车排气污染物的主要成分

汽车排气由无毒排气成分和各种有害物质组成，如图3-1所示。无毒排气包含氮气（N_2）、二氧化碳（CO_2）、水（H_2O）、氧气（O_2）等。

1）无毒排气成分

氮气（N_2）是空气中的成分。它不参与燃烧过程，是排气中含量最高的气体，大约为71%。

二氧化碳（CO_2）是碳氢化合物（HC）中的碳在完全燃烧后生成的产物。

水（H_2O）是碳氢化合物（HC）中的氢在完全燃烧后遇冷却时凝固而成的产物。

2）有害物质

各种有害物质在排气中虽仅占极小的部分，但是它们对健康有害，如图3-2所示。

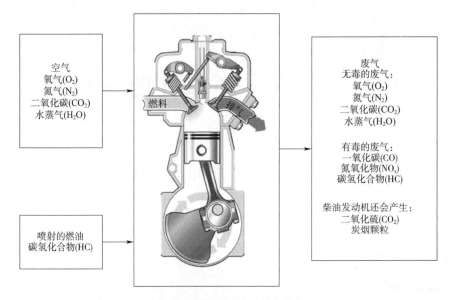

图 3-1 燃烧时的进气和排气成分

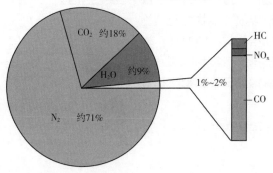

图 3-2 汽油车排气污染物的成分及比例

一氧化碳（CO）的产生主要取决于混合比。在空气不足（浓混合气）时，一氧化碳（CO）的含量就会增加。当 $\lambda=1$ 或混合气较稀时，其含量则很小。

碳氢化合物（HC）是未燃烧的燃油成分，在空气不足（$\lambda<1$）和空气过量（$\lambda>1.2$）时产生。碳氢化合物（HC）会产生典型的尾气臭味，刺激感官并可致癌。

氮氧化物（NO_x）是氮气（N_2）和氧气（O_2）的化合物。发动机在燃烧过程中温度较高和氧气（O_2）过量时会产生氮氧化物（NO_x）。氮氧化物（NO_x）与过量空气系数 λ 的关系正好和碳氢化合物（HC）排放物相反。氮氧化物（NO_x）是一种无色气体，它能强烈刺激呼吸道并在浓度较高时导致人员出现麻痹现象。

2. 汽油车排放污染物检测相关术语

1）一氧化碳（CO）体积浓度

排气中一氧化碳（CO）的体积浓度，以"%"表示。

2）碳氢化合物（HC）体积浓度

排气中碳氢化合物（HC）的体积浓度以"10^{-6}"表示，体积浓度值按正己烷当量进行换算。

3)一氧化氮(NO)体积浓度

排气中一氧化氮(NO)的体积浓度以"10^{-6}"表示。

4)过量空气系数(λ)

燃烧 1kg 燃料的实际空气量与理论上所需空气量之质量比。

5)怠速与高怠速工况

怠速工况指发动机无负载运转状态。即离合器处于接合位置、变速器处于空挡位置(对于自动变速器汽车应处于"停车"或"P"挡位)。

高怠速工况指用加速踏板将发动机转速稳定控制在50%额定转速或制造厂技术文件中规定的高怠速转速时的工况。检测标准中将轻型汽车的高怠速转速规定为2500r/min±100r/min,重型车的高怠速转速规定为1800r/min±100r/min;如有特殊规定的,按照制造厂技术文件中规定的高怠速转速。

6)发动机最大转速

节气门踏板处于全开位置时测量得到的发动机最大转速。

7)在用汽车

已经登记注册并取得号牌的汽车。

3.汽油车排放污染物检测相关标准

1)汽车排放标准

汽车排放是指从排气中排出的 CO(一氧化碳)、HC(碳氢化合物)、NO_x(氮氧化物)、CO_2(二氧化碳)、PM(微粒、炭烟)等有害气体。为了抑制这些有害气体的产生,促使汽车生产厂家改进产品,欧洲和美国都制定了相关的汽车排放标准。其中,我国的汽车排放标准借鉴了欧洲标准。

(1)汽车排放标准——欧洲标准。

欧洲汽车排放标准是欧盟国家为限制汽车排放污染物对环境造成的危害而共同采用的汽车排放标准,见表3-1。对几乎所有类型车辆排放的氮氧化物(NO_x)、碳氢化合物(HC)、一氧化碳(CO)和颗粒物质(PM)都有限制,比如小轿车、火车、拖拉机和类似机器、驳船,但不包括海船和飞机。

欧洲汽车排放标准　　表3-1

类别	欧一	欧二	欧三	欧四
实施时间	1995年底	1995—2000年	2000—2005年	2005年底起
HC(%)	1.1	1.1	0.66	0.46
CO(%)	4.5	4	2.1	1.5
NO_x(%)	8	7	5	3.5
微粒(%)	0.36	0.15	0.1	0.02

对于每一种车辆类型,汽车排放标准有所不同。欧洲标准是由欧洲经济委员会(ECE)的汽车排放法规和欧盟(EU)的汽车排放指令共同加以实现的。汽车排放法规由ECE参与国自愿认可,排放指令是EEC或EU参与国强制实施的。

在欧洲,汽车排放的标准一般每四年更新一次。1992年实行欧洲一号标准,1996年开始实行欧洲二号标准,2000年开始,实行欧洲三号标准,2005年开始实行欧洲四号标准。相对于美国和日本的汽车排放标准来说,欧洲标准测试要求比较宽泛。因此,欧洲标准也是大都发展中国家采用的汽车排放体系。

(2)汽车排放标准——中国标准。

我国的轿车大多从欧洲引进生产技术,故我国大体上采用欧洲标准体系,但两者仍存有一定的技术差异。我国的国标是根据我国具体情况而制定的,其要求略低于欧洲标准。

与发达国家相比,我国汽车排放法规起步较晚、水平较低。我国根据实际情况,从20世纪80年代初期开始采取先易后难、分阶段实施的具体方案。

第一阶段:1983年我国颁布第一批机动车尾气污染控制排放标准,这一批标准的制定和实施,标志着中国汽车尾气法规从无到有,并逐步走向法制治理汽车尾气污染的道路。这批标准包括《汽油车怠速污染排放标准》《柴油车自由加速烟度排放标准》《汽车柴油机全负荷烟度排放标准》三个限值标准和《汽油车怠速污染物测量方法》《柴油车自由加速烟度测量方法》《汽车柴油机全负荷烟度测量方法》三个测量方法标准。

第二阶段:在1983年第一批机动车尾气污染控制排放标准的基础上,我国在1989—1993年又相继颁布《轻型汽车排气污染物排放标准》《车用汽油机排气污染物排放标准》两个限值标准和《轻型汽车排气污染物测量方法》《车用汽油机排气污染物测量方法》两个工况法测量方法标准。至此,我国已形成一套较为完善的汽车尾气排放标准体系。值得一提的是,我国1993年颁布的《轻型汽车排气污染物测量方法》采用了ECE R15-04的测量方法,而《轻型汽车排气污染物排放标准》则采用了ECE R15-03限值标准,该限值标准只相当于欧洲20世纪70年代末的水平(欧洲在1979年实施ECE R15-03标准)。

第三阶段:以北京市《轻型汽车排气污染物排放标准》(DB 11/105—1998)的出台和实施为标志,拉开了中国新一轮尾气排放法规制定和实施的大幕。2000年起全国实施《汽车排放污染物限值及测试方法》(GB 14961—1999)(等效于91/441/1 EEC标准),同时《压燃式发动机和装用压燃式发动机的车辆排气污染物限值及测试方法》也制定并出台;与此同时,北京、上海、福建等地还参照ISO 3929中双怠速排放测量方法分别制定了《汽油车双怠速污染物排放标准》地方法规,使我国汽车尾气排放标准达到国外20世纪90年代初的水平。

第四阶段:2012年1月10日,环境保护部公布了实施国家第四阶段车用压燃式发动机与汽车污染物排放标准的时间表。《车用压燃式、气体燃料点燃式发动机与汽车排气污染物排放限值及测量方法》第四阶段排放限值将分步实施。

第五阶段:《轻型汽车污染物排放限值及测量方法(中国五阶段)》(GB 18352.5—2013),于2018年1月1日起实施。

第六阶段:为贯彻《中华人民共和国环境保护法》和《中华人民共和国大气污染防治法》,防治压燃式及气体燃料点燃式发动机汽车排气对环境的污染,保护生态环境,保障人体健康,制定国家第六阶段机动车污染物排放标准,包括《轻型汽车污染物排放限值及测量方法(中国第六阶段)》和《重型柴油车污染物排放限值及测量方法(中国第六阶段)》两部分。

《轻型汽车污染物排放限值及测量方法(中国第六阶段)》于2016年12月23日发布。自发布之日起,可依据该标准进行新车型式检验;自2020年7月1日起,此标准替代《轻型汽车污染物排放限值及测量方法(中国第五阶段)》标准,所有销售和注册登记的轻型汽车应符合此标准要求。但2025年7月1日前,第五阶段轻型汽车的"在用符合性检查"仍执行《轻型汽车污染物排放限值及测量方法(中国第五阶段)》标准。

《重型柴油车污染物排放限值及测量方法(中国第六阶段)》于2018年6月22日发布,自2019年7月1日起实施。同时,《装用点燃式发动机重型汽车曲轴箱污染物排放限值》(GB 11340—2005)中气体燃料点燃式发动机相关内容及《车用压燃式、气体燃料点燃式发动机与汽车排气污染物排放限值及测量方法(中国Ⅲ、Ⅳ、Ⅴ阶段)》废止。

2)排放限值标准与检测方法

《汽油车污染物排放限值及测量方法》(GB 18285—2018)中规定了汽油车采用双怠速法、稳态工况法、瞬态工况法和简易瞬态工况法对排气污染物排放限值进行测量。标准同时规定了对汽油车进行外观检验(污染控制装置的检查、环保信息随车清单核查)、OBD检查、燃油蒸发排放控制系统检测。具体见表3-2。

排放检测的检验项目　　　　表3-2

检验项目	新生产汽车下线	进口车入境	注册登记	在用汽车检验
外观检验(污染控制装置的检查、环保信息随车清单核查)	进行检测	进行检测	进行检测	进行检测
OBD检查	进行检测	进行检测	2019年11月1日进行检测	2019年11月1日进行检测
排气污染物检测	抽检测	抽检测	进行检测	进行检测
燃油蒸发排放控制系统检测	不进行检测	不进行检测		

(1)排放限值及测量方法。

①双怠速法检测与排放限值。

按双怠速法对汽车排放进行检测,其检测结果应小于表3-3中规定的排放限值。

双怠速法检验排气污染物排放限值　　　　表3-3

类别	怠速		高怠速	
	CO(%)	HC×(10^{-6})	CO(%)	HC×(10^{-6})
限值a	0.6	80	0.3	50
限值b	0.4	40	0.3	30
同时应进行过量空气系数(λ)的测定。发动机在高怠速转速工况时,λ应为1.00±0.05,或者在制造厂规定的范围内				

②稳态工况法检测与排放限值。

按稳态工况法对汽车排放进行检测,其检测结果应小于表3-4规定的排放限值。

稳态工况法排气污染物排放限值　　　　表3-4

类别	ASM5025			ASM2540		
	CO(%)	HC×(10^{-6})	NO×(10^{-6})	CO(%)	HC×(10^{-6})	NO×(10^{-6})
限值a	0.50	90	700	0.40	80	650
限值b	0.35	47	420	0.30	44	390
同时应进行过量空气系数(λ)的测定						

③瞬态工况法检测与排放限值。

按瞬态工况法对汽车排放进行检测,其检测结果应小于表 3-5 规定的排放限值。

瞬态工况法排气污染物排放限值　　表 3-5

类别	CO(g/km)	HC + NO$_x$(g/km)
限值 a	3.5	1.5
限值 b	2.8	1.2
同时应进行过量空气系数(λ)的测定		

④简易瞬态工况法检测与排放限值。

按简易瞬态工况法对汽车排放进行检测,其检测结果应小于表 3-6 规定的排放限值。

简易瞬态工况法排气污染物排放限值　　表 3-6

类别	CO(g/km)	HC(g/km)	NO$_x$(g/km)
限值 a	8.0	1.6	1.3
限值 b	5.0	1.0	0.7
同时应进行过量空气系数(λ)的测定			

在以上国六标准中设置国六 a 和国六 b 两个排放限值方案,是采用分步实施的方式,分别于 2020 年和 2023 年实施。

(2)检测结果判定。

①如果检测结果中任何一项污染物不满足限值要求,则判定车辆排放检验为不合格。

②如果双怠速法过量空气系数超出要求的控制范围,也判定车辆排放检验结果为不合格。

③2011 年 7 月 1 日以后生产的轻型汽车,以及 2013 年 7 月 1 日以后生产的重型汽车,如果 OBD 检查不合格时,也判定排放检验结果不合格。

4. 排气分析仪结构与工作原理

1)基本检测原理

如图 3-3 所示,汽车排气中的 CO、HC、NO 和 CO$_2$ 等气体,分别具有吸收一定波长红外线的性质,而且红外线被吸收的程度与排气浓度之间有一定的关系,如图 5-1 所示。不分光红外线排气分析仪就是根据这一原理,即排气吸收一定波长红外线能量的变化,来检测排气中各种污染物的含量。在各种气体混在一起的情况下,这种检测方法具有测量值不受影响的特点。

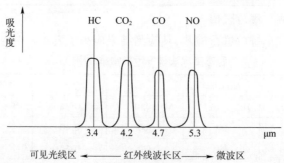

图 3-3　汽油车排放污染物检测原理

2)排气分析仪结构

汽车用排气分析仪结构由排气取样装置、排气分析装置、排气浓度指示装置等部分组成。仪器设备结构示意如图3-4所示。

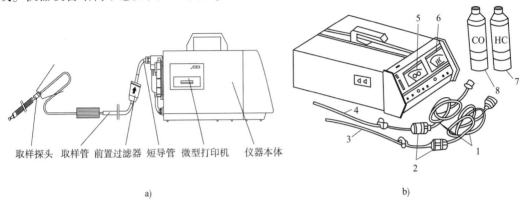

图3-4 汽车用排气分析仪

1-取样软管;2-前置过滤器;3、4-取样探头;5、6-CO、HC 浓度显示仪表;7、8-CO、HC 校准气样瓶

(1)排气取样装置。

排气取样装置由取样探头、滤清器、导管(由特殊材料制作,要求管壁不吸附气体、不与被测气体发生化学反应以确保测量精确度)、水分离器和气泵组成,如图3-5所示。其作用就是从汽车的排气管中吸入排气,滤掉灰尘和水分送往分析装置。

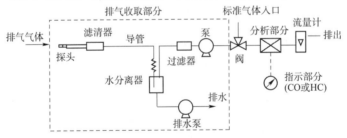

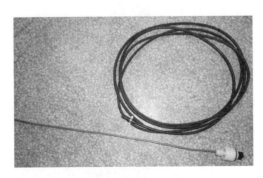

图3-5 排气取样装置图与结构示意图

(2)排气分析装置。

排气分析装置由红外光源、测量气室、标准气室、切光扇轮和检测室组成,检测室由两个相互被带金属的隔膜隔开的相同密闭气室构成,气室内充有一定浓度的与被测气体相同的气体,气室的一端装有两个相同的由滤光镜构成的光窗,两个平行放置的管形气室:一根气

室是标准气室,内部充满不吸收红外线的 N_2 气体,另一根为标本气室,标本气体从中通过。如图3-6所示。

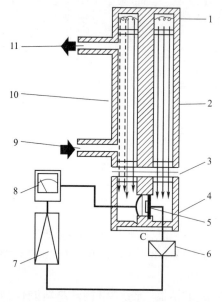

图3-6 排气分析装置

1-红外光源;2-校准气室;3-切光扇轮;4-检测室;5-金属隔膜;6-一级放大器;7-二级放大器;8-电流表;9-进气口;10-测量所室;11-排气口

（3）浓度指示装置。

排气浓度指示装置就是为了显示汽车排气中 CO、HC、NO 和 CO_2 等气体的浓度值。浓度指示装置可以在仪器的显示屏上直接显示,也可以另接计算机显示器进行显示,如图3-7所示。

a)排气浓度的仪表指示装置

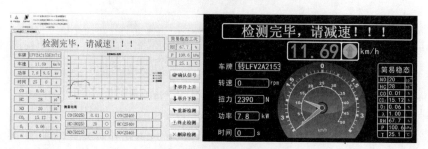

b)排气浓度的外接计算机指示装置

图3-7 排气浓度指示装置

(4)仪器校准装置。

通过调零旋钮和标准气体进行校正。

5.汽油发动机排气污染物的检测方法

1)双怠速法

双怠速法检测规定采用双怠速法排气分析仪,其至少能测量汽车排气中 CO、CO_2、HC、O_2 的体积分数或浓度,并根据上述参数的测量结果计算过量空气系数值。对 CO、CO_2、HC 的测量应采用不分光红外线法,对 O_2 可采用电化学电池法或其他等效方法。

检测流程如图3-8所示。

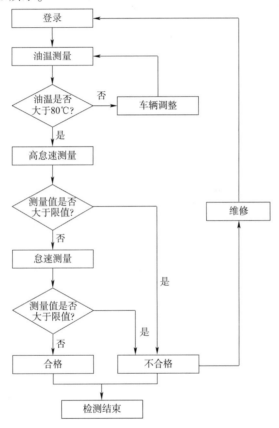

图3-8 双怠速法检测流程

进行双怠速法检测时,首先要使发动机冷却液或润滑油温度不应低于80℃或使汽车预热至使用说明书规定的热状态。

发动机由怠速工况加速至70%额定转速,维持30s后降至高怠速状态;将排气分析仪的取样探头插入排气管中,深度不少于400mm并固定在排气管上。维持15s后,由排气分析仪读取30s内的平均值,即为高怠速排气污染物检测结果。

紧接着,将发动机从高怠速降至怠速并维持15s后开始读数,由排气分析仪读取30s内的平均值,即为怠速排气污染物检测结果。

2)稳态工况法

排放分析仪至少能自动测量汽车排气中的 CO、CO_2、HC、NO、O_2 五种气体。对 CO、CO_2、

HC 的测量应采用不分光红外线法,对 NO 的测量优先采用红外线法、紫外线法或化学发光法,对 O_2 可采用电化学或其他等效方法。

在底盘测功机上的测试运转循环由 ASM5025 和 ASM2540 两个工况组成,具体如图 3-9 所示和表 3-7 所示。

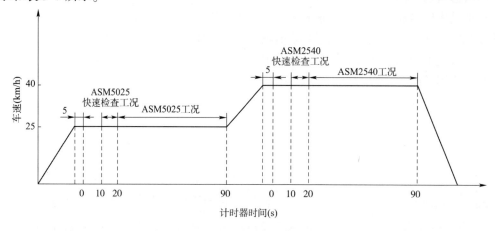

图 3-9 稳态工况法测试运转循环

稳态工况法测试运转循环表　　　　　　　　　　　表 3-7

工况	运转次序	速度(km/h)	操作持续时间(s)	测试时间(s)
ASM5025	1	0~25	—	—
	2	25	5	—
	3	25	10	90
	4	25	10	
	5	25	70	
ASM2540	6	25~40	—	—
	7	40	5	—
	8	40	10	90
	9	40	10	
	10	40	70	

在稳态工况检测时,先进行 ASM5025 工况检测。车辆预热后,在底盘测功机上将汽车加速至 25km/h,测功机根据车辆基准质量自动进行对汽车加载,控制车辆加速踏板将汽车保持在 25km/h±2.0km/h 等速运转,维持 5s 后,系统将自动从 $t=0s$ 开始计时。从开始计时起 10s 后即 $t=10s$,系统进入快速检查工况,排气分析仪开始采样并每秒测量一次,根据稀释修正系数和湿度修正系数计算此 10s 内的排放平均值。从 $t=20s$ 后,ASM5025 快速检查工况结束,车辆将继续运行至 $t=90s$,ASM5025 工况结束。仪器将最后 10s 的排放结果与经修正后的平均值记录为排放检测结果。

经 ASM5025 工况排放检测不合格的车辆,需要继续进行 ASM2540 工况排放检测。在底盘测功机上将汽车加速至 40km/h,测功机根据车辆基准质量自动进行对汽车加载,控制车辆加速踏板将汽车保持在 40km/h±2.0km/h 等速运转,维持 5s 后,系统将自动从 $t=0s$ 开始计时。从开始计时起 10s 后即 $t=10s$,系统进入快速检查工况,排气分析仪开始采样并每秒测量一次,根据稀释修正系数和湿度修正系数计算此 10s 内的排放平均值。从 $t=20s$ 后,ASM2540 快速检查工况结束,车辆将继续运行至 $t=90s$,ASM2540 工况结束。仪器将最后 10s 的排放结果与经修正后的平均值记录为排放检测结果。

检测方法中涉及的瞬态工况法和简易瞬态工况法不再赘述,请参看相关标准。

二、任务实施

不论是采用怠速法或高怠速法,还是加速模拟工况法,在执行检测任务时,按以下准备工作与检测步骤实施。

1. 准备工作

1)与客户交流,记录车辆信息,建立联系

给客户的第一印象对于将来与客户之间的关系有重要意义。客户咨询的所有阶段都要求维修人员有系统知识、良好的谈话技巧以及记录对维修有价值的信息。

2)检查是否关闭影响转速的电器

如图 3-10 所示,确认空调、暖风等附属装备处于关闭状态。

图 3-10 检查是否关闭影响转速的电器

3)确认车辆工作信息

确认汽车发动机舱进排气系统没有泄漏。确认车辆发动机、变速器和冷却系统等没有液体泄漏。

4)预热车辆

预热检测车辆,使冷却液温度和润滑油温度不低于 80℃,或者达到汽车使用说明书规定的热车状态。

5)预热和检漏排气分析仪

(1)对排气分析仪进行预热。

应在通电后 30min 内达到稳定。在 5min 内,未经调整零位及碳氢化合物(HC)、一氧化碳(CO)、氮氧化物(NO_x)和二氧化碳(CO_2)的量距读数应稳定在误差范围内。

(2)对排气分析仪进行泄漏检测,确认排气分析仪本身无泄漏。

2. 检测步骤

(1)发动机降至怠速状态后,将取样探头插入排气管中,深度不小于 400mm,并固定于排气管上,如图 3-11 所示。

(2)发动机状态:发动机由怠速工况加速至 70% 额定转速,维持 30s 且降至高怠速状态维持 15s 后,由排气分析仪读取 30s 内的平均值,即为高怠速排气污染物检测结果。

(3)紧接着,将发动机从高怠速降至怠速并维持 15s 后开始读数,由排气分析仪读取 30s 内的平均值,即为怠速排气污染物检测结果。

(4)读数转换开关打到最高量程挡位。

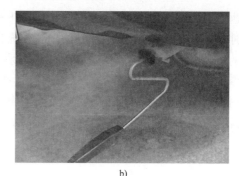

图 3-11 排气取样

如图 3-12 所示，一边观看指示仪表，一边用读数转换开关选择适于排气含量的量程挡位。读取 30s 内的最高值和最低值，其平均值即为测量结果。

（5）若为多排气管时，取各排气管测量结果的算术平均值，如图 3-13 所示。

图 3-12 读取数据　　　　　图 3-13 多排气管检测

（6）测量工作结束后，把取样探头从排气管里抽出来，使其吸入新鲜空气 5min，然后倒挂于仪器上，待仪器指针回到零点后再关闭电源，如图 3-14 所示。

（7）由具有平均值功能的仪器读取 30s 内的平均值，或者人工读取 30s 内的最高值和最低值，取平均值即为高怠速污染物测试结果。

图 3-14 正确放置取样探头

三、评价与反馈

1. 自我评价

（1）通过本学习任务的学习，回答以下问题：

①汽油发动机排气污染物的主要成分及产生机理是什么？

②汽油发动机排放污染物检测方法和标准是什么？

（2）汽油发动机排放污染物检测操作过程中用到了哪些设备？

（3）实训过程完成情况如何？

(4)通过本学习任务的学习,你认为自己的知识和技能还有哪些欠缺?

_____。

签名:_____ ____年___月___日

2. 小组评价(表3-8)

小组评价表　　　　　　　　　　　　　　　　　　表3-8

序号	评价项目	评价情况
1	是否清楚汽油发动机排气污染物的主要成分	
2	是否掌握汽油发动机排气污染物的检测标准	
3	是否掌握汽油发动机排气污染物的检测方法	
4	是否掌握排气分析仪的结构与工作原理	
5	能否按照标准流程对排气污染物进行检测	
6	是否能合理、安全、规范地使用仪器和设备	
7	是否遵守学习、实训场地的规章制度	
8	是否能保持学习、实训场地整洁	
9	团结协作情况	

参与评价的同学签名:_____ ____年___月___日

3. 教师评价

_____

_____。

教师签名:_____ ____年___月___日

四、技能考核标准(表3-9)

技能考核标准表　　　　　　　　　　　　　　　　表3-9

项目	操作内容	规定分	评分标准	得分
汽油发动机排放污染物检测	记录车辆铭牌信息	10分	记录信息是否全面	
	确认空调、暖风等附属装备处于关闭状态	5分	是否有检查动作	
	确认车辆进排气系统没有泄漏	5分	是否有检查动作,并给出正确结论	
	确认车辆发动机、变速器和冷却系统等没有液体泄漏	5分	是否有检查动作并给出检查结果	
	预热检测车辆	10分	是否达到预热规定温度	
	预热排气分析仪	10分	是否进行此操作	
	排气分析仪泄漏检测	10分	是否进行此操作	
	取样探头插头排气管中,深度不少于400mm,并固定在排气管上	10分	是否达到操作要求标准	
	高怠速测量、记录车辆的排气污染物,并对比标准值	10分	是否达到操作要求标准	
	怠速测量、记录车辆的排气污染物,并对比标准值	10分	是否达到操作要求标准	
	确认车辆排放是否合格	10分	是否正确判断结果	
	7S规范是否到位	5分	是否做到规范	
	总分	100分		

学习任务2　柴油发动机排放污染物检测

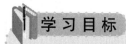

知识目标

1. 掌握柴油发动机排气污染物的主要成分及产生机理；
2. 掌握柴油发动机排放污染物控制措施；
3. 掌握烟度计检测原理与结构；
4. 了解自由加速烟度检测方法（滤纸式烟度法检测与不透光烟度法检测 2 种）；
5. 清楚柴油车烟度检测标准。

技能目标

能完成柴油车排气污染物的检测流程及分析。

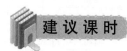

4 课时。

一、理论知识准备

1. 柴油车排气污染物的主要成分及生成机理

1）有害物质

各种有害物质在排气中虽仅占极小的部分，但是它们对健康有害，如图 3-15 所示。

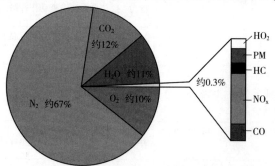

图 3-15　柴油车排放污染物的成分及比例

一氧化碳（CO）的产生主要取决于混合比。在空气不足（浓混合气）时，一氧化碳（CO）的含量就会增加。当 $\lambda=1$ 或混合气较稀时，其含量则很小。

碳氢化合物（HC）是未燃烧的燃油成分，在空气不足（$\lambda<1$）和空气过量（$\lambda>1.2$）时产生。碳氢化合物(HC)会产生典型的尾气臭味、刺激感官并可致癌。

氮氧化物(NO_x)是氮气(N_2)和氧气(O_2)的化合物。发动机在燃烧过程中温度较高和氧气(O_2)过量时会产生氮氧化物(NO_x)。氮氧化物(NO_x)与过量空气系数 λ 的关系正好和碳氢化合物(HC)排放物相反。氮氧化物(NO_x)是一种无色气体,它能强烈刺激呼吸道并在浓度较高时导致人员出现麻痹现象。

二氧化硫(SO_2)在排气中的含量很低,主要出现在柴油车的排气中。它是一种无色、有刺激性气味的不可燃气体,可造成呼吸道疾病。

颗粒物质(PM)是柴油在氧气(O_2)不足的情况下燃烧产生的,在 $\lambda=1$ 时产生较多。它是一种致癌物质。

2) 生成机理

(1) CO 生成机理。

CO 的生成主要有三种途径:一是柴油机进气与柴油喷雾混合不均匀导致局部混合气过量空气系数 $\Phi_a<1$,局部燃烧缺氧导致不完全燃烧生成 CO;二是已成为燃烧产物的 CO_2 和 H_2O 在高温条件下产生热解反应进而生成 CO;三是排气过程中 HC 未完全氧化生成 CO。

(2) HC 生成机理。

排放的 HC 一般是未燃 HC,是指没有燃烧或部分燃烧的碳氢化合物的总称。一般认为,柴油机中 HC 的产生主要有两种途径:一是由于滞燃期中形成的过稀混合气在燃烧室内不能满足自燃或扩散火焰传播的条件,导致 HC 的氧化反应无法开始或瞬间终止,生成未燃 HC;二是燃烧过程后期低速离开喷油嘴的燃油与进气不良好混合形成的过浓混合气不能着火及燃烧,生成未燃 HC。

(3) NO_x 生成机理。

柴油机排放的 NO_x 主要是 NO 和 NO_2,其中 NO 占据了 NO_x 排放的 85%~95%。NO 本身无毒无害,但 NO 随着排气进入大气后会缓慢氧化成有毒的 NO_2,因此 NO_x 生成机理主要针对 NO 讨论。NO 的生成途径有三个:一是激发 NO 的生成;二是燃料 NO 的生成;三是高温 NO 的生成。前两者 NO 的生成量极少,可以忽略不计,因此 NO 的主要生成方式为高温 NO 的生成。其反应机理如下:

$$N_2 + O \rightarrow NO + N \tag{3-1}$$

$$N + O_2 \rightarrow NO + O \tag{3-2}$$

$$N + OH \rightarrow H + NO \tag{3-3}$$

由上式可以知道,影响 NO 生成的因素为高温、富氧和反应时间。

(4) PM 生成机理。

柴油机排放的 PM 主要成分有炭粒、硫酸盐、可溶性有机成分和含金属元素的灰分等。其中,炭粒的生成是一个非平衡过程,现在比较流行的理论认为生成炭粒的过程是燃油分子大量分解和原子分子重新排列的过程。当燃油喷射到高温空气中时,轻质烃很快蒸发汽化,而重质烃会以液态暂时存在,液态的烃在高温缺氧条件下直接脱氢碳化,成为焦炭状的液相析出型炭粒,粗度一般较大。而已汽化的轻质烃,经过不同途径,产生气相析出型炭粒,粒度相对较小。气相的燃油分子在高温缺氧的情况下发生部分氧化和热裂解,不断脱氢形成原子级的炭粒子,逐渐聚合成直径为 2nm 的炭烟核心(炭核);气相的烃和其他物质在炭核表面的凝聚,以及炭核相互碰撞发生的凝聚,使炭核继续增大,成为直径为 20~30nm 的炭烟基元;而炭烟基元经过相互聚集形成直径为 1μm 以下的球状或链状的多孔性聚合物。硫酸盐主要由燃料中硫分经燃烧反应生成。而含金属元素的灰分来源于各种添加剂以及运动件之间相互摩擦产生的磨屑。

2. 柴油机排放污染物的主要影响因素

1)燃油品质

(1)柴油十六烷值。

柴油的十六烷值对滞燃期长短有较大的影响。如果柴油十六烷值较低,则滞燃期较长,这使缸内在燃烧初期积聚的燃油较多,初期放热率峰值和燃烧温度较高,因此 NO_x 排放较多。

(2)柴油硫含量。

柴油硫含量的多少能明显影响 PM 中硫酸盐的排放。若将柴油的硫含量从 0.5% 降到 0.03%,将使轻型车的 PM 排放降低 7%,使重型车的 PM 排放降低 4%。

(3)柴油芳烃含量。

芳烃能提高火焰温度,为 NO_x 产生提供高温条件,因而增加 NO_x 的排放。

2)进气温度

进气温度的升高,将引起柴油机压缩温度及局部反应温度升高,这有利于 NO 的生成。同时,在高速中等负荷下,随着进气温度升高,滞燃期缩短,燃烧温度提高,促进 HC 的氧化同时减少淬熄现象,于是 HC 排放量减少。

3)柴油机负荷

燃油燃烧时,其中的 C 首先生成 CO,在有足够的氧、温度及重组反应时间条件下,CO 会继续被氧化成 CO_2。小负荷时,柴油机喷油量少,缸内气体温度低、氧化作用弱,因此 CO 排放浓度高。随着负荷增加,混合气空燃比减小,气体温度增加,氧化作用加强,CO 排放逐渐减小。当负荷增大到一定程度后,由于氧浓度低和喷油后期供油量增加,反应时间变短,CO 排放又会增加。

NO_x 的生成主要受氧气含量、燃烧温度以及燃烧产物在高温中停留时间三者影响。小负荷时,混合气空燃比较大,虽然混合气中有充足的氧气,但燃烧室内温度较低,因此 NO_x 排放量也较低;当负荷增加时,燃烧室内气体燃烧温度增加,NO_x 排放量变大;但随着负荷进一步加大,空燃比不断减小,燃烧室中氧浓度不断减小,NO_x 的生成再度受到抑制。

柴油机负荷增大时,油束心部和沉积于壁面上的燃油量增多,而稀熄火区的油量减少。喷油定时和喷油速率保持不变的情况下,负荷增大则喷油持续时间增长,使后喷入的燃油反应时间减短,同时空燃比低氧浓度小,使 HC 氧化反应速率降低;但负荷增大时燃烧室内温度增高,这又促使 HC 氧化,并且后者影响更大,因此 HC 排放量随负荷增大而减小。

4)柴油机转速

柴油机转速的变化,会使与燃烧有关的气体流动、燃油雾化与混合气质量发生变化。这些变化对 CO、NO_x 以及 HC 的排放都会产生影响。转速变化对直喷柴油机 NO_x 和 HC 排放的影响不明显,但对CO排放的影响较大。柴油机在低速特别是怠速空转时,缸内温度低,喷油速度低,燃料雾化差,燃烧不完全,CO排放量高。柴油机在高速时,充量系数较低,短时间内组织良好混合气较困难,燃烧不易完善,故CO排放量高。因此,CO排放量在某一转速下最低,随着转速降低或增高,CO排放量都会增高。

5)供油系统参数及结构

(1)喷油提前角。

喷油提前角对NO_x、HC及PM排放影响较大。如果喷油提前角过大,燃油在较低的温度和压力下喷入汽缸,使滞燃期延长,喷注中稀火焰区的混合气变浓,会导致NO排放量增加;同时,较多的燃油蒸气和小油粒被气流带走,形成一个较宽的稀熄火区,并且此时燃油与壁面碰撞增加,会导致HC排放增加。此外,混合气自燃着火后,缸内压力和温度急剧上升,这样油束其他区域的NO生成量也会增加。过分推迟喷油,最高燃烧压力降低,较多的油得不到足够的反应时间,燃油经济性变差并产生后燃现象,排气冒烟,HC排放增加。

(2)喷油速率。

提高喷油速率、缩短喷油延续时间,则在固定喷油终点时可推迟喷油,从而能降低NO_x的排放。但喷油速率过高及尾喷油量增加都会使HC排放量增加。

6)喷油器的结构和性能

直喷式柴油机喷油器在一定范围内随喷孔数的增加可降低炭烟排放,但过多的喷孔则由于贯穿力不足而影响效果。减小喷孔直径会使燃油喷雾颗粒细化,可降低微粒物的排放。其他条件不变时,喷孔直径会直接决定喷入汽缸内燃油量的多少。喷孔直径大的柴油机有更多燃油进入汽缸内参与燃烧,因此燃烧室内氧浓度降低,NO_x排放随之减小。

3. 柴油机排放污染物的主要控制与净化措施

1)燃油掺水技术

渗水技术的核心是向进气管或者汽缸喷水或采用乳化油。水变成水蒸气带走大量的潜热,最高燃烧温度降低,达到降低NO_x的目的;使用乳化油时,渗水量每提高10%,NO_x的排放降低约10%。

2)优化燃烧

采用新概念燃烧方式,如均值混合气压缩着火(HCCI)、分层充量压缩着火(SCCI)和EGR稀释的低温燃烧(LTC),可以极大地减少柴油机NO_x和PM的排放。

3)后处理技术

(1)柴油微粒捕集器(DPF)。

柴油机微粒捕集器是柴油机PM排放后处理的主要方式。它由收集排气微粒的滤芯和各类周期性地把滤芯中积存的微粒烧掉或氧化掉的再生系统所组成。微粒捕集器的关键技术是过滤材料和过滤体的再生。滤芯材料有多种,包括SiC、金属丝网和陶瓷等,其中以陶瓷材料最优。微粒捕集器的再生一般都采用燃烧法:利用外界能量提高微粒捕集器内的温度,使沉积在过滤体中的微粒尽可能快、尽可能完全地燃烧,或者通过使用某些催化剂降低微粒的着火温度,使之能在柴油机正常的排气温度下着火燃烧分解,从而降低PM的排放。

(2)选择性催化还原系统(SCR)。

SCR 用来降低柴油机 NO_x 的排放,也能降低部分 HC。其工作原理是:在排气中喷入氨、尿素或其他含氮化物(还原剂),使排气中的 NO_x 还原成 N_2 和水。

4)氧化催化转换器(DOC)

柴油机氧化催化转换器用于将柴油机排气中的 HC 和 CO 氧化成 CO_2 和 H_2O 以降低排放。DOC 的活性成分一般是 Pt 或 Pd,工作温度范围一般是 200~350℃。在温度足够高时,使用催化剂可使 CO 的转换效率达 98%~99%,对 HC 的转换效率可达 95%,但是在温度低时,催化剂不起作用,转换效率急剧下降。氧化催化转换器同时也可以用来氧化排放颗粒物中 SOF(主要是高分子的 HC)的含量,从而降低总的颗粒排放量;但当温度大于 350℃时,由于大量硫酸盐的产生,有可能抵消 SOF 的减少,甚至可能引起颗粒排放物增加。

4. 柴油机排放污染物检测标准

1)检测标准

《柴油车污染物排放限值及测量方法(自由加速法及加载减速法)》(GB 3847—2018)是柴油车排放污染物的检测标准,规定了柴油车自由加速法和加载减速法排气污染物排放限值及测量方法,以及柴油车外观检验、OBD 检查的方法和判定依据。标准适用于新生产柴油车下线检验、注册登记检验和在用汽车检验。也适用于其他装用压燃式发动机的汽车。不适用于低速货车和三轮汽车。

2)检测相关术语

(1)光吸收系数 k。

表示光束被单位长度的排烟衰减的一个系数,它是单位体积的微粒数 n、微粒的平均投影面积 a 和微粒的消光系数 Q 三者的乘积。

(2)不透光烟度计。

用于连续测量汽车排气的光吸收系数的仪器。

(3)最高额定转速。

调速器所允许的全负荷最高转速。

(4)自由加速工况。

在发动机怠速下,迅速但不猛烈地踏下加速踏板,使喷油泵供给最大油量。在发动机达到调速器允许的最大转速前,保持此位置。一旦达到最大转速,立即松开加速踏板,使发动机恢复至怠速。

3)排放限值与标准

(1)新生产汽车下线检验。

按照规定进行下线车辆排放抽测,排放结果应小于表 3-10 规定的排放限值。生产企业也可采用其他方法进行排放检测,但应证明其等效性。

(2)注册登记和在用汽车检验。

应按照《柴油车污染物排放限值及测量方法(自由加速法及加载减速法)》(GB 3847—2018)附录 A 或附录 B 规定的方法进行检测,其检测结果应小于表 3-10 规定的排放限值。

单元三 汽车环保性能与检测

在用汽车和注册登记排放检验排放限值　　　　　表 3-10

类别	自由加速法	加载减速法		林格曼黑度法
	光吸收系数(m^{-1})或不透光度(%)	光吸收系数(m^{-1})或不透光度(%)①	氮氧化物($\times 10^{-6}$)②	林格曼黑度(级)
限值 a	1.2(40)	1.2(40)	1500	1
限值 b	0.7(26)	0.7(26)	900	

注：①海拔高度高于 1500 m 的地区，加载减速法限值可以按照每增加 1000 m 增加 $0.25m^{-1}$ 幅度调整，总调整不得超过 $0.75m^{-1}$。

②2020 年 7 月 1 日前限值 b 过渡限值为 1200×10^{-6}。

(3) 结果判定。

①如果污染物检测结果中有任何一项不满足限值要求，则判定排放检验不合格。

②如果车辆排放有明显可见烟度或烟度值超过林格曼 1 级，则判定排放检验不合格。

③加载减速法功率扫描过程中，经修正的轮边功率测量结果不得低于制造厂规定的发动机额定功率的 40%，否则判定检验结果不合格。

④对 2018 年 1 月 1 日以后生产车辆，如果 OBD 检验不合格，也判定排放检验不合格。

⑤检验完毕后，应签发机动车环保检验报告。报告格式见《柴油车污染物排放限值及测量方法(自由加速法及加载减速法)》(GB 3847—2018) 附录 F。

⑥禁止使用降低排放控制装置功效的失效策略。所有针对污染控制装置的篡改都属于排放检验不合格。

5. 柴油机排放污染物检测设备与工作原理

1) 滤纸式烟度计

以 SV-2LZ 型滤纸式烟度计为例，介绍设备结构。SV-2LZ 型滤纸式烟度计，适用于柴油机车和装有柴油发动机车排烟浓度的测量，也可用于柴油机车和装有柴油发动机的汽车排烟浓度的测量，也可用于各种柴油机的燃烧分析和研究。

滤纸式烟度计利用电动式抽气泵从柴油机排气管中抽取一定量的排气，使之通过一定面积的滤纸，于是排气中的黑色颗粒就存留在滤纸上使滤纸染黑。单位用波许(Rb)表示，代表柴油机的排气烟度。

图 3-16 所示为 SV-2LZ 型滤纸式烟度计前面板的布局及各个部分的名称。

液晶屏：显示中文菜单和测量数据。

"OK"：执行所选择的项目。

"NO"：取消所选择的项目，退回主菜单。

"↑""↓""←""→"：根据液晶屏幕上的状态提示，在各个界面具有不同的功能。

图 3-17 所示为 SV-2LZ 型滤纸式烟度计后面板的布局和各个部件的名称。后面板设有"电源""开关""脚踏""信号输出"插座及"取样""清洗"接口。

"电源"：用于连接电源线。插座上配有熔断丝。

"开关"：用于控制仪器电源的通断。

"脚踏"：用于连接脚踏开关。

"信号输出"：可用于连接打印机或与计算机进行通信。

"取样":用于连接仪器与取样探头,测量汽车尾气。
"清洗":可与气泵相连,清洗 5m 长取样软管。

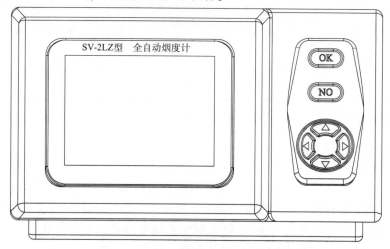

图 3-16　SV-2LZ 型滤纸式烟度计前面板

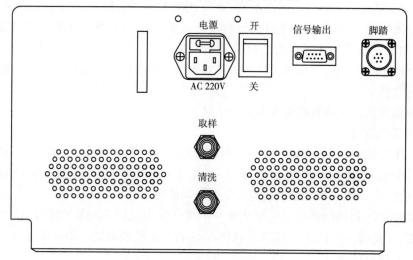

图 3-17　SV-2LZ 型滤纸式烟度计后面板

SV-2LZ 型滤纸式烟度计的取样系统,取样软管的内径为 5mm,长度为 5m,每次抽气量为 330mL±15mL,抽气动作时间为 1.4s±0.2s。采用的滤纸规格是宽度为 40mm、厚度为 0.18mm、当量孔径为 45μm、透气度为 3000mL/(cm²·min)、白度为 85% 的滤纸。

烟度计的显示系统采用大屏幕液晶显示,可显示第一次、第二次、第三次测量及三次测量结果平均值。

2)不透光烟度计

不透光烟度计不仅可以测量柴油机排气中的黑烟,而且可以测量蓝烟和白烟,对低浓度的可见污染物有较强的测量能力,可以实现排气烟度的连续测量。因而不透光烟度计可以用来研究柴油机的瞬态炭烟和其他可见污染物的排放特性,同时也满足排放法规中自由加速烟度的测量要求。

(1)不透光烟度计分类。

根据流过光通道排气量的不同,不透光烟度计分为全流式不透光烟度计(全部排气流过光通道)和分流式不透光烟度计(部分排气流过光通道,见图3-18)。

全流式不透光烟度计系根据美国排放法规要求而研制,代表型号有美国国家环保局推荐的PHS全流式烟度计。

按我国法规要求,我国不透光烟度计采用分流式测量原理。因此,在烟度计的选用上主要考虑AVL439、FTY-100、DISMOKE4000等使用分流式取样的不透光烟度计。分流式不透光烟度计结构见图3-18。各种分流式不透光烟度计在实际应用中因使用场合的差异应有所区别。

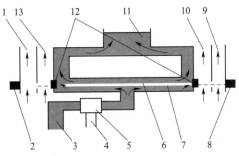

图3-18 分流式不透光烟度计结构示意图

1-冲洗气室一;2-光发送器;3-采样气体入口;4-净化空气入口;5-电磁阀;6-光束;7-测量气室;8-光接收器;9-冲洗气室二;10-冲洗气室三;11-采样气体出口;12-节流孔;13-冲洗气室四

(2)工作原理。

分流式不透光烟度计的工作原理如图3-19所示。

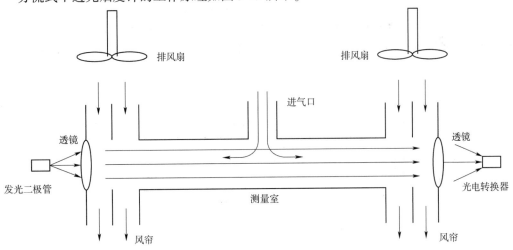

图3-19 分流式不透光烟度计工作原理

在分流式不透光烟度计中,测量室是分为左、右两半的圆形通道,排气气样通过中间的进气口进入,分别穿过左、右两圆形通道并排出。在通道的左、右两侧装有两个凸透镜,同时在左端装有发光二极管,右端装有光电转换器。发光二极管位于左凸透镜的左焦距上,光电转换器位于右凸透镜的右焦距上。当发光二极管发出的光通过左凸透镜形成一束平行光,再通过右凸透镜汇聚于光电转换器上,其能量由光信号转换成电信号。

当排气中含烟越多,平行光穿过测量室时光能衰减越大,经光电转换器转换的电信号就越弱。因此,电信号经电路放大后可显示出相应的光吸收系数 K 值和不透光度 N 值。其中光吸收系数 K 值和不透光度 N 值间的换算关系为:

$$K = \frac{-\ln(1-N)}{L} \tag{3-4}$$

式中:K——光吸收系数值;

N——不透光度值;

L——光路长度,是指光经过的通道长度,国际上采用 0.43m 进行计算。

(3)分流式不透光烟度计结构。

以 NHT-6 烟度计为例介绍分流式不透光烟度计的结构。

分流式不透光烟度计由取样探头、连接电缆、测量单元、控制单元、转速和油温传感器等组成,如图 3-20 所示。

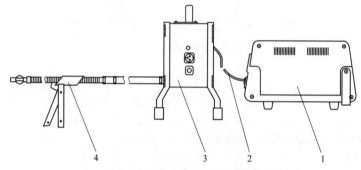

图 3-20 分流式不透光烟度计结构
1-控制单元;2-连接电缆;3-测量单元;4-取样探头

控制单元的前面板上可通过选择键"S"和确认键"K"对主菜单的选项进行选择和确认,如图 3-21 所示。控制单元的背面布置有电源插座与开关、测量接口、交流输出插口、传感器测量接口等,如图 3-22 所示。

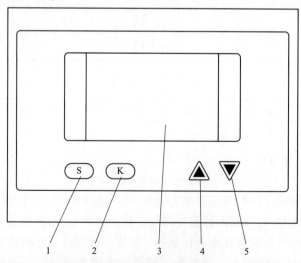

图 3-21 控制单元前面板
1-"S"键;2-"K"键;3-液晶显示屏;4-"↑"键;5-"↓"键

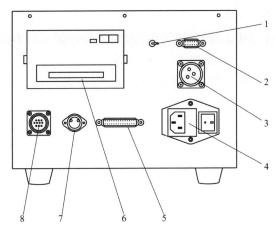

图 3-22 控制单元后面板

1-"打印/通信"转换开关;2-测量信号接口;3-交流 220V 输出插座;4-电源插座及开关;5-通信接口;6-微型打印机;7-油温传感器接口;8-发动机转速测量接口

测量单元位于取样探头和控制单元之间,完成对排气采样气体的检测并通过电缆与控制单元进行信号通信。具体结构如图 3-23 所示。

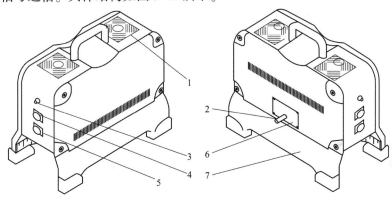

图 3-23 测量单元

1-风扇;2-排烟入口;3-熔断器;4-交流电源输入插口;5-测量信号接口;6-传感器盖板;7-支架

二、任务实施

以分流式不透光烟度计为例介绍柴油机排气污染物的检测过程。

1. 准备工作

1)仪器准备

(1)将取样探头接入测量单元的排烟入口上。

(2)用测量信号电缆连接测量单元与控制单元的测量信号接口。

(3)用电源电缆连接测量单元的交流电源输入插口和控制单元的交流 220V 输出插座。

(4)分别用连接电缆连接转速传感器与控制单元的发动机转速测量接口、油温探头和控制单元的油温传感器接口。

(5)将电源线插入控制单元的电源插座及开关处的电源插座上,给不透光烟度计进行通电。

2) 受检车辆准备工作
(1) 进气系统应装有空气滤清器,排气系统应装有消声器并且不得有泄漏。
(2) 柴油应符合国家规定,不得使用燃油添加剂。
(3) 测量时发动机的冷却液和润滑油温度应达到汽车使用说明书所规定的热状态。

2. 检测过程

柴油机排气污染物检测流程按图 3-24 所示进行,具体步骤如下:

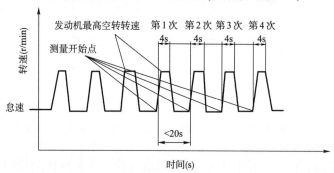

图 3-24　柴油机排气污染物检测流程图

(1) 打开不透光烟度计并预热,如图 3-25 所示。

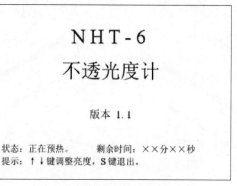

图 3-25　不透光烟度计预热界面

(2) 预热后进入主菜单页面,如图 3-26 所示。通过选择键"S"选择"在用车自由加速试验"功能。

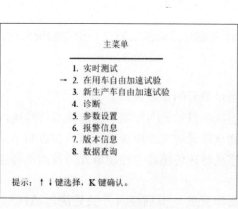

图 3-26　主菜单界面

(3)连续踩2~3次车辆加速踏板,将排气管中的烟灰吹净,以保证测量准确。而后将取样探头插入车辆排气管内约300mm,并保证取样探头的插入方向与排气方向相一致。

取样探头在排气管上安装时,应基本居于排气管截面的中间位置,如图3-27所示,以保证采集气样的准确性,同时有利于减少取样探头对排气背压的影响。

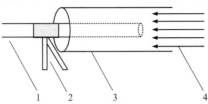

图3-27 取样探头安装图

1-取样探头;2-取样控头夹;3-排气管;4-柴油发动机排气

(4)按确认键"K"后,仪器将进入在用车自由加速测试界面,此时按照国家标准的规定进行三次自由加速检测。

(5)读取或保存显示结果,如图3-28所示。

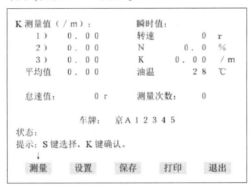

图3-28 自由加速试验测量界面

(6)测量完成后,将取样探头从车辆排气管中取出并放回清洁处。

三、评价与反馈

1. 自我评价

(1)通过本学习任务的学习,回答以下问题:

①柴油发动机排气污染物的主要成分及产生机理是什么?

_____。

②柴油发动机排放污染物检测方法和标准是什么?

_____。

(2)柴油发动机排放污染物检测操作过程中用到了哪些设备?

_____。

(3)实训过程完成情况如何?

_____。

(4)通过本学习任务的学习,你认为自己的知识和技能还有哪些欠缺?

_____。

签名:_____ ____年___月___日

2. 小组评价(表3-11)

小组评价表 表3-11

序号	评价项目	评价情况
1	是否掌握柴油机排放污染物相关知识	
2	是否掌握柴油机排放污染物检测原理	
3	能否正确地进行烟度计的准备工作	
4	是否正确地理解烟度计工作原理	
5	是否能合理规范地使用烟度计	
6	是否按照安全、规范的流程操作设备	
7	能否正确地读取柴油机排放污染物检测数据	
8	能否正确地分析柴油机排放污染物检测结果	
9	是否遵守学习、实训场地的规章制度	
10	是否能保持学习、实训场地整洁	
11	团结协作情况	

参与评价的同学签名：_____   ___年___月___日

3. 教师评价

教师签名：_____   ___年___月___日

四、技能考核标准(表3-12)

技能考核标准表 表3-12

项目	操作内容	规定分	评分标准	得分
柴油发动机排放污染物检测	记录车辆铭牌信息	10分	记录信息是否全面	
	确认车辆进排气系统没有泄漏	5分	是否有检查动作，并给出正确结论	
	确认车辆发动机、变速器和冷却系统等没有液体泄漏	5分	是否有检查动作，并给出正确结论	
	预热检测车辆，使冷却液温度和润滑油温度不低于80℃，或者达到汽车使用说明书规定的热车状态	5分	是否达到预热规定温度	
	用压力为300~400kPa的压缩空气清洗取样管路，把抽气泵置于待抽气位置，将洁白的滤纸置于待取样位置，将滤纸夹紧	10分	是否达到操作要求标准	
	安装取样探头，将取样探头固定于排气管内，插深等于300mm，并使其中心线与排气管轴线平行	10分	是否达到操作要求标准	
	吹除积存物	10分	是否达到操作要求标准	
	测量取样：将抽气泵开关置于加速踏板上，循环测量四次，而后三次读数的算术平均值即为所测烟度值	20分	是否达到操作要求标准	
	确认车辆排放是否合格	10分	是否正确判断结果	
	测量程序完成4个测量循环后，用压力为300~400kPa的压缩空气清洗取样管路	10分	是否达到操作要求标准	
	7S规范程度	5分	是否规范	
总分		100分		

学习任务3　汽车噪声检测

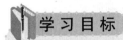

知识目标
1. 了解汽车噪声的定义及相关检测法规；
2. 熟悉汽车噪声的分类；
3. 掌握汽车噪声的检测方法及要求；
4. 学会对汽车噪声不良影响进行评价。

技能目标
能完成汽车噪声的检测流程及分析。

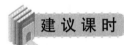

4课时。

一、理论知识准备

汽车噪声是影响汽车舒适性不利因素之一，在汽车设计、制造及使用等环节被严格检测，较高的汽车噪声会影响驾驶员的心理状态，增加了汽车安全隐患。因此，在汽车使用过程中需定期检测噪声等级，结合检测结果采取必要的维护措施降低噪声等级，营造良好的驾乘环境。

1. 噪声基本知识及生成机理

1) 噪声学基本知识

所谓噪声就是指声压强度达到一定值、使人感到不适、频率和声强杂乱的声响。噪声环境包括交通运输噪声、工厂设备生产运输噪声、建筑施工噪声以及生活噪声。在人们的生活环境中，存在着各种各样的声响，其中交通运输车辆(汽车、摩托车等)是城市噪声的主要来源，约占75%。

它的强度通常用声强级或声压级来表示，单位为dB(分贝)。机动车辆噪声的强度一般都能到60～90dB，因此对人和环境的危害很大。80dB以下的环境噪声一般认为不会造成明显的永久性听力损伤，仅使人的听力产生暂时性下降。但是高于70dB的噪声会使人心情不安、烦躁、疲倦、工作效率下降和语言、通信困难等，从而严重地影响到人们正常学习、工作、休息和生活。长时间处于噪声环境的人，还会导致心脏病和胃病，以及神经官能症，甚至影响正常听力范围，出现难听或听力损伤。因此，控制噪声污染越来越引起人们的重视。

2)汽车噪声种类与产生机理

汽车噪声是一门非常复杂的学科,涉及很多方面。在汽车产品开发过程中,噪声控制也是一门关键技术。汽车噪声可以用很多方法来分类:按频率来分,可以分成低频问题、中频问题和高频问题;按专题来分可以分成摩擦噪声、风激励噪声、机械噪声等等;按源—传递途径—接受体来分,可以分成振动噪声源、传递通道和人体对噪声与振动的响应。

(1)车内噪声及产生机理。

一般噪声系统可以用源—传递路径—接受体模型来表示。车辆的主要噪声源有:发动机辐射噪声、进排气噪声、冷却风扇噪声、底盘噪声、轮胎噪声、风噪声等;噪声传递路径主要有:车身孔隙、车身。接受体主要指驾驶员和乘客,噪声通过传递路径传递到人体。对于噪声与振动的控制包括对噪声源和振动源的控制、对传递路径的控制和对接受体的控制,降噪的根本是要控制噪声源和振动源,其次在传播路径上加以控制。

车内噪声产生的机理如图 3-29 所示。车辆噪声源,如轮胎—路面噪声和发动机噪声向外辐射,通过车身孔隙透射到车内,车内这部分噪声被称为空气传播噪声,其频率一般在几百赫兹到几千赫兹。车辆噪声源向外辐射噪声作用到车身,也会引起车身振动,车身的振动产生结构辐射噪声,车内这部分噪声被称为结构噪声,结构噪声的频率一般在几十赫兹到几百赫兹。结构噪声和空气传播噪声相互叠加形成车内噪声。

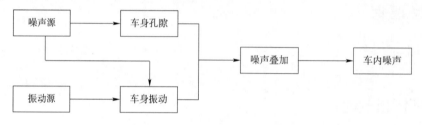

图 3-29 汽车车内噪声产生机理

汽车噪声主要来源于发动机、传动系、轮胎、车体振动、车身干扰空气及喇叭声。这些噪声随着车辆和发动机形式不同而不同,还与使用过程中的车速、发动机转速、加速状态、载荷及道路条件有关,如图 3-30 所示。

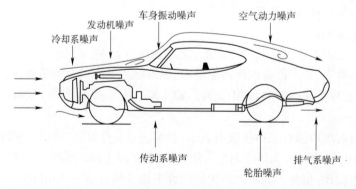

图 3-30 汽车噪声源

①发动机噪声。

发动机噪声包括燃烧、机械、进气、排气、冷却风扇及其他部件发出的噪声。

A. 燃烧噪声是可燃混合气在汽缸中燃烧时,因压力急剧上升的气体冲击而产生的。这种噪声在柴油机总的噪声中占很大比例,而在汽油机中却占次要的地位。

B. 机械噪声,包括活塞敲击声、气门机构声、正时齿轮声等。在柴油机中,正时齿轮的噪声是很大的噪声源。燃烧噪声和机械噪声都是由发动机本体发出的,并且随着发动机转速的增加,噪声也增加。

C. 进排气噪声是由于压力脉动、气流通过气门时的涡流、边界层气流扰动、排气口喷注引起的。尾管的影响和消声器壁面振动辐射的噪声也是重要声源之一。

D. 风扇噪声是汽车最大噪声之一。特别是近年来,由于车内普遍装设空调系统和排气净化装置等,使发动机舱内温度上升,冷却风扇负荷加大,噪声变得更为严重。风扇噪声与发动机转速有直接关系。

②传动机构噪声。

在汽车行驶中,传动机构及来自路面的振动所引起的噪声,频率为400~2000Hz,其中齿轮传动的机械噪声是主要部分。产生齿轮噪声的原因可分为直接原因和间接原因。属于直接原因的有:轮齿啮合时产生的撞击声,随着轮齿之间滑动的变化和由于摩擦力变化造成的摩擦声以及因齿轮误差与刚性的变化而引起的撞击声。间接原因与齿轮传动特性有关。

齿轮噪声以声波向空间传出的仅是一小部分,而大部分则成了变速器、后桥的激振并经轴、轴承、外壳,使各部分产生振动变成噪声而传播。齿轮噪声将随汽车行驶状态,如速度、负荷的变化而变化。影响齿轮噪声的因素是十分复杂的,为减少齿轮噪声,不仅要从设计、制造精度以及加工方法等方面,将因啮合而引起的撞击声和激振声控制到最低程度,而且要在维修中注意齿轮的安装精度和啮合间隙、印迹的调整。

③轮胎噪声。

产生轮胎噪声最主要的因素是轮胎的花纹。汽车在行驶时,因轮胎胎面槽内的空气在接地时被挤压并有规则地放出,而产生噪声。花纹不同噪声也不同,因为压缩、排气的难易程度是不同的。如载货汽车常用的烟斗花纹轮胎要比普通花纹轮胎噪声大。此外,车速、负荷、路面状况等使用因素对轮胎噪声的影响也很大。轮胎噪声与车速具有一定的线性关系,即车速增加10倍时,噪声增加30倍。

(2)车外噪声及产生机理。

车外噪声又称风激励噪声,是汽车在高速行驶的时候,车身与空气相互摩擦而产生的。汽车高速行驶的时候,风对车身的激励成了最主要的噪声源,同时也会使车体产生振动。风激励噪声是一种空气动力噪声,风与汽车接触的时候,一些转角处形成空气动力紊流,这种紊流特别容易在结构不平滑的地方出现,如天线、刮水器等地方。如果汽车密封不好,车身有空洞和缝隙,这种风激励的噪声就更容易传进车内。

汽车车内感受到的风噪属于来自单极子声源发生的情况有两种,一种是通过车门窗的密封条传递的噪声,又称渗漏噪声,另外一种是车外空气动压造成车门车窗密封条处局部很大的负压,引起密封条变形而使车外噪声传入车内,这种噪声是气吸噪声。汽车车内感受到的风噪属于来自双极子声源的一个例子是汽车表面的非定常空气动力脉动。这种动力脉动具有时间上的随机性和空间分布的统计特性,可以理解成成百上千个微型扬声器阵和激振器阵相互关联地作用在汽车结构表面,引起噪声向车内投射,并引起汽车结构的振动,向车内声辐射噪声。汽车车内感受到的风噪属于来自双极子声源发声的另外一种情况是气流与汽车表面突出杆状物体,如天线和行李架杆等作用,产生涡流单音噪声。

从表现形式上,大致分为以下几类:

①密封不良引起的噪声,与车门、车窗等密封条的密封设计有关。

②车身外表面的沟、偏移和其他几何表面过渡处的不平整度引起的噪声。

③车身外表突出结构,如刮水器、后视镜、天线、行李架及外饰件等引起的噪声。

风噪问题复杂,为避开轮胎和发动机噪声的影响,风洞试验是评价和解决风噪问题的重要方法。

汽车噪声的产生除了发动机燃烧、传动系统、轮胎等原因外,还有在高速行驶时产生的车身干扰空气噪声、制动噪声、储气筒放气声、喇叭声以及各种专用车辆上的动力装置所传出的噪声等。但是由于这些噪声不是连续性的,因此在汽车噪声中不占主要地位。

2. 声级计结构与工作原理

声级计是一种能把工业噪声、生活噪声和交通噪声等,按人耳听觉特性近似地测定其噪声级的仪器。图 3-31 所示为声级计。噪声级是指用声级计测得的并经过听感修正的声压级(dB)或响度级(phon)。根据声级计在标准条件下测量 1000Hz 纯音所表现的精度,20 世纪 60 年代国际上把声级计分为两类,一类叫精密声级计,一类叫普通声级计。我国也采用这种方法。20 世纪 70 年代以来,有些国家将声级计分为 0 型、1 型、2 型和 3 型。它们的精度分别为 ±0.4dB、±0.7dB、±1.0dB 和 ±1.5dB。根据声级计所用电源不同,还可分为交流式和用干电池的直流式声级计两类,后者也可以称为便携式。

图 3-31 声级计实物图

1)声级计结构

声级计一般由传声器、放大器、衰减器、计权网络、检波器、指示表头和电源等组成。

(1)传声器。

它是把声压信号转变为电压信号的装置,也称为话筒,是一个传感器。常见的传声器有晶体式、驻极体式、动圈式和电容式等多种形式。

动圈式传感器由振动膜片、可动线圈、永久磁铁和变压器等组成。振动膜片受到声波压力以后开始振动,并带动着和它装在一起的可动线圈在磁场内振动,以产生感应电流。该电流根据振动膜片受的声波压力的大小而变化。声压越大,产生的电流就越大;声压越小,产生的电流也越小。

电容式传感器主要由金属膜片和靠得很近的金属电极组成,实质上是一个平板电容。金属膜片与金属电极构成了平板电容的两个极板。当膜片受到声压作用时,膜片发生变形,使两个极板之间的距离发生变化,电容量也发生变化,从而产生交变电压,其波形在传声器线性范围内与声压级形成比例,实现了将声压信号转变为电压信号的作用。

电容式传感器是声学测量中比较理想的传声器,具有动态范围大、频率响应平直、灵敏度高和在一般测量环境中稳定性好等优点,因而应用广泛。由于电容式传感器输出阻抗很高,因此需要通过前置放大器进行阻抗变换,前置放大器装在声级计内部靠近安装电容式传感器的部位。

(2)放大器和衰减器。

目前流行的许多国产与进口的声级计在放大电路中都采用两级放大器,即输入放大器和输出放大器,其作用是将微弱的电信号放大。输入衰减器和输出衰减器是用来改变输入信号的衰减量和输出信号的衰减量的,以便使表头指针指在适当的位置,其每一挡的衰减量为10dB。输入放大器使用的衰减器调节范围为测量底端(如0~70dB)、输出放大器使用的衰减器调节范围为测量高端(70~120dB)。输入和输出两个衰减器的刻度盘常做成不同颜色,目前以黑色与透明配对儿多。由于许多声级计的高、底以70dB为界限,故在旋转时要防止超过界限,以免损坏装置。

(3)计权网络。

为了模拟人耳听觉在不同频率有不同的灵敏性,声级计内设有一种能够模拟人耳的听觉特性,把电信号修正为与听觉近似的网络,这种网络叫作计权网络。通过计权网络测得的声压级,已不再是客观物理量的声压级(线性声压级),而是经过听感修正的声压级,叫作计权声级或噪声级。

计权网络一般有 A、B、C 三种。A 计权声级是模拟人耳对 55dB 以下低强度噪声的频率特性;B 计权声级是模拟 55~85dB 的中等强度噪声的频率特性;C 计权声级是模拟高强度噪声的特性。三者的区别是对噪声低频成分的衰减程度,A 衰减最多,B 次之,C 最少。A 计权声级由于其特性曲线接近于人耳的听感特性,因此是目前世界上噪声测量中应用最广泛的一种,B、C 已逐渐不用。

从声级计上得出的噪声级读数,必须注明测量条件。

(4)检波器和指示表头。

为了使经过放大的信号通过表头显示出来,还需要有检波器,以便把迅速变化的电压信号转变成变化较慢的直流电压信号。这个直流电压的大小要正比于输入信号的大小。根据测量的需要,检波器有峰值检波器、平均值检波器、均方根值检波器之分。峰值检波器能给出一定时间间隔的最大值,平均值检波器能在一定时间间隔中测量其绝对平均值。除了像枪炮声那样的脉冲声需要测量峰值外,在多数的测量中均采用方根值检波器。

均方根值检波器能对交流信号进行平方、平均和开方,得出电压的均方根值,最后将均方根电压信号输送到指示表头。指示表头是一只电表,只要对其刻度进行一定的标定,就可从表头上直读出噪声级的分贝值。声级计表头阻尼一般都有"快"和"慢"两个挡。"快"挡的平均时间为0.27s,很接近于人耳听觉器官的生理平均时间;"慢"挡的平均时间为1.05s。当对稳态噪声进行测量或需要记录声级变化过程时,使用"快"挡比较合适;在被测噪声的波动比较大时,使用"慢"挡比较合适。为适应测量现场的需要,声级计一般都有三角支架,以便视需要进行稳固。

面板上一般还备有一些插孔,这些插孔如果与便携式倍频带滤波器相连,可组成小型现场使用的简易频谱分析系统;如果与录音机组合,则可以把现场噪声录制在磁带上储存下来,待以后再进行更详细的研究;如果与示波器组合,则可观察到声压变化的波形,并可用照相机将波形摄制下来;还可以把分析仪、记录仪等仪器与声级计组合、配套使用,这要根据测试条件和测试要求而定。

2)声级计测量原理

传声器将声音转换成电信号,再由前置放大器变换阻抗,使传声器与衰减器匹配。放大器将输出信号加到计权网络,对信号进行频率计权(或外接滤波器),然后再经衰减器及放大器将信号放大到一定的幅值,送到有效值检波器(或外按电平记录仪),在指示表头上给出噪声声级的数值。具体过程见图3-32。

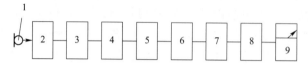

图3-32 声级计原理示意图

1-传声器;2-前置放大器;3-输入衰减器;4-输入放大器;5-计权网络;6-输出衰减器;7-输出放大器;8-检波器;9-表头

3. 测量场地条件

汽车噪声的检测分为道路检测和台架检测。台架检测主要是将被检测车辆置于汽车底盘测功机上进行。道路检测利用一定的测量场地进行。道路检测的测量场地要求如图3-33所示。

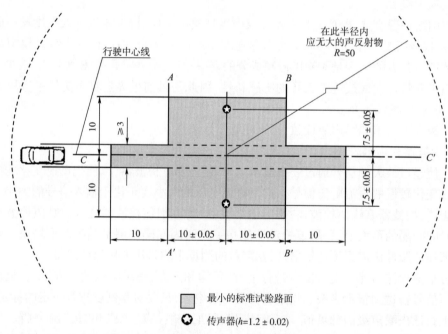

图3-33 车外噪声测量场地要求(尺寸单位:m)

O 点为测量区的中心,加速段长度为 $2 \times (10m \pm 0.05m)$,AA' 线为加速始端线、BB' 线为加速终端线、CC' 为行驶中心线。场地应符合以下声场条件:

(1)以测量场地中心(O点)为基点,半径为50m的范围内没有大的声反射物,如围栏、岩石、桥梁或建筑物等。

(2)试验路面和其余场地表面干燥,没有积雪、高草、松土或炉渣之类的吸声材料。

(3)传声器附近没有任何影响声场的障碍物,并且声源与传声器之间没有任何人停留,进行测量的观察者也应站在不致影响仪器测量值的位置。

4. 汽车噪声测量标准

汽车噪声测量按照《机动车辆噪声测量方法》(GB 1496)和《汽车加速行驶车外噪声限值及测量方法》(GB 1495—2002)的规定进行。

二、任务实施

在汽车检测线上的检测,用汽车底盘测功机的滚筒模拟汽车实际行驶道路。

1. 车外噪声测量

1)测量场地及测点位置

如图 3-34 所示为汽车噪声的测量场地及测量位置,测试传声器位于 20m 跑道中心点 O 两侧,各距中线 7.5m,距地面高度 1.2m,用三脚架固定,传声器平行于路面,其轴线垂直于车辆行驶方向。

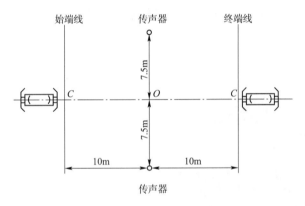

图 3-34 车外噪声测量场地及测点位置

2)加速行驶车外噪声测量方法

(1)车辆须按规定条件稳定地到达始端线,前进挡位为 4 挡以上的车辆用第 3 挡,前进挡位为 4 挡或 4 挡以下的车辆用第 2 挡,发动机转速为其标定转速的 3/4。如果此时车速超过了 50km/h,那么车辆应以 50km/h 的车速稳定地到达始端线。对于自动变速器车辆,使用在试验区间加速最快的挡位。辅助变速装置不应使用。在无转速表时,可以控制车速进入测量区,即以所定挡位相当于 3/4 标定转速的车速稳定地到达始端线。

(2)从车辆前端到达始端线开始,立即将加速踏板踩到底或节气门全开,直线加速行驶,车辆后端到达终端线时,立即停止加速。车辆后端不包括拖车以及和拖车连接的部分。本测量要求被测车在后半区域发动机达到标定转速,如果车速达不到这个要求,可延长 OC 距离为 15m,如仍达不到这个要求,车辆使用挡位要降低一挡。如果车辆在后半区域超过标定转速,可适当降低到达始端线的转速。

(3)声级计用 A 计权网络、"快"挡进行测量,读取车辆驶过时的声级计表头最大读数。

(4)同样的测量往返进行 1 次。车辆同侧两次测量结果之差,应不大于 2dB,并把测量结果记入规定的表格中。取每侧 2 次声级平均值中最大值作为检测车的最大噪声级。若只用 1 只声级计测量,同样的测量应进行 4 次,即每侧测量 2 次。

3) 匀速行驶车外噪声测量方法

(1) 车辆用常用挡位,加速踏板保持稳定,以 50km/h 的车速匀速通过测量区域。

(2) 声级计用 A 计权网络、"快"挡进行测量,读取车辆驶过时声级计表头的最大读数。

(3) 同样的测量往返进行 1 次,车辆同侧两次测量结果之差不应大于 2dB,并把测量结果记规定的表格中。若只用 1 个声级计测量,同样的测量应进行 4 次,即每侧测量 2 次。

2. 车内噪声测量

1) 测量条件

(1) 测量跑道应有足够试验需要的长度,应是平直、干燥的沥青路面或混凝土路面。

(2) 测量时风速(指相对于地面)应不大于 3m/s。

(3) 测量时车辆门窗应关闭。

(4) 车内本底噪声比所测车内噪声至少低 10dB,并保证测量不被偶然的其他声源所干扰。车内带有的其他辅助设备是噪声源,测量时是否开动,应按正常使用情况而定。

(5) 车内除驾驶员和测量人员外,不应有其他人员。

2) 测点位置

(1) 车内噪声测量通常在人耳附近布置测点,传声器朝车辆前进方向,如图 3-35 所示。

(2) 驾驶室内噪声测点的位置如图 3-36 所示。

图 3-35　车内噪声测量实景

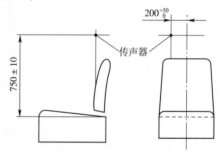

图 3-36　车内噪声测量位置

(3) 载客车室内噪声测点可选在车厢中部及最后一排座的中间位置,测点位置如图 3-37 所示。

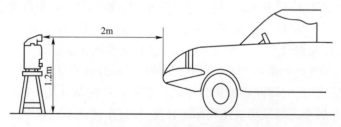

图 3-37　汽车喇叭噪声的测试

3) 测量方法

(1) 车辆以常用挡位、50km/h 以上的不同车速匀速行驶,分别进行测量。

(2) 用声级计"慢"挡测量 A、C 计权声级,分别读取表头指针最大读数的平均值,测量结果记入规定的表格中。

(3) 做车内噪声频谱分析时,应包括中心频率为 31.5Hz、63Hz、125Hz、250Hz、500Hz、

1000Hz、2000Hz、4000Hz、8000Hz 的倍频带。

3. 喇叭声级测量

汽车喇叭噪声的测试位置如图 3-37 所示,测量时应注意不被偶然的其他声源峰值所干扰。测量次数宜在 2 次以上,并注意监听喇叭声是否悦耳。具体步骤如下:

(1)将声级计置于车前 2m、离地高 1.2m 处,且传声器指向被检车辆驾驶员位置。

(2)调整网络开关到 A 级计权和快挡位置。

(3)检测环境本底噪声应小于 80dB(A)。

(4)按喇叭连续发声 3s 以上,读取检测数据。

三、评价与反馈

1. 自我评价

(1)通过本学习任务的学习,回答以下问题:

①汽车噪声检测的基本原理是什么?

_____。

②汽车噪声检测的流程是什么?

_____。

(2)汽车噪声检测操作过程中用到了哪些设备?

_____。

(3)实训过程完成情况如何?

_____。

(4)通过本学习任务的学习,你认为自己的知识和技能还有哪些欠缺?

_____。

签名:_____　　_____年___月___日

2. 小组评价(表 3-13)

小 组 评 价 表　　　　　　　　　　　　　　　　表 3-13

序号	评 价 项 目	评 价 情 况
1	是否了解汽车噪声源	
2	是否掌握声级计结构与检测原理	
3	能否正确地做好声级计的准备工作	
4	是否能合理规范地使用声级计	
5	是否按照安全、规范的流程操作	
6	能否正确地读取各类噪声检测数据	
7	能否正确地分析噪声检测结果	
8	是否遵守学习、实训场地的规章制度	
9	是否能保持学习、实训场地整洁	
10	团结协作情况	

参与评价的同学签名:_____　　_____年___月___日

3. 教师评价

_____

_____。

教师签名：_____　　_____年____月____日

四、技能考核标准（表3-14）

技能考核标准表　　　　　　　　表3-14

项目	操作内容	规定分	评分标准	得分
汽车噪声检测	记录车辆铭牌信息，进行车辆登记	5分	记录与登记信息是否全面	
	车用声级计的预备状态	5分	是否有检查动作，并给出正确结论	
	设备的连接	25分	是否有检查动作，并给出正确结论	
	各类噪声的检测过程	45分	操作是否正确，并给出结论	
	读取检测结果，打印结果	10分	记录信息是否全面、正确	
	检测结束，整理试验现场	10分	是否达到现场整理规范	
总分		100分		

思考与练习

（一）填空题

1. 汽车排气中CO形成的主要原因是_____。
2. 汽车排气中氮氧化物形成的主要原因是_____。
3. 汽油车发动机排气中的主要成分是_____。
4. 对汽油发动机的排气检测有三种方法，分别是_____、_____、_____。
5. 双怠速法检测汽车发动机排气时，高怠速是指_____。
6. 加速模拟工况法中，ASM5025中50是指_____，25是指_____。
7. 不分光红外线气体分析仪中，取样装置包含_____、_____、_____、_____、_____五个部分。
8. 在不分光红外线气体分析仪的显示装置中，对CO浓度的显示采用_____单位，对HC浓度的显示采用_____单位。
9. 能产生光化学烟雾的两种汽车排气分别是_____和_____。
10. 柴油发动机排气检测时，发动机处于的自由加速工况是指_____工况。
11. 对柴油发动机排气检测的方法有_____和_____两种。
12. 柴油机的烟度是指_____，单位是_____；或者是指_____，单位是_____。
13. 透射式烟度计检测参数是_____。
14. 采用烟度计进行柴油机排气检测时，空踩3次加速踏板进行自由加速，目的是_____。
15. 检测汽车噪声的仪器是_____。
16. 传声器的作用是_____，计权网络作用是_____，检波器的作用是_____。

17. 加速行驶时车外噪声的检测,自动变速器汽车采用_____挡位、以50km/h车速进行_____行驶。

(二) 判断题
1. 汽车排气中的CO是由于温度过高而产生的。 (　　)
2. 在加速模拟工况下测汽油车排气,是通过滚筒两端的飞轮的挂入来对汽车实施模拟加载的。 (　　)
3. 氮氧化物(NO_x)是由于燃烧室温度过高,燃烧不完全而导致的。 (　　)
4. 汽油车排气中,不同成分的排气对不同波长的红外线吸收程度不一样。 (　　)
5. 进行汽油车排气检测时,取样探头插入的深度要求不小于15cm。 (　　)
6. 检测完汽油车排气后,应将取样探头倒挂,并打开仪器的抽气泵。 (　　)
7. 检测多排气管汽油车排气时,取各排气管测量结果的算术平均值。 (　　)
8. 汽油车排气中的碳氢化合物就是汽油。 (　　)
9. 发动机排气中的氮氧化物的浓度单位是"%"。 (　　)
10. 汽油车排气浓度越大,吸收红外线的程度越大。 (　　)
11. 用不分光红外线分析仪时,是通过打开气泵来将汽车排气吸入仪器中。 (　　)
12. 炭烟是柴油车排气中的主要成分。 (　　)
13. 柴油车排气检测时,发动机处于自由加速工况。 (　　)
14. 进行柴油车排气检测时,取样探头插入排气管的深度不小于30cm,加速踏板踩到底保持的时间应在4s左右。 (　　)
15. 对滤纸式烟度计取样软管长度和内径作出规定,是为保证一定容积排气通过滤纸。 (　　)
16. 当滤纸被柴油车排气染成全白时,烟度值为0。 (　　)
17. 透射式烟度计的检测参数是光吸收系数。 (　　)
18. 对汽车噪声的检测可在汽车底盘测功机上进行。 (　　)
19. 进行车外噪声道路检测时,在车辆两侧各设置1个声级计,往返各测1次。取每侧2次声级计平均值中最大值作为检测车的最大噪声级。 (　　)

(三) 选择题
1. 产生光化学烟雾的主要汽车排气成分是(　　)。
　　A. 一氧化碳　　B. 二氧化碳　　C. 碳氢化合物　　D. 氮氧化物　　E. 二氧化硫
2. 用加速模拟工况检测汽油车排气时,其中ASM5025的意思是(　　)。
　　A. 汽车车速是25km/h 车辆在等效于最大加速度的50%的负荷条件下等速运转
　　B. 汽车车速是50km/h 车辆在等效于最大加速度的25%的负荷条件下等速运转
　　C. 汽车车速是25km/h 发动机以额定转速的50%运转
　　D. 汽车车速是50km/h 发动机以额定转速的25%运转
3. 下列哪些描述属于汽油车排气的检测原理?(　　)
　　A. CO、HC能吸收一定波长的红外线
　　B. 吸收红外线的程度和CO、HC的浓度成正比
　　C. 红外线被吸收后,将引起不分光红外线气体分析仪气室中气体能量的变化

D. 汽油车排气成分能引起仪器的电阻元件阻值的变化,从而引起电流的改变显示尾气浓度大小

4. 使用不分光红外线气体分析仪检测完汽油车排气后,对取样探头正确的操作方法是( )。

    A. 从排气管中抽出取样探头后,即可关闭气泵

    B. 从排气管中抽出取样探头后,让它吸入新鲜空气5min后再关闭气泵

    C. 倒挂在仪器的支架上

    D. 平放在仪器上

5. 采用加速模拟工况检测排气时,ASM5025和ASM2540两种工况下测试时间各为( )s。

    A. 90   B. 25   C. 65   D. 180

6. 下列单位中,哪个是汽油车排气中CO的单位?( )

    A. ppm   B. cd   C. %   D. db   E. Rb

7. 下列单位中,哪个是汽油车排气中HC的单位?( )

    A. ppm   B. cd   C. %   D. db   E. Rb

8. 不分光红外线排气分析仪主要由以下( )装置组成。

    A. 取样装置   B. 排气分析装置   C. 光电检测装置   D. 校准装置   E. 显示装置

9. 柴油机在自由全加速工况下进行排气检测,自由全加速是指( )。

    A. 发动机空载,节气门开一半   B. 发动机有载,节气门全开

    C. 发动机空载,节气门全开   D. 发动机有载,节气门开一半

10. 检测柴油车排气时,发动机处于下列哪一个工况?( )

    A. 怠速工况   B. 双怠速工况   C. 自由加速工况   D. 以50%的额定转速运转

11. 检测柴油车排气用的仪器设备是( )。

    A. 烟度计   B. 不分光红外线分析仪

    C. 声级计   D. 真空表

12. 下列单位中,哪个是柴油车排气烟度的单位?( )

    A. ppm   B. cd   C. Rb

    D. db   E. %   F. m^{-1}

13. 汽车噪声检测的单位是( )。

    A. ppm   B. cd   C. Rb   D. db

14. 下列哪些是进行匀速行驶车外噪声检测的条件?( )

    A. 变速器如是5挡的,用第3挡行驶

    B. 汽车以50km/h在底盘测功机上保持匀速行驶

    C. 声级计用A计权网络

    D. 进行道路检测时,往返各测1次,每侧取两次的平均值,再将平均值较大的值作为检测值

(四)问答题

1. 绘图并简述汽油车排气检测原理。

2. 图解说明汽车车外噪声检测的条件与过程。

单元四　汽车综合性能与检测

学习任务1　汽车动力性能检测

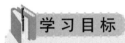

☞ **知识目标**

1. 掌握汽车动力性能与评价指标；
2. 熟悉汽车动力性能检测的方法与仪器设备；
3. 熟知汽车动力性能检测标准。

☞ **技能目标**

1. 能够根据汽车动力性能检测的规范完成相关检测作业；
2. 能够分析汽车动力性能检测不合格的原因。

4课时。

一、理论知识准备

1. 汽车动力性能与评价

汽车动力性是汽车在行驶中能达到的最高车速、最大加速能力和最大爬坡能力，是汽车的基本使用性能。汽车检测机构一般常用汽车的最高车速、加速能力、最大爬坡度、发动机最大输出功率、底盘输出最大驱动功率作为动力性评价指标。

1）最高车速 v_{max}（km/h）

最高车速是指汽车以厂定最大总质量状态，在风速≤3m/s的条件下，在干燥、清洁、平坦的混凝土或沥青路面上，能够达到的最高稳定行驶速度。

2）加速能力 t（s）

汽车加速能力是指汽车在行驶中迅速增加行驶速度的能力。通常用汽车加速时间来评价。加速时间是指汽车以厂定最大总质量状态在风速≤3m/s的条件下，在干燥、清洁、平坦的混凝土或沥青路面上，由某一低速加速到某一高速所需的时间。

（1）原地起步加速时间：也称起步换挡加速时间，系指用规定的低挡起步，以最大的加速度（包括选择适当的换挡时机）逐步换到最高挡后，加速到某一规定的车速所需的时间，其规定车速各国不同，如0到50km/h，对轿车常用0到80 km/h、0到100km/h，或用规定的低挡起步，以最大加速度逐步换到最高挡后，达到一定距离所需的时间，其规定距离一般为0到400m、0到800m、0到1000m，起步加速时间越短，动力性越好。

（2）超车加速时间：也称直接挡加速时间，指用最高挡或次高挡，由某一预定车速开始，全力加速到某一高速所需的时间，超车加速时间越短，其高挡加速性能越好。

3）最大爬坡度I_{max}（%）

最大爬坡度是指汽车满载，在良好的混凝土或沥青路面的坡道上，汽车以最低前进挡能够爬上的最大坡度。

4）发动机最大输出功率P_{max}

发动机最大输出功率是指发动机在全负荷状态下，仅带维持运转所必需的附件时所输出的功率，又称总功率。此时，被测试发动机一般不带空气滤清器、冷却风扇等附件。新出厂发动机的最大输出功率一般是指发动机的额定功率。净功率是指在全负荷状态下，发动机带全套附件时所输出的功率，常在额定功率后注有"净"字，以示区别。

5）底盘输出最大驱动功率DP_{max}

底盘输出最大驱动功率是指汽车在使用直接挡行驶时，驱动轮输出的最大驱动功率（相应的车速在发动机额定转速附近），底盘输出最大驱动功率一般简称底盘输出最大功率，是实际克服行驶阻力的最大能力。

2．汽车底盘测功机结构与工作原理

1）底盘测功机的功能

汽车底盘测功机的基本功能为：

（1）测试汽车动力性能（各挡位下的驱动力、最大爬坡度、最低稳定车速、最高车速、加速性能、驱动轮输出功率等）。

（2）测试汽车的滑行能力和传动系统的传动效率。

（3）检测校验车速表。

（4）辅以油耗计、排气分析仪等设备，对汽车的燃油经济性和排放性能进行检测。

（5）汽车的噪声、振动试验。

2）底盘测功机的结构与工作原理

底盘测功机，一般由滚筒装置、功率吸收装置（即加载装置）、测量装置、辅助装置四部分组成。图4-1所示为国产DCG-10C型汽车底盘测功机机械部分的结构示意图。该试验台适用于轴质量不大于10t、驱动车轮输出功率不大于150kW车辆的检测。

（1）滚筒装置。

滚筒相当于连续移动的路面，被检汽车的车轮在其上滚动，滚筒有单滚筒和双滚筒两种。双滚筒结构简单，安装使用方便，且成本较低，因而使用广泛。

滚筒表面形状不同，有光滚筒、滚花滚筒、带槽滚筒和带涂覆层滚筒多种形式。光滚筒目前应用最多，虽然附着系数较低，但车轮与光滚筒间的附着能力可以产生足够的牵引力。

单元四　汽车综合性能与检测

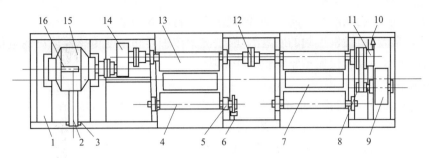

图 4-1　底盘测功机机械部分结构示意图

1-框架;2-测力杠杆;3-压力传感器;4-从动滚筒;5-轴承座;6-速度传感器;7-举升装置;8-传动带轮;9-飞轮;10-电刷;11-离合器;12-联轴器;13-主动滚筒;14-变速器;15-电涡流测功器;16-冷却液入口

图 4-2 所示为单滚筒试验台,其滚筒直径越大,车轮在滚筒上的转动就越像在平路上滚动。但加大滚筒的直径,试验台的制造和安装费用将显著增加,所以一般滚筒直径均在 1500mm 以上且不超过 2000～2500mm。单滚筒试验台对试验车辆的安放定位要求较严,车轮与滚筒的对中比较困难,但其试验精度比较高,故主要用于汽车制造厂和科研单位。

图 4-3 所示为双滚筒试验台,其滚筒直径比单滚筒试验台的滚筒直径要小得多,一般在 135～400mm。滚筒的曲率半径小,轮胎和滚筒的接触情况就和在道路上的受压情况不一样,故试验精度较低。但这样的试验台对试验车的安放要求不高、使用方便,而且成本低,适合于保修企业及汽车检测站在进行汽车技术状况检查和故障诊断时使用。

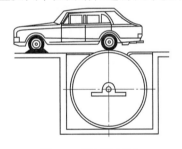
图 4-2　单滚筒试验台

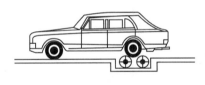
图 4-3　双转鼓试验台

(2)功率吸收装置(加载装置)。

功率吸收装置用来模拟车辆在道路上行驶所受的各种阻力。常用的功率吸收装置有水力测功器、直流电机电力测功器和电涡流测功器,目前多采用电涡流测功器。

为了在室内能直接测量汽车的加速性能,汽车测功器还装有由电子调节器控制负荷的装置,可以模拟加速过程中的全部阻力,即滚动阻力、空气阻力与加速阻力。用不同惯量的飞轮组来代替试验汽车的质量,构成汽车在滚筒上加速时遇到的惯性阻力。

(3)测量装置。

测功器不能直接测出汽车驱动轮的输出功率值,它需要测出旋转运动时的转速与转矩,或直线运动时的速度与牵引力,再换算成其功率值。所以,测功试验台必须配有测力装置与测速装置。

测力装置有机械式、液压式和电测式三种形式,目前应用较多的是电测式。电测式测力装置通过测力传感器,将力变成电信号,经处理后送到指示装置显示出来。

测速装置多为电测式,一般由速度传感器、中间处理装置和指示装置组成。速度传感器安装在从动滚筒一端,随滚筒一起转动,能把滚筒的转动变为电信号。

功率指示装置,由微机控制的底盘测功机,测力传感器和速度传感器输出的电信号送入微机处理后,指示装置直接显示驱动轮的输出功率。

(4)控制装置。

底盘测功机的控制装置和指示装置往往制成一体,形成柜式结构。图4-4 所示为国产 DCG-10C 型底盘测功机控制柜面板图,控制柜上的按键、显示窗、旋钮、功能灯、报警灯、指示灯等,用来控制试验过程,显示或打印试验结果。

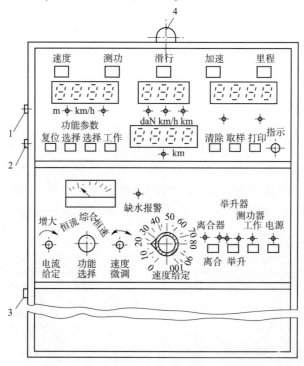

图4-4 控制柜面板图

1-取样盒插座;2-打印机数据线插座;3-打印机电源线插座;4-报警灯

3.汽车动力性的道路试验方法

1)最高车速试验

试验在符合试验条件的道路上进行,选择中间 200m 为测量路段,并用标杆做好标志。测量路段两端为试验加速区间,加速区间要充足,试验汽车在加速区间以最佳的加速状态行驶,在到达测量路段前保持变速器(及分动器)在汽车设计最高车速的相应挡位,加速踏板踩到底,汽车在驶入测量路段前能够达到最高的稳定车速,使汽车以最高的稳定车速通过测量路段。

现在多选用第五轮仪或非接触式汽车速度仪,直接得出汽车速度。

2)加速性能试验

(1)原地起步加速时间。

起步连续换挡加速性能试验在同前一样的试验路段进行,汽车停于试验路段一端,变速器置于该车的起步挡位,迅速起步并将加速踏板快速踩到底,使汽车尽快加速行驶,当发动机达到最大功率转速时,力求迅速换挡,换挡后立即将加速踏板踩到底全开,直至最高挡最高车速的80%以上,对于轿车应加速到100km/h以上。用第五轮仪测定汽车加速行驶的全过程,往返各进行一次,往返试验的路段应重合。

(2)超车加速时间。

在进行最高挡和次高挡加速性能试验时,首先选取合适长度的加速性能试验路段,在两端各放置标杆作为记号。汽车在变速器预定挡位,以预定的车速(从稍高于该挡最低稳定车速起,选5的整数倍速度,如20km/h、25km/h、30km/h、35km/h、40km/h)做等速行驶,当车速稳定后(偏差±1km/h),驶入试验路段,迅速将加速踏板踩到底,使汽车加速行驶至该挡最大车速的80%以上,对于轿车应达到100km/h以上。用第五轮仪记录汽车的初速度和加速行驶的全过程,试验往返各进行一次,往返加速试验的路段应重合。

3)爬陡坡性能试验

爬坡性能试验的目的是在各种坡度的坡道上测定汽车的起步能力和爬坡能力,其中分陡坡试验和长坡试验。

(1)陡坡试验。

爬陡坡试验一般在专门设置的坡道上进行,如图4-5所示。坡道长度应大于汽车长度的2~3倍,车辆用最低挡开始爬坡,其所能克服的最大坡度即为最大爬坡能力。

试验时的坡道坡度应接近于试验车的最大爬坡度。坡道长不小于25m,坡前应有8~10m的平直路段,如图4-6所示。试验车停于平直路段上,起步后,将加速踏板踩到底进行爬坡。

图4-5 专门设置的坡道

图4-6 坡前8~10m平直路段

若试验车为越野车,则变速器使用最低挡,分动器亦置于最低挡,全轮驱动,停于接近坡道的平直路段上,起步后,将加速踏板踩到底进行爬坡;当试验车处于坡道上,停住车辆,变速器放入空挡,发动机熄火2min,再起步爬坡。

如第一次爬不上去,可进行第二次,但不超过两次。爬不上坡时,测量停车点(后轮触地中心)到坡底的距离,并记录爬不上的原因。

测量并记录通过测速路段的时间及发动机转速,爬坡过程中监视各仪表的工作状况,爬至坡顶后,检查各部位有无异常现象,并做详细记录。

如没有规定坡度的坡道,可增减装载质量或采用变速器较高一挡(如2挡)进行试验。

试验常用仪器有:坡度仪、发动机转速表、秒表、钢卷尺(50m)等。

轿车的最大爬坡度一般在20%以上,货车爬坡度在20%~30%,越野车的爬坡能力是重要指标,一般最大爬坡度不小于60%。

(2)长坡试验。

爬长坡试验的目的是综合考验汽车的动力性和燃油经济性能,并对发动机冷却系冷却能力、发动机热状况和传动系等在低转速、大转矩工作条件下的性能加以考验,也可通过测定挡位利用率,对传动系速比的合理设置进行分析比较。

爬长坡试验在最大纵向坡度为7%~10%、长10km以上的连续长坡上进行,一般要求上坡路段应占坡道90%以上。试验时,根据道路情况和汽车的动力状况,以合适的变速器挡位爬坡,原则上在保证安全和交通法规允许的前提下,尽可能以较高车速行驶。注意观察发动机冷却液温度及底盘零部件工作状态,当有冷却液温度过高等异常情况时,应停止试验。记录从起点到终点行驶过程各挡位使用次数和时间、行驶里程、燃油消耗量,计算出各挡位时间(或里程)利用率、汽车行驶平均车速和百公里油耗。

4)滑行试验

所谓滑行是指汽车加速到某预定速度后,摘挡脱开发动机,利用汽车的动能继续行驶直到停车的过程。汽车滑行性能的好坏,对其动力性和燃油经济性有重要的影响。滑行试验的目的一般是:了解和检查汽车底盘的技术状况和调整状况,同时也是在道路上测定汽车行驶阻力的方法之一,可作为室内台架试验时,设定底盘测功机系数的依据。

汽车的行驶阻力是汽车在行驶过程中滚动阻力、空气阻力、传动系内摩擦阻力、轮毂轴承摩擦阻力和车轮定位前束阻力等多种阻力作用的结果。通常,因为传动系内摩擦阻力、轮毂轴承摩擦阻力和车轮定位前束阻力等数值较小,常忽略不考虑。在此前提下,可采用低速滑行试验方法,测量出行驶阻力系数,可近似为滚动阻力系数;用高速滑行试验测出行驶阻力系数,它可近似地看成由滚动阻力和空气阻力两部分组成,进而可求出空气阻力系数。

滑行试验方法:试验时,关闭汽车门窗,其他试验条件及试验车辆的准备按通用试验条件的规定。选择长约1000m的平整路段作为滑行区段,汽车在进入滑行区段前,车速应稍大于50km/h,此时驾驶员将变速器置入空挡,并踩下离合器踏板,汽车开始滑行,在滑行过程中,驾驶员不得转动转向盘,直至完全停车为止。记录从车速为50km/h开始,到汽车停止的整个滑行过程的滑行时间和滑行距离。试验至少往返各滑行一次,往返区段尽量重合。

5)室外道路试验的主要仪器设备

(1)第五轮仪。

第五轮仪有两种类型:一种是机械式第五轮仪,它由传动机构、机械记录机构、时间信号发生器(机械式电时钟机构)等部分组成,有的还附带有踏板压力记录机构。机械式第五轮仪现在已经淘汰了。另一种是电子式第五轮仪,其核心元件是安装在第五轮轮轴上的脉冲信号发生器,有磁电式和光电式两种。磁电式第五轮仪由磁极、线圈、齿盘、支架等组成,如图4-7所示,仪器有遥控箱,可以作为外部控制输入。

第五轮仪因其结构上的限制,而不适用于180km/h以上的高速测试。有时因打滑或轮胎气压等原因,使测试精度降低。

(2)非接触式车速仪。

非接触式车速仪如图4-8所示,采用光电相关滤波技术,是第五轮仪的换代产品。测试范围可达1.5~250km/h。非接触车速仪在安装时,受光器的端面距离地面一般为500mm±100mm,并垂直地面,其侧面的白色记号应与车辆前进方向保持严格一致。

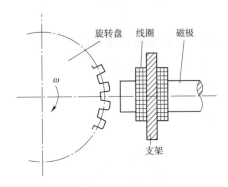
图 4-7　磁电式第五轮仪转速计

图 4-8　非接触式车速仪在试验车上的安装

4. 汽车动力性能检测标准

汽车动力性能检测可依据以下标准：
(1)《道路运输车辆技术等级划分与评定要求》(JT/T 198—2016)。
(2)《汽车修理质量检查评定方法》(GB/T 15746—2011)。
(3)《汽车大修竣工出厂技术条件》(GB/T 3798—2016)。
(4)《汽车维护、检测、诊断技术规范》(GB/T 18344—2001)。

二、任务实施

1. 汽车动力性的台架试验检测方法

汽车动力性的台架试验主要是测定各挡位下的驱动力、最大爬坡度、最低稳定车速、最高车速、加速性能、驱动轮输出功率等，通常在底盘测功机上进行。下面主要讲述用底盘测功机检测汽车驱动轮的输出功率或驱动力的方法。

1) 检测前的准备

(1) 底盘测功机准备。

使用之前，按厂家规定的项目对测功机进行检查、调整、润滑，在使用过程中，要注意仪表指针的回位、举升器工作导线的接触情况，发现故障，及时排除。

(2) 被检汽车准备。

汽车开上底盘测功机以前，调整发动机供油系及点火系至最佳工作状态；检查、调整、紧固、润滑传动系、车轮的连接情况；清洁轮胎，检查轮胎气压是否符合规定；汽车运行至正常工作温度。

2) 检测步骤

(1) 检测点的选择。

测功试验时，应选择几个有代表性的工况测试汽车驱动轮的输出功率或驱动力，如发动机额定功率所对应的车速(或转速)、发动机最大转矩所对应的车速(或转速)、汽车常用车速或经济车速。

(2) 测功方法。

①接通试验台电源，并根据被检车辆驱动轮输出功率的大小，将功率指示表的转换开关置于低挡或高挡位置。

②操纵手柄(或旋钮)，升起举升器的托板。

③将被检汽车的驱动轮尽可能与滚筒呈垂直状态停放在试验台滚筒间的举升器托板

上,如图4-9所示。

④操纵手柄,降下举升器托板,直到轮胎与举升器托板完全脱离为止。

⑤用车轮三角挡块抵住除滚筒之外的车轮,如图4-10所示,以防止汽车在检测时从试验台滑出去,将冷却风扇置于被检汽车正前方,并接通电源。

图4-9 驱动轮垂直停放在两滚筒间

图4-10 用挡块抵住除滚筒之外的车轮

⑥检测发动机额定功率和最大转矩转速下的输出功率或驱动力时,将变速器挂入选定挡位,松开驻车制动器手柄,踩下加速踏板,同时调节测功器制动力矩对滚筒加载,使发动机在节气门全开情况下以额定转速运转。待发动机转速稳定后,读取并打印驱动车轮的输出功率(或驱动力)值、车速值。在节气门全开情况下继续对滚筒加载,至发动机转速降至最大转矩转速稳定运转时,读取并打印驱动力(或输出功率)值、车速值。

如需测出驱动车轮在变速器不同挡位下的输出功率或驱动力,则要依次挂入每一挡按上述方法进行检测。当发动机发出额定功率,挂直接挡,可测得驱动车轮的额定输出功率;当发动机发出最大转矩,挂1挡,可测得驱动车轮的最大驱动力。

发动机全负荷选定车速下输出功率或驱动力的检测,是在踩下加速踏板的同时调节测功器制动力矩对滚筒加载,使发动机在节气门全开情况下以选定的车速稳定运转进行的。发动机部分负荷选定车速下输出功率或驱动力的检测与此相同,只不过发动机是在选定的部分负荷下工作的。

当使用汽车底盘测功机测功时,将"速度给定"旋钮置于选定的速度刻线上,"功能选择"旋钮置于"恒速"上,在逐渐增大节气门开度到所需位置的同时,控制装置能自动调控励磁电流,使汽车在选定的车速下恒速测功。如果手动调控励磁电流,须将"功能选择"旋钮置于"恒流"上,然后手动旋转"电流给定"旋钮即可增大或减小励磁电流,并在旋钮给定位置上供给恒定的励磁电流。

⑦全部检测结束,待驱动轮停止转动后,移开风扇,去掉车轮前的挡块,操纵手柄举起举升器的托板,将被检汽车驶离试验台。

3)注意事项

(1)超过试验台允许轴重或轮重的车辆一律不准上试验台进行检测。

(2)检测过程中,切勿操纵举升器托板手柄,车辆前方严禁站人,以确保检测安全。

(3)检测额定功率和最大转矩相应转速工况下的输出功率时,一定要开启冷却风扇并密切注意各种异响和发动机的冷却液温度。

(4)试验台不检测期间,不准在上面停放车辆。

滚筒式底盘测功机，除能检测驱动车轮的输出功率或驱动力外，还能检测车速表指示误差、行驶油耗量等。在测得驱动车轮输出功率后，立即踩下离合器踏板，利用试验台对汽车的反拖还可测得传动系消耗功率。将测得的同一转速下的驱动车轮输出功率与传动系消耗功率相加，就可求得这一转速下的发动机有效功率。

2. 汽车动力性的道路试验

1) 试验条件

《汽车道路试验方法通则》(GB/T 12534—1990)中规定了汽车道路试验方法中通用的试验条件和试验车辆的准备工作。

(1) 装载质量。

试验车辆的装载质量为厂定最大装载质量。

(2) 轮胎压力。

试验过程中，轮胎压力应符合该车技术条件的规定，误差不超过 ±10kPa。

(3) 燃料、润滑油(脂)和制动液。

试验汽车使用的燃料、润滑油(脂)和制动液的牌号和规格，应符合该车技术条件或其试验项目标准的规定。除可靠性行驶试验、耐久性道路试验以及使用试验外，同一次试验的各项性能测定必须使用同一批燃料、润滑油(脂)和制动液。

(4) 气象条件。

除对气象有特殊要求的试验项目外，试验应在无雨无雾、相对湿度小于95%、气温 0～40℃、风速不大于 3 m/s 的天气条件下进行。

(5) 试验仪器、设备。

试验仪器、设备须经计量检定，在有效期内使用，并在使用前进行调整，确保功能正常，符合试验项目的精度要求。

(6) 试验道路。

除对道路有特殊要求的试验项目外，试验道路应为用沥青或混凝土铺装的清洁、干燥、平坦的直线道路，道路长 2～3km，宽不小于 8m，纵向坡度在 0.1% 以内。

(7) 试验车辆的准备工作。

试验前，应记录试验样车的生产厂名、牌号、型号、发动机号、底盘号、各主要总成号和出厂日期等。检查车辆装备完整性及装配调整情况，使之符合该车装配调整技术条件及国家标准的有关规定，并经行驶里程不大于 100km 的行驶检查，方可进行道路试验。试验时，试验车辆必须进行预热行驶，使发动机、传动系及其他部分预热到规定的温度状态。

2) 试验仪器、设备

(1) 第五轮仪。

(2) 发动机转速表。

(3) 秒表、标杆、钢卷尺。

3) 试验项目及方法

(1) 最高挡和次高挡加速性能试验。

①在试验道路上，选取合适长度，作为加速性能试验路段，并在两端各放置标杆作为记号，如图 4-11 所示。

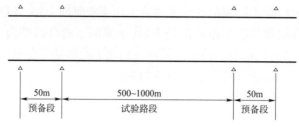

图 4-11　汽车性能试验路段

②汽车变速器置于预定挡位,以预定的车速(以稍高于该挡最小稳定车速起,选 5 的整倍数速度,如 20km/h、25km/h、30km/h、35km/h、40km/h)做等速行驶,用第五轮仪监督初速度,当车速稳定后(偏差 ±1km/h),驶入试验路段,迅速将加速踏板踩到底,使汽车加速行驶至该挡最大车速的 80% 以上。对于最高车速大于 100km/h 的车辆,加速的末速度应大于 100km/h。

③用第五轮仪记录汽车的初速度和加速行驶的全过程,试验往返各进行一次。往返加速试验的路段应重合。

(2)原地起步连续换挡加速性能试验。

①原地起步连续换挡加速性能试验的试验路段同上,汽车停于试验路段一端,变速器置入该车的起步挡位。迅速起步并将加速踏板快速踩到底,使汽车尽快加速行驶;当发动机达到最大功率转速时,力求迅速无声地换挡,换挡后立即将加速踏板踩到底,直至最高挡最高车速的 80% 以上,对于轿车应加速到 100km/h 以上。

②用第五轮仪测定汽车加速行驶的全过程,往返两次,往返试验的路段应重合。

(3)最高车速测定。

测定汽车最高车速时,变速器、分动器置于最高挡(若变速器有超速挡应增加超速挡试验)。最大车速测量段为 200m,在测量段两端立有明显标杆,以提示试验员准备试验。汽车进入测量路段前,必须使供油量达到最大,使汽车预先加速到稳定的最大车速,并在进入测量路段瞬间,打开第五轮仪控制开关,记录下通过测量路段的时间和行程,并记录发动机转速。试验往返各进行一次,试验中随时注意整车和第五轮仪工作状况。

三、评价与反馈

1. 自我评价

(1)通过本学习任务的学习,回答以下问题:

①汽车底盘测功机可以检测哪些项目?
_____。

②汽车底盘测功机的工作原理是怎样的?
_____。

(2)汽车底盘测功过程中用到了哪些设备?
_____。

(3)实训过程完成情况如何?
_____。

(4)通过本学习任务的学习,你认为自己的知识和技能还有哪些欠缺?
_____。

签名:_____　_____年___月___日

2. 小组评价（表4-1）

小组评价表　　　　　　　　　　　　表4-1

序号	评价项目	评价情况
1	是否了解汽车动力性能与评价指标	
2	是否掌握汽车底盘测功机的结构与原理	
3	能否正确做好底盘测功机使用前的准备工作	
4	是否能正确规范地操作汽车底盘测功机	
5	是否完全掌握汽车底盘测功机的检测项目	
6	能否正确地读取各类检测项目的检测数据	
7	能否正确地分析检测结果	
8	是否遵守学习、实训场地的规章制度	
9	是否能保持学习、实训场地整洁	
10	团结协作情况	

参与评价的同学签名：_____　　_____年___月___日

3. 教师评价

_____

_____。

教师签名：_____　　_____年___月___日

四、技能考核标准（表4-2）

技能考核标准表　　　　　　　　　　　　表4-2

项目	操作内容	规定分	评分标准	得分
汽车动力性能检测	记录车辆铭牌信息，进行车辆登记	5分	记录与登记信息是否全面	
	确认试验台的滚筒、指示装置等是否处于正常的预备状态	5分	是否有检查动作，并给出正确结论	
	确认车辆的轮胎是否夹有异物、轮胎花纹以及轮胎气压是否正常	5分	是否有检查动作，并给出正确结论	
	升起试验台举升器	5分	操作是否正确，并给出结论	
	汽车垂直于滚筒的轴线方向驶向试验台	5分	操作是否正确，并给出结论	
	汽车驶上举升器	10分	是否进行此操作	
	降下试验台举升器	5分	是否达到操作要求标准	
	汽车挂挡加速，使车轮带动滚筒转动	10分	是否达到操作要求标准	
	根据检测项目内容进行相关操作	25分	是否达到操作要求标准	
	读取检测结果，打印结果	5分	记录信息是否全面、正确	
	升起底盘测功机举升器	10分	操作是否正确，并给出结论	
	汽车驶离试验台	5分	操作是否正确，并给出结论	
	检测结束，整理试验现场	5分	是否达到现场整理规范	
	总分	100分		

学习任务2　汽车燃油经济性检测

学习目标

☞ **知识目标**
1. 掌握汽车燃油经济性与评价指标;
2. 熟悉汽车燃油经济性检测的方法与仪器设备;
3. 熟知汽车燃油经济性检测标准。

☞ **技能目标**
1. 能够根据汽车燃油经济性检测的规范完成相关检测作业;
2. 能够分析汽车燃油经济性检测不合格的原因。

建议课时

2课时。

一、理论知识准备

1. 汽车燃油经济性与评价

1)汽车燃油经济性

汽车燃油经济性是指汽车以最小的燃油消耗完成单位运输工作量的能力,或指单位行程的燃油消耗量。汽车的燃油经济性是汽车的主要性能之一。

2)汽车燃油经济性的评价指标

汽车燃油经济性的评价一般是通过汽车燃油消耗量试验来确定的,检测汽车燃油消耗量一般通过燃油消耗检测仪测定,用容积或质量来表示,可在汽车检测站通过底盘测功机模拟路试来检测其燃油消耗量,或直接进行道路试验。

(1)比油耗(燃油消耗率):发动机的单位有效功率在单位时间内所消耗的燃油量,单位为 g/(kW·h)(克/千瓦时)。

(2)每小时耗油量:发动机每小时所消耗的燃油质量,单位为 kg/h(千克/小时)。

(3)每公里耗油量:汽车每行驶一公里所消耗的燃油数量,单位为 L/km(升/公里)。

(4)每升燃油行驶里程:汽车消耗一升燃油可行驶的里程数,单位为 km/L(公里/升)。

(5)百公里油耗量:汽车每空驶100公里所消耗的平均燃油量,单位为 L/100km(升/百公里)。

(6)百吨公里油耗量:表示汽车运行过程中,每完成100吨公里运输量所消耗的燃油量,单位为 L/(100t·km)(升/百吨公里)。

3)评价标准

《道路运输车辆技术等级划分和评定要求》(JT/T 198—2016)中规定汽车等速百公里油耗(底盘测功机油耗计检测),一级车不大于原厂规定值,二级车不大于原厂规定值的110%。

4)试验分类

(1)发动机台架试验。

(2)底盘测功机循环试验。

(3)无控制道路试验。

(4)有控制道路试验。

(5)道路循环试验。

2. 燃油消耗量道路检测方法

1)直接挡全节气门加速燃油消耗量试验

汽车用直接挡(或最高挡),以 30km/h±1km/h 的初速稳定通过 50m 的预备路段,在到达 500m 测试路段起点时,节气门突然全开,加速通过测试路段,测定加速时间、燃油消耗量及汽车到达测量路段终点时的速度。试验往返各两次,同向加速时间的相对误差不大于5%,取四次测量结果的算术平均值作为测定值。

2)等速行驶燃油消耗量试验

汽车在一定载荷下,以最高挡等速行驶,从最低稳定车速(30km/h)开始,以间隔10的整数倍的各预选车速,通过 500m 的测试路段,测定通过时间和燃油消耗量。每种车速试验往返各两次,直到该挡最高车速的90%为止。以车速为横坐标,燃油消耗量为纵坐标,绘制等速行驶燃油消耗量特性曲线。

我国采用 90km/h 和 120km/h 的等速油耗作为燃油经济性的主要评价指标,汽车说明书上标明的百公里油耗,一般都是等速油耗。

3)循环行驶工况(多工况)百公里燃油消耗量试验

循环行驶工况(多工况)百公里燃油消耗量,是汽车在道路上按照规定的车速和时间规范做反复循环行驶,测定燃油消耗量和时间,并计算百公里燃油消耗量。在车速和时间规范中,规定每个循环包含各种行驶的工况,并规定了每个循环中的换挡时刻、制动与停车时间,以及行驶速度、加速度及制动减速度的数值。美国汽车工程师学会(SAE)制定了SAEJ10926 道路循环试验规范,且被广泛采用。

3. 燃油消耗量台架检测方法

1)质量法

采用质量式油耗计在底盘测功机上进行油耗检测。

2)容积法

采用容积式油耗计在底盘测功机上进行油耗检测。

3)注意事项

(1)汽车驶上底盘测功机,连接好检测油路,排净油路中的空气,在底盘测功机上加载,加载量符合该车在路试状态下的各种阻力,然后进行油耗检测。

(2)试验车速:采用直接挡或最高挡,轿车为 60km/h±2km/h、铰接客车为 35km/h±

2km/h，其他车为50km/h±2km/h。

（3）使用油耗传感器时，必须让多余的燃油回到油耗传感器的输出端。

（4）轮胎冷态气压符合规定，误差不超过±10kPa，且左、右轮胎花纹一致。

（5）发动机冷却液温度在80~90℃，底盘温度控制在25℃左右。

二、任务实施

在我国及欧洲，燃油经济性指标的单位为百公里燃油消耗量（L/100km）或百吨公里燃油消耗量[L/(100t·km)]。

1. 试验规范及标准

车辆应满足《汽车道路试验方法通则》（GB/T 12534—1990）的要求。

2. 基本试验条件

（1）试验前，应对试验的车辆进行磨合，乘用车至少应行驶3000km。

（2）试验时，试验车辆必须进行预热行驶，使发动机、传动系及其他部分预热到规定的温度状态。

（3）轮胎充气压力应符合该车技术条件的规定。

（4）装载质量除有特殊规定外，乘用车试验质量为装备质量加180kg，当车辆的50%载质量大于180kg时，则车辆的试验质量为装备质量加50%的载质量；商用车试验质量为：M2、M3类城市客车为装载质量的65%，其他车辆为满载，装载物应均匀分布且固定牢靠，试验过程中不得晃动和颠离；不应因潮湿、散失等条件变化而改变其质量，以保证装载质量的大小、分布不变。

（5）试验道路应为清洁、干燥、平坦的沥青或混凝土直线道路，道路长2~3km，宽不小于8m，纵向坡度在0.1%以内。

（6）试验应在无雨无雾，相对湿度小于95%、气温0~40℃、风速不大于3m/s的天气条件下进行。

（7）试验车辆必须清洁，关闭车窗和驾驶室通风口。

3. 试验仪器

试验中主要测量车速、距离、时间和燃油消耗量等参数，车速、距离和时间的测量仍然用第五轮仪或非接触式车速仪，燃油消耗量的检测仪器为油耗计，如图4-12所示，它可测量某一段时间间隔或某一里程内，流体通过管道的总体积或总质量。为提高测量精度，在流量仪表前应有足够的直管段长度或加装流量整流器，以使仪表前的流速分布保持稳定。最后用

图4-12　车用油耗计

综合测试仪处理出试验结果。

电控燃油喷射汽油机，应把车用油耗计串接在燃油滤清器与燃油分配管之间，从燃油压力调节器经回油管流回燃油箱的燃油应改接在油耗计传感器与燃油分配管之间，避免重复计量。

柴油机，应把车用油耗计串接在柴油滤清器与喷油泵之间，从高压回油管和低压回油管流回的燃油应接在油耗计传感器与喷油泵之间，避免重复计量。

车速测定仪器和燃料流量计:精度为0.5%;计时器:最小读数为0.1s。

4.试验项目

(1)直接挡全节气门加速燃料消耗量试验。

(2)乘用车90km/h和120km/h等速行驶燃油消耗量试验。

(3)商用车等速燃料消耗量试验。

(4)商用车多工况燃油消耗量试验。

5.试验方法

1)直接挡全节气门加速燃料消耗量试验

试验测试路段长度为500m或1000m。汽车挂直接挡(没有直接挡可用最高挡)以30km/h±1km/h的初速度,稳定通过50m的预备段,在测试路段的起点开始,节气门全开,加速通过测试路段。测量并记录通过测试路段的加速时间、燃料消耗量及汽车在测试路段终点时的速度。

试验往返各进行两次,测得同方向加速时间的相对误差不大于5%,取测得四次加速时间试验结果的算术平均值作为测定值。

2)乘用车90km/h和120km/h等速行驶燃油消耗量试验

如果车辆在最高挡(n)时的最大速度超过130km/h,则只能使用该挡位进行燃料消耗量的测定;如果在($n-1$)挡的最大速度超过130km/h,而n挡的最大速度仅为120km/h,则120km/h的试验应在($n-1$)挡进行,但制造厂可要求120km/h的燃油消耗量在($n-1$)挡和n挡同时测定。

为了确定在规定速度时的燃油消耗量,应至少在小于或等于规定速度时进行两次试验,并在至少大于或等于规定速度时进行另两次试验,但应满足规定的误差,在每次试验行驶期间,速度误差为±2km/h,每次试验的平均速度与试验规定速度之差不得超过2km/h。

3)商用车等速燃料消耗量试验

试验测试路段长度为500m,汽车用常用挡位,等速行驶,通过500m的测试路段,测量通过该路段的时间及燃油消耗量。

试验车速从20km/h(最小稳定车速大于20km/h时,从30km/h)开始,以每隔10km/h均匀选取车速,直至最高车速的90%,至少测定5个试验车速,同一车速往返各进行两次。

以试验车速为横坐标,燃料消耗量为纵坐标,绘制等速燃油消耗量散点图,根据散点图绘制等速燃油消耗量的特性曲线。

4)商用车多工况燃油消耗量试验

(1)试验方法。

汽车运行工况可分为匀速、加速、减速和怠速等几种,实际运行时,往往是上述几种工况的组合,并以此测定汽车的耗油量。

多工况燃油消耗量试验的方法就是将不同车型的车辆严格依据各自的试验循环进行燃油消耗量测定。

汽车尽量用高挡进行试验,当高挡位达不到工况要求,超出规定偏差时,应降低一挡进行,当车辆进入可使用高挡行驶的等速行驶段和减速行驶段时,再换入高挡进行试验。换挡应迅速、平稳。

减速行驶中,应完全放松加速踏板,离合器仍接合。当试验车速降至10km/h时,分离离合器,必要时,减速工况允许使用车辆的制动器。

每次循环试验后,应记录通过循环试验的燃油消耗量和通过的时间。当按各试验循环完成一次试验后,车辆应迅速掉头,重复试验,试验往返各进行两次,取四次试验结果的算术平均值作为多工况燃油消耗量试验的测定值。

(2)工况循环。

①六工况循环:如图4-13所示,适用于城市客车及双层客车除外的车辆。

②四工况循环:如图4-14所示,适用于城市客车和双层客车(包括城市铰接客车)。

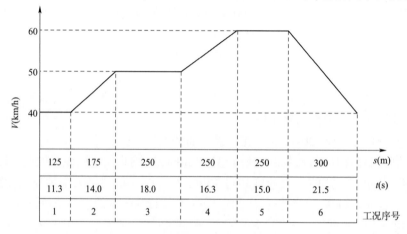

图4-13 六工况循环

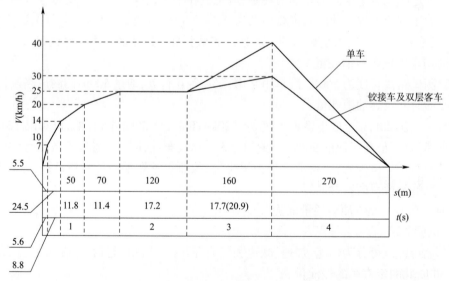

图4-14 四工况循环

三、评价与反馈

1.自我评价

(1)通过本学习任务的学习,回答以下问题:

①汽车燃油经济性评价指标有哪些?

_____。

②汽车燃油量消耗的道路检测方法有哪几类?

_____。

(2)汽车燃油量消耗检测过程中用到了哪些设备?

_____。

(3)实训过程完成情况如何?

_____。

(4)通过本学习任务的学习,你认为自己的知识和技能还有哪些欠缺?

_____。

签名:_____　_____年____月____日

2. 小组评价(表4-3)

小组评价表　　　　　　　　　　　　　　　　　表4-3

序号	评价项目	评价情况
1	是否了解汽车燃油经济性及其评价指标	
2	是否掌握汽车燃油经济性检测方法	
3	是否熟悉车用油耗计的结构与工作原理	
4	能否正确做好车用油耗计使用前的准备工作	
5	是否能正确、规范、安全地操作车用油耗计	
6	能否正确地读取油耗检测数据	
7	是否遵守学习、实训场地的规章制度	
8	是否能保持学习、实训场地整洁	
9	团结协作情况	

参与评价的同学签名:_____　_____年____月____日

3. 教师评价

_____

_____。

教师签名:_____　_____年____月____日

四、技能考核标准(表4-4)

技能考核标准表　　　　　　　　　　　　　　　　　表4-4

项目	操作内容	规定分	评分标准	得分
汽车燃油经济性检测	记录车辆铭牌信息,进行车辆登记	5分	记录与登记信息是否全面	
	车用油耗机的预备状态	15分	是否有检查动作,并给出正确结论	
	设备的连接	25分	是否有检查动作,并给出正确结论	
	各类油耗的检测过程	35分	操作是否正确,并给出结论	
	读取检测结果,打印结果	10分	记录信息是否全面、正确	
	检测结束,整理试验现场	10分	是否达到现场整理规范	
	总分	100分		

学习任务3　汽车操纵稳定性检测

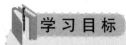

知识目标
1. 掌握汽车操纵稳定性与评价指标；
2. 熟悉汽车操纵稳定性检测的方法与仪器设备；
3. 熟知汽车操纵稳定性检测标准。

技能目标
1. 能够根据汽车操纵稳定性检测的规范完成相关检测作业；
2. 能够分析汽车操纵稳定性检测不合格的原因。

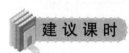

2课时。

一、理论知识准备

1. 操纵稳定性与评价

1）汽车操纵稳定性

汽车操纵稳定性是指在驾驶员不感到过分紧张、疲劳的条件下，汽车能遵循驾驶员通过转向系及转向车轮给定的方向行驶，且当遭遇外界干扰时，汽车能抵抗干扰而保持稳定行驶的能力。操纵性是指汽车能够确切地响应驾驶员指令的能力；稳定性是指汽车抵抗改变其行驶方向的各种外界干扰，并保持稳定行驶而不失去控制，甚至翻车或侧滑的能力。

2）汽车操纵稳定性的评价

汽车操纵稳定性可以借助一些相关的物理量进行评价和分析，主要是分析汽车做曲线运动时的响应。对于给定的汽车，在转向盘输入下的响应特性，如侧向运动、横摆运动以及侧倾运动等响应，常用作汽车操纵稳定性的评价。汽车操纵稳定性的基本内容以及主要的评价参数，见表4-5。

汽车操纵稳定性的基本内容以及主要评价参数　　　　表4-5

序号	基本内容	主要评价参数
1	转向盘角阶跃输入下进入的稳态响应 转向盘角阶跃输入下的瞬态响应	稳态横摆角速度增益——转向灵敏度 反应时间、横摆角速度波动的无阻尼圆频率

续上表

序号	基本内容	主要评价参数
2	横摆角速度频率响应特性	共振峰频率、共振时振幅比、相位滞后角、稳态增益
3	转向盘中间位置操纵稳定性	转向灵敏度、转向盘力特性、转向盘转矩梯度、转向功灵敏度
4	回正性	回正后剩余横摆角速度与剩余横摆角、达到剩余横摆角速度的时间
5	转向半径	最小转向半径
6	转向轻便性（原地、低速高速行驶）	转向力、转向功
7	直线行驶性能、侧向风稳定性、路面不平度稳定性	转向盘转角、侧向偏移
8	典型行驶工况性能（蛇行性能、移线性能、双移线性能、回避障碍性能）	转向盘转角、转向力、侧向加速度、横摆角速度、侧偏角、车速等
9	极限行驶能力 圆周行驶极限侧向加速度 抗侧翻能力、发生侧滑时的控制性能	极限侧向加速度 极限车速 回至原来路径所需时间

3）汽车操纵稳定性试验的评价方法

（1）主观评价法。

主观评价法是指让试验评价人员根据试验时自己的感觉进行评价的方法。评价项目有直线行驶稳定性（包括转向回正能力、侧风敏感性、路向不平敏感性等）、行车变道操纵性、转弯稳定性（包括转向的准确性、固有转向特性、转弯制动特性等）。在采用闭环系统研究汽车的操纵稳定性时，通常同时采用客观评价与主观评价两种方法。

（2）客观评价法。

客观评价法是通过测试仪器测出能够表征汽车操纵稳定性能的参数，如横摆加速度、侧向加速度以及侧倾角等来评价操纵稳定性的方法。在研究汽车固有特性的开路系统中应用的是客观评价法。

4）汽车坐标系及汽车主要的运动形式

汽车坐标系及汽车主要的运动形式如图4-15所示。图中 $oxyz$ 坐标系固定在车身上，原点 o 为汽车的质心位置。x 轴为车身纵向水平轴，方向向前。y 轴指向驾驶员左侧，水平向左。z 轴垂直于由 x、y 轴构成的平面，方向向上。x、y、z 轴构成一个右手直角坐标系，称为车辆坐标系。

如果将汽车作为一个整体来研究，其在三维空间中的运动主要包括：沿 x 方向的平动——纵向运动；沿 y 向的平动——侧向运动；沿 z 向的平动——上下运动；绕 x 轴的转动——侧倾运动；绕 y 轴的转动——俯仰运动；绕 z 轴的转动——横摆运动。

与操纵稳定性有关的主要运动参量为：绕 z 轴的横摆角速度、在 y 轴的侧向速度和侧向加速度、绕 x 轴的侧倾角速度。

图 4-15　汽车坐标系及汽车主要的运动形式

2. 汽车操纵稳定性试验仪器设备与工作原理

汽车操纵稳定性试验大致可以分为道路试验和室内(台架)试验两类,本节主要阐述道路试验的试验仪器设备与工作原理。

1)角速度陀螺仪

角速度陀螺仪也称为二自由度陀螺仪,主要用来测定汽车的横摆角速度。为了使动态测试值不产生太大的相位滞后,当仪器相对阻尼系数 $\xi=0.2$ 时,其自振频率 f 应不小于50Hz。同时角速度陀螺仪还应该保证在输入频率为 $0\sim2.5Hz$ 范围内其输出是线性的。

角速度陀螺仪通常安装在汽车的地板上。

2)垂直陀螺仪

垂直陀螺仪也称为三自由度陀螺仪,主要用来测定汽车的车身侧倾角、俯仰角。使用这种陀螺仪测量时应注意,由于其自转轴不完全垂直于地面所造成的正弦波信号输出偏差。必要的时候,在试验前应使汽车以极低的车速转圈行驶,测出由此引起的偏差,以便进行修正。也有带有修正装置的三自由度陀螺仪,在试验前应进行修正。

较新的陀螺仪已经利用 CAN 总线技术进行数据的传输,来测量三个轴向的角速度以及轴向加速度。

3)侧(纵)向加速度计

侧(纵)向加速度计用来测量汽车做曲线运动时的侧向加速度和纵向加速度。侧(纵)向加速度计应该安装在汽车质心的位置。加速度计的安装偏差估计可达的最大值为 $0.2g/m$,因此,为了使由于安装造成的测量误差不大于 1%,加速度计的安装与汽车质心的偏差在汽车的坐标轴方向应控制在 $1\sim2cm$,同时加速度计应尽可能安装在陀螺平台上。

一般情况下,常将二自由度陀螺仪、三自由度陀螺仪以及侧(纵)向加速度计组合在一起形成测试系统,安装在汽车的质心位置进行测试。

4)车速测量仪

车速测量仪一般安装在汽车的后部,按照是否与路面接触可分为接触式和非接触式两种。

第五轮仪是一种接触式的车速测量仪器,由于第五轮仪使用上的复杂性以及测量误差的处理难度,特别是在不平的路面上以及做曲线行驶时,其测量误差将更大,故现在一般采用非接触式的速度传感器进行汽车行驶车速的测量,它可以方便地安装于汽车前、后保险杠上或用真空吸盘吸附于前、后车体上进行车速的测量。

GPS 应用越来越广,在一些较先进的车速仪器上也得到了应用,利用 GPS 系统不仅可以测量车速、加速度、制动距离以及车辆的位置等,还可以测量车轮上的侧偏力等参数。

5) 转向盘测力仪

转向盘测力仪主要用于测定施加在转向盘上的力矩和转角。转向盘测力仪主要有两种形式,一种是副转向盘形式,测力元件装在副转向盘上,试验时将副转向盘与试验汽车的转向盘刚性地串联在一起,并通过操纵副转向盘进行转向输入;另一种是仅有力传感器以及角度传感器等,将上述传感器安装在汽车转向盘下方进行测定。

二、任务实施

汽车操纵稳定性主要依靠道路试验方法进行检测。

1. 转向轻便性试验

驾驶员操纵汽车转向盘的轻重程度主要取决于转向系的阻力,即转向系零部件之间的摩擦力、轮胎与路面之间的滑移摩擦力、运动速度变化时零部件的惯性力以及轮胎与前轮定位引起的回正力矩等。

当驾驶员操纵转向盘使转向角增大时,所作用的操纵力是主动力,也称为转向力。当转向盘转角减小时,回正力矩和复原力矩等转变为主动力,也称为保持力。因此,汽车转向轻便性试验测量的参数主要有转向盘转角、转向盘力矩、转向盘直径和汽车行驶速度。

汽车转向轻便性试验一般沿图 4-16 所示的双扭线轨迹以 10km/h 的车速行驶。双扭线的最小曲率半径应按试验汽车的最小转弯半径乘以 1.1,并圆整到比此乘积大的一个整数。试验中记录转向盘转角以及转向盘转矩,并按照双扭线路径每一周整理出如图 4-17 所示的转向盘转矩与转向盘转角之间的关系曲线。通常以转向盘最大转矩、转向盘最大作用力及转向盘作用功等来评价转向轻便性。

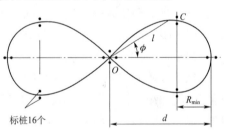

图 4-16 测定转向轻便性的双扭线

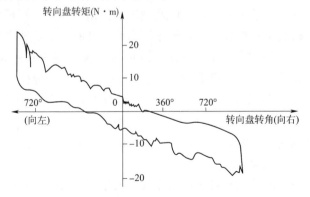

图 4-17 转向盘转矩与转向盘转角关系曲线

2. 稳态回转试验

一般在试验场地上用鲜明的颜色画半径为 15m 或 20m 的圆,安装好试验仪器设备后,汽车以最低稳定车速沿所画的圆周行驶。此时转向盘的转角为 δ_{sw0}，测定此时的车速 u_0 以及横摆角速度 ω_{r0}，以此计算不计轮胎侧偏时的转向半径 $R_0 = u_0/\omega_{r0}$，保持转向盘的转角 δ_{sw0} 不变，然后缓慢连续而均匀地加速，纵向加速度不大于 0.25m/s^2，使汽车的侧向加速度达到 6.5m/s^2，记录不同车速 u 下的横摆角速度 ω_r，根据瞬时的 u 与 ω_r 值，按照公式 $R = u/\omega_r$，$a_y = u\omega_r$，计算出相应的 R 与 a_y 值，进而绘制 R/R_0-a_y 曲线，如图 4-18 所示，同时绘制出不同侧向加速度下的转弯半径曲线，如图 4-19 所示。对于不足转向的汽车，随车速的增加，转弯半径越来越大，对于过多转向的汽车，转弯半径越来越小。

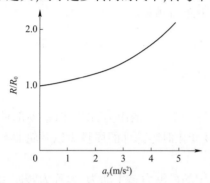

图 4-18　转向半径之比与侧向加速度试验曲线　　图 4-19　定转向盘加速行驶汽车运行轨迹

3. 转向盘转角阶跃输入试验

转向盘转角阶跃输入试验也称为瞬态横摆响应试验，主要用来测定汽车对转向盘转角输入时的瞬态响应。汽车在转向盘转角阶跃输入下将从一个稳态（直线行驶）过渡到另一个稳态（圆周运动），两个稳态之间的响应称为汽车的瞬态响应。

汽车开始时以一定的车速直线行驶，一段时间后突然以最快的速度转动转向盘至预先确定的转向角，并保持转向盘转角不变、节气门开度不变，使汽车进入圆周运动。记录汽车的车速、时间、转向盘转角、横摆角速度和侧向加速度等参数。通常可以利用横摆角速度响应来评价汽车的操纵稳定特性。

4. 转向回正性能试验

回正力矩取决于汽车轮胎的侧偏特性以及主销定位角。回正力矩反映了汽车回复到直线行驶的能力，因此，转向回正性能是评价汽车操纵稳定性的一个重要参数。转向回正性能试验可以通过对转向盘施加一个力输入后，然后卸掉输入来记录汽车的运动特性。

一般的低速回正试验要求汽车沿半径为 15m 的圆周行驶，并调整车速使侧向加速度达到 4m/s^2，稳定住车速后突然松开转向盘，在回正力矩的作用下，汽车前轮将回复到直线行驶状态。试验过程中汽车的节气门位置保持不变，记录时间、车速、转向盘转角和横摆角速度等参数。可利用横摆角速度与时间曲线进行汽车转向回正能力的评价。

5. 转向盘角脉冲输入试验

汽车的频率响应可以说明汽车对一定的输入下汽车的真实响应程度。试验要求给转向盘正弦角输入，利用在此输入下汽车的横摆角速度频响特性作为评价的指标。图 4-20 所示为转向盘正弦角位移输入曲线。在转向盘正弦角位移输入下汽车的横摆角速度响应曲线如图 4-21 所示。因为直接给汽车的转向盘正弦角位移是比较复杂的，所以经常用转向盘角位移脉冲试验来确定汽车的频率特性,如图 4-22 所示。

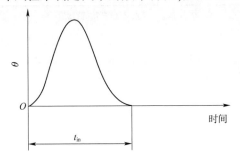

图 4-20 转向盘正弦角位移脉冲

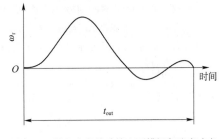

图 4-21 转向盘角脉冲输入下模摆角速度响应

转向盘角位移脉冲试验在平坦的场地上进行,试验车速为最高车速的 70%。汽车以试验车速行驶,然后给转向盘一个三角脉冲转角输入,即向左或向右转动转向盘(图 4-21),转向盘转角输入脉宽 0.3~0.5s,其最大转角应使汽车最大侧向加速度为 $4m/s^2$,输入转向角脉冲时,汽车行驶方向发生摆动,经过不长时间回复到直线行驶。记录试验过程的时间 t、转向盘转角 δ_{SW}、车速 u、横摆角速度 ω_r 和侧向加速度 a_y,对试验结果进行处理,就得到汽车的频率特性。

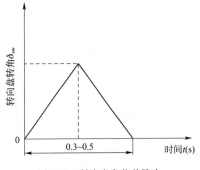

图 4-22 转向盘角位移脉冲

三、评价与反馈

1. 自我评价

(1)通过本学习任务的学习,回答以下问题:

①汽车操纵稳定性指的是什么?

_____。

②汽车操纵稳定性试验有哪几类?

_____。

(2)汽车操纵稳定性试验过程中用到了哪些设备?

_____。

(3)实训过程完成情况如何?

_____。

(4)通过本学习任务的学习,你认为自己的知识和技能还有哪些欠缺?

_____。

签名:_____　_____ 年___月___日

2. 小组评价(表 4-6)

小组评价表　　　　　　　　　　表 4-6

序号	评价项目	评价情况
1	是否了解汽车操纵稳定性评价参数	
2	是否了解汽车操纵稳定性评价参数方法	

续上表

序号	评价项目	评价情况
3	是否了解汽车操纵稳定性评价设备及其工作原理	
4	是否了解汽车操纵稳定性道路试验方法	
5	能否正确、规范、安全地操作各类汽车操纵稳定性试验设备	
6	能否正确地记录汽车操纵稳定性检测数据	
7	是否遵守学习、实训场地的规章制度	
8	是否能保持学习、实训场地整洁	
9	团结协作情况	

参与评价的同学签名：_____ _____年___月___日

3．教师评价

_____
_____。

教师签名：_____ _____年___月___日

四、技能考核标准（表4-7）

技能考核标准表　　　　　　　　　　　　　　　表4-7

项目	操作内容	规定分	评分标准	得分
汽车操纵稳定性检测	记录车辆铭牌信息，进行车辆登记	5分	记录与登记信息是否全面	
	车辆准备工作	15分	是否有检查动作，并给出正确结论	
	设备的连接	25分	是否有检查动作，并给出正确结论	
	各类试验的检测过程	35分	操作是否正确，并给出结论	
	读取检测结果，打印结果	10分	记录信息是否全面、正确	
	检测结束，整理试验现场	10分	是否达到现场整理规范	
	总分	100分		

学习任务4　汽车平顺性能检测

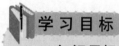

☞ 知识目标

1．掌握汽车平顺性能与评价指标；
2．熟悉汽车悬架性能检测的方法与仪器设备；
3．熟知汽车悬架性能检测标准。

☞ 技能目标

1．能够根据汽车悬架性能检测的规范完成相关检测作业；
2．能够分析汽车悬架性能检测不合格的原因。

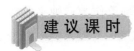

建议课时

2课时。

一、理论知识准备

1. 汽车平顺性相关概念

1) 汽车行驶平顺性

汽车行驶平顺性是指汽车在一般行驶速度范围内行驶时,能够吸收行驶时所产生的各种冲击和振动的能力,保证乘员不会因车身振动而引起不舒服和疲劳的感觉,以及保持所运货物完整无损的性能。由于行驶平顺性主要是根据驾驶员的舒适程度来评价,所以又称为舒适性能。

2) 引起冲击和振动的振源

汽车行驶时,引起振动的振源主要有两个:一个是由于地面不平引起的随机干扰力,这种干扰力的变化规律除与地面的几何形状有关外,还与行驶速度、车轮直径、轮胎的弹性等有关;另一个是由发动机转矩不均匀造成的干扰转矩,以及发动机、传动轴的质量不平衡引起的惯性干扰力和转矩等而产生的较高频率的规则振动。车身的振动频率较低,共振区通常在低频范围内,为了保证汽车具有良好的平顺性,应使引起车身共振的行驶速度尽可能远离汽车常用的行驶速度,此外还要尽量减少汽车本身的振动。

2. 汽车行驶平顺性能评价与检测

1) 汽车行驶平顺性的评价标准

国际标准化组织 ISO 在综合大量资料基础上,提出了《人体承受全身振动的评价指南》(ISO 2631—1978E),它已被许多国家所采用。我国参照此标准制定了《汽车平顺性试验方法》(GB/T 4970—2009)和《客车平顺性评价指标及极限》(QC/T 474—2011)。

《人体承受全身振动的评价指南》的核心内容是用加速度的均方根值给出了 1~80Hz 振动频率范围内人体对振动反应的三个不同的感觉界限:舒适—降低界限、疲劳—工效降低界限、暴露极限。

舒适—降低界限与保持舒适有关,在此极限内,人体对所暴露的振动环境主观感觉良好,并能顺利完成吃、读、写等各种动作。

疲劳—工效降低界限与保持工作效率有关,当驾驶员承受的振动在此极限内时,能准确灵活地作出反应,保持正常驾驶,如超过这一界限值,就意味着容易疲劳和工作效率降低。

暴露极限通常作为人体可以承受振动量的上限,当人体承受的振动强度在这个极限之内,将保持健康或安全。

试验表明,为了保持汽车具有良好的行驶平顺性,车身振动的固有频率应为人体所习惯的步行时,身体上下运动的频率,它为 62~85 次/min(1~1.6Hz),振动加速度的极限值为 $0.2g$~$0.3g$,车身振动加速度的极限值应低于 $0.6g$~$0.7g$。

2) 汽车行驶平顺性的评价方法

汽车行驶平顺性的评价方法,通常是根据人体对振动的生理反应及对保持货物完整性的影响制定的,并用振动的物理量,如频率、振幅、加速度、加速度变化率等作为行驶平顺性的评价指标。常用汽车车身振动的固有频率和振动加速度评价汽车的行驶平顺性。

(1) 1/3 倍频带分别评价法。

1/3 倍频带分别评价法是把"疲劳—工效降低界限"及由计算或频谱分析仪处理得到的 1/3 倍频带的加速度均方值画在同一张频谱图上,然后检查各频带的加速度均方差是否都保持在这个感觉界限之内。

(2) 总加权值评价法。

在处理平顺性试验结果或计算设计参数对振动的影响时,通常还采用传至人体振动的加速度均方根值 σ_p 或车身振动的加速度均方根值 σ_z 作为评平顺性的指标。这种方法比较简单,适用于振动频率分布相似的条件下进行对比。总加权值反映了全部振动能量的大小,而且振动加速度均值为零,所以 σ_p 和 σ_z 代表加速度幅值波动的范围。

3. 影响汽车行驶平顺性的结构参数

悬架结构、轮胎、悬架质量和非悬架质量是影响汽车平顺性的重要因素。

1) 悬架结构

悬架结构主要指弹性元件、导向装置与减振装置,其中弹性元件与悬架系统中阻尼影响较大。汽车前、后悬架静挠度的匹配对行驶平顺性也有很大影响。为了减少车身纵向角振动,通常后悬架的静挠度要比前悬架的小些,对于短轴距的微型汽车,为了改善其乘坐舒适性,会把后悬架设计得软一些。为了防止汽车在不平路面上行驶时经常冲击缓冲块,悬架还应有足够的动挠度(指悬架平衡位置到悬架与车架相碰时的变形)。

2) 阻尼系统的阻尼

为了衰减车身自由振动和抑制车身、车轮的共振,以减小车身的垂直振动加速度和车轮的振幅(减小车轮对地面压力的变化,防止车轮跳离地面),悬架系统中应具有适当的阻尼。减振器可提高汽车行驶平顺性,还可增加悬架的角刚度,改善车轮与道路的接触条件,防止车轮离开路面,因而可改善汽车的稳定性,提高汽车的行驶安全性。

3) 轮胎

轮胎对行驶平顺性的影响取决于轮胎的径向刚度、轮胎的展平力以及轮胎内摩擦所引起的阻尼作用。为了提高汽车行驶平顺性,轮胎径向高度应尽可能减小,若轮胎刚度过低,会增加车轮的侧向偏离,影响稳定性。

4) 悬架质量

悬架质量是指由弹簧支承的车身等的质量。一般来说,汽车的悬架质量越大,汽车行驶的平顺性越好,这是由于车身振动和加速度降低的缘故。座位的布置对行驶平顺性也有很大影响。座位接近车身的中部,其振动最小,座位位置常由它与汽车质量中心间的距离来确定,用座位到汽车质量中心距离与汽车质量中心到前(后)轴的距离之比评价座位的舒适性。该比值越小,车身振动对乘员的影响越小。为了减小水平纵向振动的振幅,座位在高度方面与汽车质量中心间的距离应小一些。

5) 非悬架质量

不靠弹簧支承的车轮、车桥及其他部件的质量称为非悬架质量。减小非悬架质量可降低车身的振动频率,提高车轮的振动频率。这样就使低频共振与高频共振区域的振动减小,而将高频共振移向更高的行驶速度,对行驶平顺性有利。其次,减小非悬架质量,还将引起高频振动的相对阻尼系数增加,因而减振器所吸收的能力减少,工作条件可以获得改善。采用非独立悬架,可使非悬架质量减小。

4．汽车悬架性能的诊断标准

汽车车轮和道路的接触状态可用车轮作用在地面上的接地力来表征。目前,悬架性能检测台基本上都是利用检测车轮和道路接地力来评价悬架性能的。车轮接地性指数是指汽车行驶中车轮与路面间最小法向作用力与其法向静载荷的比值,在 0～100% 范围内变化。

车轮接地性指数参考标准如表4-8所示。

车轮接地性指数参考标准　　　　　　　　　　　　　表4-8

车轮接地性指数(%)	车轮接地状态	车轮接地性指数(%)	车轮接地状态
60～100	优	20～30	差
45～60	良	1～20	很差
30～45	一般	0	车轮与路面脱离

表中的车轮接地性指数是在悬架检测台台面振幅为6mm时测得的,这也是大部分悬架检测台使用的激振振幅。表中的参考标准适用于大多数汽车,但非常轻的小轿车和微型车例外。

5．汽车悬架性能检测台结构与工作原理

检测汽车悬架性能的设备主要是汽车悬架性能检测台。根据激振方式不同,悬架性能检测台可分为跌落式(图4-23)和谐振式(图4-24)两种类型。其中,谐振式悬架性能检测台根据检测参数的不同,又分为测力式和测位移式两种类型。

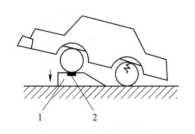

图4-23　跌落式悬架检测台
1-升起机构;2-测量装置

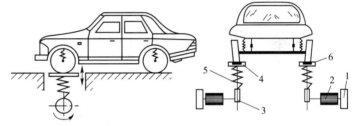

图4-24　谐振式悬架检测台
1-飞轮;2-电机;3-凸轮;4-台面;5-激振弹簧;6-传感器

1)跌落式悬架检测台

在测试前,先通过举升装置将汽车升起一定高度,然后突然松开支撑机构,车辆落下产生自由振动,用测量装置测量车体振幅或者用压力传感器测量车轮对台面的冲击压力,对振幅或压力波形分析处理后,评价汽车悬架装置的工作性能。

2)谐振式悬架检测台

(1)结构。

谐振式悬架检测台由机械台架装置和电子电气控制系统两部分组成。

①机械台架装置。

机械台架装置由箱体和左、右两套相同的振动系统构成,如图4-25所示。箱体及电动机、凸轮、激振弹簧等组成的振动系统都安装在地坑中,台面与地面平齐。

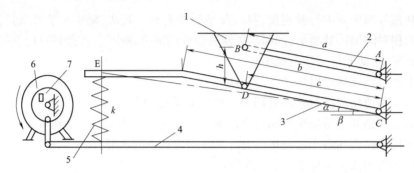

图4-25 共振式悬架检测台单轮支承结构简图
1-支承台面；2-上摆臂；3-中摆臂；4-下摆臂；5-激振弹簧；6-电动机；7-偏心惯性结构

每套振动系统由上摆臂、中摆臂、下摆臂、支承台面、激振弹簧、驱动电机、蓄能飞轮和传感器等构成。传感器一端固定在箱体上，另一端固定在台面上。上摆臂、中摆臂和下摆臂通过三个摆臂轴和六个轴承安装在箱体上。上摆臂和中摆臂与支承台面连接，并构成平行四边形的四连杆机构，以保证上下运动时能平行移动，以及台面受载时始终保持水平。中摆臂和下摆臂端部之间装有弹簧。驱动电机的一端装有蓄能飞轮，另一端装有凸缘，凸缘上有偏心轴。连接杆一端通过轴承和偏心轴连接，另一端和下摆臂端部连接。

②电子电气控制系统。

电子电气控制系统主要由计算机、传感器、A/D转换器、电磁继电器、直流电源及控制软件等组成。控制软件是悬架检测台电子电气控制系统与机械台架装置联系的桥梁。控制软件不仅能实现对检测台测试过程的控制，同时还能对检测台所采集的数据进行分析和处理，并最终将检测结果显示和打印出来。

测力式和测位移式悬架检测台，一个是测振动衰减过程中的力，另一个是测振动衰减过程中的位移量，它们的结构简图如图4-26所示。

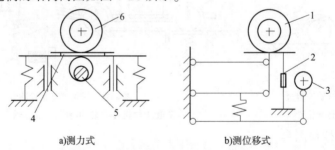

a)测力式　　　　　　b)测位移式

图4-26 测力式和测位移式悬架检测台结构简图
1、6-车轮；2-位移传感器；3-偏心轮；4-力传感器；5-偏心轴

（2）工作原理。

检测时，将汽车驶上台面，保证车轮中心与台面中心重合，放松制动踏板。启动测试程序，悬架检测台自动控制电动机带动偏心机构使整个"台面—汽车"系统振动。激振数秒钟后，当达到角频率为ω的稳定强迫振动后，自动断开电动机电源。此时与电动机紧固的储能飞轮以起始频率为ω的角频率进行扫频激振。由于停在台面上的车轮的固有频率处于ω和0之间，因此，储能飞轮的扫频激振总能使"台面—汽车"系统产生共振。控制系统在自动断开电动机电源的同时，也启动采样测试装置，进行数据采集、处理、分析和评价。

悬架检测台的整个工作过程都是自动进行的,因此,使用起来比较简单。检测完前轴悬架系统后,再进行下个车轴悬架系统的检测,所有车轴悬架系统检测结束后,可以得到最终的评价结果。

二、任务实施

1. 汽车悬架性能检测方法

(1)汽车轮胎规格、气压应符合规定值,车辆空载,不乘人。

(2)将车辆每轴车轮驶上检测台,使轮胎位于台面的中央位置,放松制动踏板,驾驶员离车。

(3)启动测试程序,悬架检测台自动控制电动机带动偏心机构使整个"台面—汽车"系统振动,使振动频率增加至超过振荡的共振频率。

(4)在共振点过后,自动断开电动机电源,此时与电动机紧固的储能飞轮以起始频率为ω的角频率进行扫频激振。由于停在台面上的车轮的固有频率处于ω和0之间,因此,储能飞轮的扫频激振总能使"台面—汽车"系统产生共振。

(5)控制系统在自动断开电动机电源的同时,也启动采样测试装置,记录衰减振动曲线,纵坐标为动态轮荷,横坐标为时间,测量共振时动态轮荷,计算并显示动态轮荷与静态轮荷的百分比及其同轴左、右轮百分比的差值,进行分析、处理和评价。

2. 汽车平顺性能检测与试验方法

1)汽车悬驾系统的刚度、阻尼和惯性参数的测定

通过测定轮胎、悬架、坐垫的弹性特性(载荷与变形的关系曲线),可以求出在规定载荷下轮胎、悬架、坐垫的刚度。由加、卸载曲线包围的面积,可以确定这些元件的阻尼,另外,还要测量悬架(车身)质量、非悬架(车轮)质量、车身质量分配系数等。

2)悬架系统部分固有频率(偏频)和阻尼比的测定

将汽车前轮、后轮分别从一定高度抛下,记录车身和车轮质量的衰减振动曲线,如图4-27所示。由图上曲线可以得到车身质量振动周期T和车轮质量振动周期T',然后计算出车身部分和车轮部分的固有频率、衰减率、阻尼比。用同样方法,也可以求出"人体—座椅"系统的部分固有频率和阻尼比。

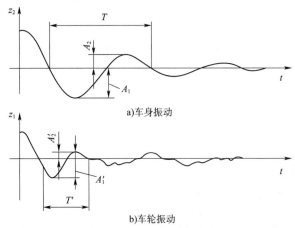

图4-27 悬架系统衰减振动曲线

3) 汽车振动系统的频率响应函数的测定

在实际随机输入的路面上或在电液振动台上,给车轮0.5~30Hz范围的振动输入,记录车轴、车身、坐垫上各测点的振动响应,然后由数据统计分析仪处理,按车轴/输入、车身/车轴、坐垫/车身,可相应得到车轮、悬架、坐垫各环节的频率响应函数。其幅频特性的峰值所在频率即为各环节的固有频率,峰值幅值可用于近似求出各环节的阻尼比。

4) 实际路面随机输入行驶试验

此项试验是评定汽车平顺性的最主要试验。按照《汽车平顺性试验方法》(GB/T 4970—2009)进行。各种车辆因工作条件不相同、试验要求的路况、车速、传感器安装位置等也有所不同。平顺性随机输入试验主要以总加权加速度均方根值来评价。根据试验中记录的振动加速度时间历程,通过数据处理设备得到加速度功率谱密度,并可计算各1/3倍频带中心频率的加速度均方根值,进而可求得总加权加速度均方根值。这些评价指标随车速的变化曲线称为"车速特性",可用于整个使用车速范围内全面地评价汽车平顺性。

5) 脉冲输入试验

汽车行驶时偶尔会遇到凸块或凹坑,其冲击会影响汽车平顺性,严重时会伤害人体健康、破坏运载的货物,此项试验按照《汽车平顺性试验方法》(GB/T 4970—2009)进行,汽车以一定车速驶过规定尺寸的三角形凸块得到脉冲输入,评价指标用座垫上和地板上加速度最大值或加权加速度最大值。

三、评价与反馈

1. 自我评价

(1) 通过本学习任务的学习,回答以下问题:

①汽车平顺性的评价方法有哪些?
_____。

②影响汽车平顺性的结构参数有哪些?
_____。

(2) 汽车平顺性检测过程中用到了哪些设备?
_____。

(3) 实训过程完成情况如何?
_____。

(4) 通过本学习任务的学习,你认为自己的知识和技能还有哪些欠缺?
_____。

签名:_____ ____年___月___日

2. 小组评价(表4-9)

小组评价表　　　　　　　　　　　　　　表4-9

序号	评价项目	评价情况
1	是否了解汽车平顺性的内涵和评价方法	
2	是否了解汽车平顺性评价参数方法	
3	是否了解影响汽车平顺性的汽车结构因素	
4	是否了解影响汽车悬架检测台的结构与工作原理	

续上表

序号	评价项目	评价情况
5	是否了解汽车平顺性检测方法或试验方法	
6	能否正确、规范、安全地操作各类汽车平顺性试验设备	
7	能否正确地记录汽车平顺性检测数据	
8	是否能合理、规范、安全地使用仪器和设备	
9	是否遵守学习、实训场地的规章制度	
10	是否能保持学习、实训场地整洁	
11	团结协作情况	

参与评价的同学签名：_____ _____年____月____日

3. 教师评价

_____

_____。

教师签名：_____ _____年____月____日

四、技能考核标准（表4-10）

技能考核标准表　　　　　　　　　　　　　　　表4-10

项目	操作内容	规定分	评分标准	得分
汽车平顺性能检测	记录车辆铭牌信息，进行车辆登记	5分	记录与登记信息是否全面	
	车辆准备工作	10分	是否有检查动作，并给出正确结论	
	试验台架准备工作	10分	是否有检查动作，并给出正确结论	
	设备的连接	25分	是否有检查动作，并给出正确结论	
	各类试验的检测过程	30分	操作是否正确，并给出结论	
	读取检测结果，打印结果	10分	记录信息是否全面、正确	
	检测结束，整理试验现场	10分	是否达到现场整理规范	
	总分	100分		

思考与练习

（一）填空题

1. 汽车动力性是汽车在行驶中能达到的_____、_____和最大爬坡能力。

2. 汽车底盘测功机，一般由_____、_____、测量装置、辅助装置四部分组成，目前_____应用最多。

3. 汽车底盘测功机的滚筒有单滚筒、双滚筒、_____、滚花滚筒、_____和多种形式。

4. 汽车底盘测功机的测力装置有_____、_____和_____三种形式，目前应用较多的是_____。

5. 汽车加速能力通常用加速时间来评价，一般采用_____时间和_____时间来评价。

6. 轿车的最大爬坡度一般在_____以上,货车最大爬坡度在_____之间,越野车的最大爬坡度一般不小于_____。

7. 汽车燃油经济性是指汽车以最小的燃油消耗完成_____的能力,或指_____的燃油消耗量。

8. 汽车燃油经济性的评价指标,常用_____和_____评价。

9. 汽车等速百公里油耗的评价标准,一级车不大于原厂规定值,二级车不大于原厂规定值的_____。

10. 汽车燃油经济性的试验分类有_____、_____、_____、_____、_____。

11. 汽车操纵性是指汽车能够确切地响应_____的能力,稳定性是指汽车抵抗改变其_____的各种外界干扰,并保持_____而不失去控制,甚至翻车或侧滑的能力。

12. 与汽车操纵稳定性有关的主要运动参数有:绕_____轴的横摆角速度、在_____轴的侧向速度和侧向加速度,绕_____轴的侧倾角速度。

13. 汽车操纵稳定性道路试验的主要仪器设备有_____、_____、侧(纵)向加速度计、车速测量仪等。

14. 汽车操纵稳定性道路试验方法主要有_____、_____、转向回正性能试验、转向盘转角阶跃输入试验、转向盘角脉冲输入试验等。

15. 角速度陀螺仪也称为二自由度陀螺仪,主要用来测定汽车的_____。

16. 垂直陀螺仪也称为三自由度陀螺仪,主要用来测定汽车的_____、俯仰角。

17. 由于行驶平顺性主要是根据驾驶员的舒适程度来评价,所以又称为_____。

18. 汽车行驶平顺性的评价指标,常用汽车车身振动的_____和_____来评价。

19. 谐振式悬架性能检测台根据检测参数的不同,分为_____和_____两种类型。

20. 悬架结构主要指弹性元件、导向装置与减振装置,其中_____与悬架系统中阻尼影响较大。

(二)判断题

1. 最大爬坡度是指汽车空载,在良好的混凝土或沥青路面的坡道上,汽车以最低前进挡能够爬上的最大坡度。( )

2. 最大爬坡度是指汽车满载,在良好的混凝土或沥青路面的坡道上,汽车以直接挡能够爬上的最大坡度。( )

3. 汽车爬陡坡性能试验时,如果第一次爬不上去,可进行第二次试验。( )

4. 汽车进行滑行试验时,要打开汽车门窗。( )

5. 用底盘测功机检测汽车驱动轮的输出功率或驱动力时,汽车的驱动轮尽可能与滚筒成垂直状态停放在试验台滚筒间的举升器托板上。( )

6. 燃油消耗量台架检测方法有容积法和质量法两种。( )

7. 我国采用90km/h和120km/h的等速油耗作为燃油经济性的主要评价指标。( )

8. 汽车说明书上标明的百公里油耗,一般都是等速百公里油耗。( )

9. 转向盘测力仪主要用于测定施加在转向盘上的力矩和转角。( )

10. 汽车转向轻便性试验一般沿双扭线轨迹以30km/h的车速行驶。( )

11. 侧(纵)向加速度计用来测量汽车做曲线运动时的侧向加速度和纵向加速度。
(   )
12. 转向盘转角阶跃输入试验也称为瞬态横摆响应试验,主要用来测定汽车对转向盘转角输入时的瞬态响应。
(   )
13. 根据激振方式不同,悬架性能检测台可分为跌落式和谐振式两种类型。(   )
14. 谐振式悬架检测台主要由机械台架装置和电子电气控制系统两部分组成。(   )
15. 车轮接地性指数是指汽车行驶中车轮与路面间最小法向作用力与其法向静载荷的比值。
(   )
16. 车轮接地性指数在0~100%范围内变化,数字越小越好。(   )
17. 汽车平顺性随机输入试验主要以总加权加速度均方根值来评价。(   )
18. 应用悬架检测台按规定的方法进行检测悬架性能,受检车辆的车轮在受外界激励振动下测得的吸收率,即被测汽车共振时的最小动态车轮垂直载荷与静态车轮垂直载荷的百分比值,应不小于40%,同轴左、右轮吸收率之差不得大于15%。
(   )
19. 使用悬架性能检测台检测汽车悬架性能时,只允许乘坐驾驶员。(   )
20. 暴露极限通常作为人体可以承受振动量的上限,当人体承受的振动强度在这个极限之内,将保持健康或安全。
(   )

(三) 问答题
1. 简述用底盘测功机检测汽车驱动轮的输出功率或驱动力的方法步骤。
2. 汽车底盘测功机的基本功能有哪些?
3. 简述汽车动力性的道路试验时,最高挡加速性能试验的方法步骤。
4. 汽车主要的运动形式有哪些?
5. 什么是车轮接地性指数?检测标准是多少?
6. 简述谐振式悬架检测台的基本结构和工作原理。

单元五　汽车整车技术参数与检测

学习任务1　汽车外观检测

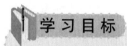

☞ 知识目标
1. 掌握汽车外观检查目的；
2. 掌握汽车外观检测的项目。

☞ 技能目标
1. 能完成汽车外观检测的检流程及步骤；
2. 能查出汽车外观的问题。

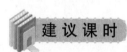

4 课时。

一、理论知识准备

1. 汽车外观检测目的

汽车在使用过程中，随着运行时间和行驶里程的增加，其相关零部件将分别产生磨损、腐蚀、疲劳、老化、变形或因意外事故而造成不同程度的损坏，其结果是使汽车的技术状况逐渐变坏，其具体表现为：

(1)汽车的动力性能下降。发动机功率下降、最高车速降低、爬坡能力下降、加速时间和加速距离增加等。

(2)制动性能降低。制动距离增加、制动使汽车方向稳定性变坏。

(3)操纵稳定性变坏，增加了驾驶员的劳动强度，发生行车事故的可能性增大。

(4)平顺性降低。容易使驾驶员和乘客感到疲劳甚至影响健康，或者使所运载的货物的完好性受到损坏。

(5)燃油经济性能下降。燃油和润滑油的消耗量明显增加,汽车有关零部件的使用寿降低。

(6) 车辆状况变坏。车辆在行驶的过程中出现故障的次数增多,平均故障间隔里程减少,停车修理时间增多。

(7) 环境污染严重。对于汽油车来说,尾气中的 CO、CH 含量明显增高;对于柴油车来说,自由加速烟度排放值增高,噪声增大。

(8) 除此之外,车辆的本身有可能相继出现种种外观症状。如车体不周正,车身和驾驶室覆盖件开裂,油漆剥落和锈蚀,水箱漏水,油箱、变速器漏油等;前桥、后桥、传动轴、车架和悬架等装置有明显的弯曲、扭、裂、断等损伤,都是交通事故的隐患。

因此,汽车的外观检测是运行安全检测过程中的重要内容之一。

2. 汽车外观检测方法

随着近代科学技术发展,人们开始应用仪器设备进行汽车性能检测和诊断。但是,汽车的某些故障,特别是汽车外部故障,使用任何仪器、设备进行检测都不尽完善。如汽车外部损伤,漏水、漏气、漏油,螺栓和铆钉松动、脱落等,需依靠检测人员技能和经验,用感观法及简单的检测器具进行定性、直观的检测。

图 5-1 外观检测地沟工位

3. 汽车外观检测工位

送检汽车在进行外观检测之前,一般都要进行外部清洗,为此检测站应配备清洗、吹干设备。外观检测项目中,须在底盘下面进行的项目,最好在设有检测地沟及千斤顶或汽车举升机工位的场所进行,如图 5-1 所示。

4. 汽车外观检测项目

侧重于汽车技术状况的汽车外观检测,要检查各种踏板间隙大小、三漏等。具体外观检测项目如图 5-2 所示。

图 5-2 外观检测项目

侧重于安全规范的汽车外观检测,主要有以下外观检测项目:

(1)检查送检车辆的车辆型号、厂牌、出厂编号、铭牌及汽车标志等(图5-3)。

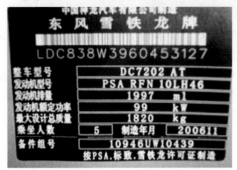

图5-3 汽车识别代码

车辆识别代号(Vehicle Identification Number, VIN码)指车辆生产企业为了识别某一辆车而为该车辆指定的一组字码,由17位字码构成,如图5-4所示。VIN码印刻在车辆前风窗玻璃左前方下和车架上。VIN码由三部分组成,分别是世界制造厂识别代号(World Manufacturer Identifier, WMI)、车辆说明部分(Vehicle Descriptor Section, VDS)、车辆指示部分(Vehicle Indicator Section, VIS)。

WMI部分用以标志车辆的制造厂,VDS用以说明车辆的一般特征信息,VIS由车辆制造厂为区别不同车辆而指定的一组代码。

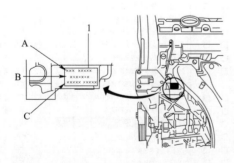

a)年产量≥500辆的表示方法

b)年产量<500辆的表示方法

图5-4 车辆识别代号

(2)发动机代码,如图5-5所示。

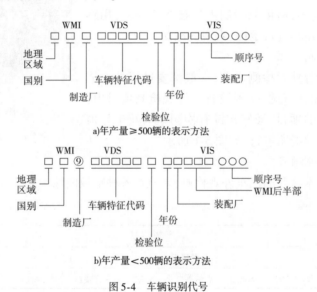

图5-5 发动机代码
1-发动机标志铭牌;A-发动机代码;B-机构标志(进口发动机状态);C-生产序列号

(3)发动机的型号及出厂编号。
(4)底盘的型号及出厂编号
(5)检查远光灯、近光灯、制动灯、倒车灯、牌照灯、示宽灯、辅助灯、标志灯、室内灯等各种灯光的技术状况。
(6)车身颜色情况。
(7)喇叭状况。
(8)牌照状况。
(9)轮胎状况。
(10)其他改装状况。

5．汽车外观检测项目检查标准

汽车外观项目评定标准见表5-1。

汽车外观检测项目评定标准   表5-1

编　号	检查内容	质量标准
1	发动机舱盖	部件、饰板齐全，没有明显锈蚀；漆面划痕长度不得超过5cm；表面凹痕不大于5角硬币；每车划痕、凹痕小于10处；油漆损伤不能伤及钣金件基部；表面无任何锈迹和腐蚀痕迹
2	前保险杠	
3	进气格栅防护罩	无凹痕、扭曲、锈蚀、遗失、破损和松动
4	前照灯、其他灯光罩壳	部件、饰板齐全，且没有锈蚀和破损
5	左前翼子板	部件、饰板齐全，没有明显锈蚀；漆面划痕长度不得超过5cm；表面凹痕不大于5角硬币；每车划痕、凹痕小于10处；油漆损伤不能伤及钣金件基部；表面无任何锈迹和腐蚀痕迹
6	左前门	
7	左后门	
8	左后翼子板	
9	行李舱盖	
10	后保险杠	
11	右后翼子板	
12	右后门	
13	右前门	
14	右前翼子板	
15	车顶及顶边，A、B、C三柱，两后视镜	车门框与A、B、C三柱平整，接缝自然平整
16	全车风窗玻璃	前、后风窗玻璃无明显裂纹、气泡、刮痕、擦痕、裂痕、凹痕，无渗水漏风，行驶过程中无过大的风噪

续上表

编号	检查内容	质量标准
17	四轮胎及轮胎罩及气压	四轮胎型号一致,同一轴的轮胎必须是同一品牌的;胎面无损伤,无严重偏磨,花纹深度不少于3mm;侧面无鼓包、划痕及凹凸不均;备胎及轮辋无损伤,装饰盖完整,无不正常的褪色
18	视觉观察(遗失/缺损配件、渗漏、商标、标志铭牌)	部件是否渗漏、磨损、丢失。所有的标记和指示标贴、铭牌必须为原厂件
19	电路系统	线束布置符合原要求,无破损裂纹。接头接触牢靠
20	散热器及冷却风扇	工作正常,固定牢固。冷却液无渗漏
21	机油泵/汽油泵	工作正常,无异响
22	动力转向系统	液面正常,转向系统工作正常,无渗漏无噪声
23	制动系统	制动系统工作正常; 无泄漏、无噪声; 制动主缸和真空助力器工作正常; 制动液液面正常; 管路无滴漏及破损(包括制动轮缸); 含水率正常
24	点火系统	高压线点火线圈外观无裂纹、破损。发动机运转平稳
	油气循环系统(曲轴箱通风)	曲轴箱各阀齐全、有效
25	进气系统/炭罐及控制阀/管路	真空软管连接牢固,无裂纹、无磨损
	目视检查(车身、车身底部、车身下部)	无变形、修复烧焊痕迹,接合部位牢固,各悬架装置无松旷等现象
26	车架前横梁	无变形、撞击、松旷等,无渗漏滴流现象,无磨损无锈蚀,完好不变形
27	排气系统	三元催化转换器和消音器无撞击,破损
28	制动系统	制动片、制动盘和制动蹄摩擦片磨损正常,平整无弯曲变形。制动液压系统(管路)无变形、撞击、松旷等,无渗漏,无磨损无锈蚀
29	悬架系统	无松旷、变形、撞击、磨损、滴漏等,减振器功能良好,转向无异常噪声
30	传动系统	连接牢固,无撞击、无变形、油液无渗漏

二、任务实施

1. 准备工作

（1）清洗汽车，同时保证检测场地干净、整洁、光线明亮，有利于操作人员发现问题，可以提高车辆外观检测质量（图5-6）。

图5-6　外观检查前的清洗

（2）检测工具准备。

按图5-7～图5-10准备检测用工具。

图5-7　胎压表

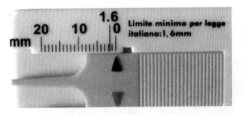

图5-8　轮胎花纹深度测量计

图5-9　卷尺

图5-10　透光率仪

2. 具体外观检查事项

（1）外观检查。如图5-11所示，确认车辆是否有划痕。确认车辆漆面是否脱落、外观连接处是否变形。车体外缘左、右对称部位高度差不得大于40cm，车身和驾驶室应坚固耐用，覆盖件有无开裂和锈蚀。

（2）发动机舱及舱底检查。如图5-12所示，检查发动机运转情况、怠速情况、润滑油压力情况、动力性能等是否良好。发动机停转及停车时，水箱、水泵、缸体、缸盖、暖风装置及所有连接部位均不得有明显的渗漏现象。

（3）轮胎状况检查（图5-13）。

（4）各种液位检查（图5-14）。

（5）底盘各系统检查

如图5-15所示，转向盘应转动灵活、操纵方便、无阻滞现象。离合器应接合平稳、分离彻底，工作时不得有异响、抖动和不正常打滑等现象。检查制动系磨损锈蚀情况等。

图 5-11　车体外观检查

图 5-12　发动机舱及舱底检查

图 5-13　轮胎气压检查

图 5-14　液位检查

图 5-15　汽车底盘相关检查

三、评价与反馈

1. 自我评价

(1) 通过本学习任务的学习,回答以下问题:

汽车外观检查的目的是什么?

(2) 汽车底盘检查操作过程中用到了哪些设备?

(3) 实训过程完成情况如何？

_____。

(4) 通过本学习任务的学习，你认为自己的知识和技能还有哪些欠缺？

_____。

签名：_____　_____年____月____日

2. 小组评价（表5-2）

小组评价表　　　　　　　　　　　　　　　表5-2

序号	评价项目	评价情况
1	是否完全掌握汽车外观检测项目内容	
2	是否熟练、规范地使用仪器和设备	
3	是否按照安全和规范的流程操作	
4	是否遵守学习、实训场地的规章制度	
5	是否能保持学习、实训场地整洁	
6	团结协作情况	

参与评价的同学签名：_____　_____年____月____日

3. 教师评价

_____
_____。

教师签名：_____　_____年____月____日

四、技能考核标准（表5-3）

技能考核标准表　　　　　　　　　　　　　　　表5-3

序号	项目	操作内容	规定分	评分标准	得分
1	汽车外观检查	清洗客户车辆	10分	记录信息是否全面	
		车身划痕检查	3分	是否有检查动作	
		车辆凹陷检查	3分	是否有检查动作	
		车辆油漆是否脱落、门窗铰链是否正常	3分	是否有检查动作并给出检查结果	
		车辆铭牌检查	5分	是否记录	
		灯光是否检查	5分	是否进行此操作	
		轮胎年份、花纹、气压检查、磨损度	5分	是否进行此操作	
		车体外缘左、右对称部位高度差不得大于40cm	5分	是否达到操作要求标准	
		门窗正常工作检查	5分	是否达到操作要求标准	
		太阳膜检查	7分	是否达到操作要求标准	
		内饰检查	7分	是否正确判断结果	

续上表

序号	项目	操作内容	规定分	评分标准	得分
2	汽车漏液检查	预热检测车辆,使冷却液温度和润滑油温度不低于80℃,或达到汽车使用说明书规定的热车状态	5分	是否达到预热规定温度	
		制动液检查	5分	是否有检查动作,并给出正确结论	
		变速器油检查	5分	是否有检查动作,并给出正确结论	
		车辆防冻液检查	5分	是否有检查动作,并给出正确结论	
		制冷剂检查	5分	是否有检查动作,并给出正确结论	
		转向助力油检查	5分	是否有检查动作,并给出正确结论 是否达到操作要求标准	
		离合器油检查	5分	是否有检查动作,并给出正确结论 是否达到操作要求标准	
		转向系检查	7分	是否有检查动作,并给出正确结论 是否达到操作要求标准	
		制动系检查	5分	是否有检查动作,并给出正确结论 是否正确判断结果	
		转向系检查	5分	是否有检查动作,并给出正确结论 是否达到操作要求标准	
	总分		100分		

学习任务2 结构参数检测

学习目标

☞ 知识目标
1. 熟悉汽车结构参数定义;
2. 掌握汽车结构参数检测设备与原理。

☞ 技能目标
能完成汽车结构参数检测。

建议课时

2课时。

一、理论知识准备

1. 汽车结构参数定义

1）车身长度（图5-16）

车身长度的定义是：从汽车前保险杠最凸出的位置量起，直到后保险杠最凸出的位置，这两点之间的距离。

图5-16 车身长度

2）车身宽度（图5-17）

绝大多数车型的车宽数据，都是车身左、右最凸出位置的距离，但是不包含左、右后视镜伸出的宽度，即后视镜折叠后的宽度。

3）车身高度（图5-18）

车身高度是从地面算起，一直到车身顶部最高位置，但不包括天线长度。

图5-17 车身宽度

图5-18 车身高度

车身长度及宽度较大的车型虽可以获得较为宽敞的车内空间，给乘客提供较好的乘坐舒适性，但是降低了在狭窄巷道中的行驶灵活性。车身高度会影响到座位的头部空间以及乘坐姿态。头部空间大则不易有压迫感，稍挺的坐姿较适合长时间乘坐。

4）轴距（图5-19）

前轮中心点到后轮中心点之间的距离，也就是前轮轴与后轮轴之间的距离，称为轴距。较长的轴距可以使汽车获得较好的直线行驶稳定性，而短轴距则提供更好的灵活性。对于车内空间来说，轴距代表前轮与后轮之间的距离，轴距越长，车内纵向空间就越大，膝部及脚部空间也因此而较宽敞。然而，后驱车因发动机纵向排列的关系，为了达到相同的车内空间，通常轴距会较同级前驱车长。

5）轮距（图5-20）

左、右车轮中心的距离。较宽的轮距有助于横向的稳定性与较佳的操纵性能。轮距和轴距搭配之后,即显示四个车轮着地的位置:车轮着地位置越宽大的车型,其行驶的稳定度越好,因此,越野车辆的轮距都比一般车型要宽。

图5-19 轴距

图5-20 轮距

6)前悬(图5-21)

前轮中心与车前端的水平距离。前悬的长度应足以固定和安装发动机、散热器、转向器等。但也不宜过长,否则汽车的接近角过小,上坡时容易发生触头现象,影响汽车的通过性。

图5-21 前悬与后悬

7)后悬

汽车最后端至后轴中心的距离。

8)接近角

接近角是指在汽车满载静止时,汽车前端突出点向前轮所引切线与地面的夹角。即水平面与切于前轮轮胎外缘(静载)的平面之间的最大夹角,通常单位为度(°),前轴前面任何固定在车辆上的刚性部件不得在此平面的下方。

9)离去角

离去角是指汽车满载静止时,自车身后端突出点向后车轮引切线与路面之间的夹角,即是水平面与切于车辆最后车轮轮胎外缘(静载)的平面之间的最大夹角,通常单位为度(°)。位于最后车轮后面的任何固定在车辆上的刚性部件不得在此平面的下方。它表征了汽车离开障碍物,(如小丘、沟洼地等时,不发生碰撞的能力。离去角越大,则汽车的通过性越好。

2. 三维坐标测量仪结构与工作原理

如图5-22所示为三维坐标测量仪。

1)组成

(1)主机框架,是指测量机的主体机械结构架子。它是工作台、立柱、桥框、壳体等机械结构的集合体;标尺系统,是测量机的重要组成部分,是决定仪器精度的一个重要环节。三坐标测量机所用的标尺有线纹尺、精密丝杆、感应同步器、光栅尺、磁尺等。该系统还应包括数显电气装置。

图 5-22 三维坐标测量仪

(2) 导轨,测量机是实现三维运动的重要部件。测量机多采用滑动导轨、滚动轴承导轨和气浮导轨,又以气浮导轨为主要形式。气浮导轨由导轨体和气垫组成,有的导轨体和工作台合二为一。气浮导轨还应包括气源、稳压器、过滤器、气管、分流器等一套气体装置。

(3) 驱动结构,测量机重要运动机构,可实现机动和程序控制伺服运动的功能。在测量机上一般采用的驱动装置有丝杆丝母、滚动轮、钢丝、齿带、齿轮齿条、光轴滚动轮等,并配以伺服电机驱动。且直线电机驱动形式正在增多。

(4) 平衡部件,主要用于 Z 轴框架结构中。它的功能是平衡 Z 轴的质量,以使 Z 轴上下运动时无偏向干扰,检测 Z 向测力时测量稳定如更换 Z 轴上所装的测头时,应重新调节平衡力的大小,以达到新的平衡。Z 轴平衡装置有重锤、发条或弹簧、汽缸活塞杆等类型。

(5) 附件,转台是测量机的重要元件,它使测量机增加一个转动运动的自由度,便于某些种类零件的测量。转台包括分度台、单轴回转台、万能转台(二轴或三轴)和数控转台等。用于坐标测量机的附件很多,视需要而定。一般指基准平尺、角尺、步距规、标准球体(或立方体)、测微仪及用于自检的精度检测样板等。

(6) 测头,三坐标测量机是用测头来拾取信号的,因而测头的性能直接影响测量精度和测量效率,没有先进的测头就无法充分发挥测量机的功能。在三坐标测量机上使用的测头,按结构原理可分为机械式、光学式和电气式等;而按测量方法又可分为接触式和非接触式两类。

2) 工作原理

三坐标测量机在三个相互垂直的方向上有导向机构、测长元件、数显装置,有一个能够放置被测物体的工作台,测头可以以手动或机动方式轻快地移动到被测点上,由读数设备和数显装置把被测点的坐标值显示出来。在测量容积时,任意一点的坐标值都可通过读数装置和数显装置显示出来。测量机的采点发信装置是测头,在沿 X、Y、Z 三个轴的方向装有光栅尺和读数头。其测量过程就是,当测头接触工件并发出采点信号时,由控制系统采集当前测量仪三轴坐标相对于测量仪原点的坐标值,再由计算机系统对数据进行处理。

3. 相关标准

《机动车运行安全技术条件》(GB 7258—2017)和《汽车、挂车及汽车列车外廓尺寸、轴荷及质量限值》(GB 1589—2016)中均对汽车有关结构参数的检测作了详细规定。

二、任务实施

1. 检测前准备

1)测量场地要求及仪器设备

(1)测量场地应清洁。

(2)仪器设备:三维坐标测量仪。

2)测量前车辆与设备的准备工作

(1)将汽车调整到符合技术条件的状态。

检查汽车各总成、零部件、备用轮胎及随车工具是否齐全,是否装配在规定位置;燃油、润滑油及冷却液等是否加注足量;检查座椅、各种操纵踏板的行程及前轮定位等;后视镜等可动附件或附属装置所处状态是否正常;车门、发动机舱盖、行李舱盖及通风孔盖是否处于全关闭状态;货箱栏板是否关闭;汽车牌照是否处于正常位置;检查轮胎胎压。

(2)将汽车载荷装载到规定状态,载荷物应该均匀分布确保轴载质量、轮载质量正确,以保证测量准确性。

2. 检测步骤

(1)清洗汽车。

(2)测量开机进行自检,让 X、Y、Z 轴依次回到机械的零点。

(3)校验测头,消除理论测针半径与实际测针半径之间的误差、理论测杆长度与实际测杆长度的误差、测头旋转角度之误差(图 5-23)。

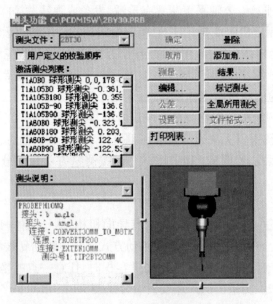

图 5-23 探头校验

(4)建立被测汽车坐标系,并验证三轴坐标值近似为零,确保原点正确(图 5-24)。

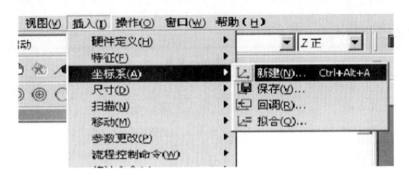

图 5-24　新建坐标系

（5）启动"DCC 模式"即"自动模式"，对汽车开始测量。
（6）生成检测数据并保存、打印。

三、评价与反馈

1. 自我评价

（1）通过本学习任务的学习，回答以下问题：
①汽车结构参数定义是什么？

_____。

② 汽车结构参数检测方法是什么？

_____。

（2）汽车结构参数操作过程中用到了哪些设备？

_____。

（3）实训过程完成情况如何？

_____。

（4）通过本学习任务的学习，你认为自己的知识和技能还有哪些欠缺？

_____。

2. 小组评价（表 5-4）

小 组 评 价 表　　　　　　　　　　　　　　　　　表5-4

序号	评价项目	评价情况
1	是否熟悉汽车各结构参数定义	
2	是否了解三维坐标测量仪的结构与工作原理	
3	是否按照安全和规范的流程进行检测	
4	是否遵守学习、实训场地的规章制度	
5	是否能保持学习、实训场地整洁	
6	团结协作情况	

参与评价的同学签名：_____　_____年____月____日

3. 教师评价

_____
_____。

教师签名：_____　_____年____月____日

四、技能考核标准表(表5-5)

技能考核标准表　　　　表5-5

项目	操作内容	规定分	评价标准	得分
汽车结构参数检测	车辆的安全停放	10分	安全停放,并设置固定挡块	
	三维坐标测量仪的调试	25分	能调整零点并消除误差	
	坐标系建立	25分	会操作三维坐标测量仪软件并建立汽车坐标系	
	测量软件的使用与检测过程的启动	25分	能正确地操作软件并启动测量过程	
	数据读取与存储	15分	能正确地读取相关数据	
	总分	100分		

学习任务3　质量与质心参数检测

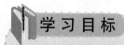

知识目标

1. 汽车质量与质心参数;
2. 汽车质量与质心参数检测方法;
3. 学习与评价。

技能目标

能完成汽车质量与质心的检测。

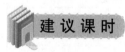

2课时。

一、理论知识准备

1. 质量与质心参数定义

1) 整车干质量

装备有车身、全部电气设备和汽车正常行驶所需要的辅助设备的完整汽车的质量与选装装置质量之和。不包括燃料和冷却液质量;包括固定的或可拆铰接侧栏板、篷杆、防水篷布及系固环节、机械的或已加注油液的液力举升装置、连接装置等。

2）整车整备质量

整车干质量、冷却液质量、燃料（不少于整个油箱容量的90%）质量与随车件（包括备用车轮、灭火器、标准备件、垫块和随车工具等）质量之和。

3）装载质量

货运质量或客运质量。

4）总质量

整车整备质量与装载质量之和。

5）轴载质量

（1）厂家最大轴载质量：制造厂根据材料强度、轮胎承载能力等因素而核定出的轴载质量。

（2）允许最大轴载质量：汽车管理部门根据使用条件而规定的轴载质量。

6）质心

汽车质量的分布中心。

2. 轴重仪

1）组成

轴重仪主要由承载器、称重显示仪表（以下简称仪表）、称重传感器（以下简称传感器）、连接件等零部件组成，配打印大屏幕显示器、计算机和稳压电源等外部设备，如图5-25所示。

图5-25　便携式汽车称重仪

2）工作原理

如图5-26所示，当被称重车辆置于承载器台面上，在重力作用下，通过承载器将重力传递至称重传感器，使称重传感器弹性体产生变形，贴附于弹性体上的应变计桥路失去平衡，输出与质量数值成正比例的电信号，经线性放大器将信号放大。再经A/D转换为数字信号，由仪表的微处理机（CPU）对质量信号进行处理后直接显示质量数据。配置打印机后，即可打印记录称重数据，如果配置计算机，可将计量数据输入计算机管理系统进行综合管理。

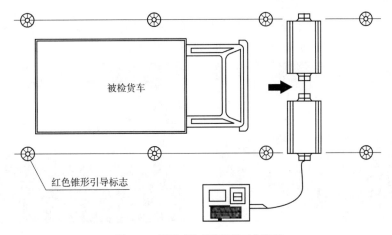

图5-26　便携式汽车称重仪工作原理

3.检测标准

《机动车运行安全技术条件》(GB 7258—2017)和《汽车、挂车及汽车列车外廓尺寸、轴荷及质量限值》(GB 1589—2016)中均对汽车有关质量参数的检测作了详细规定。

二、任务实施

1.准备工作

(1)测量场地应清洁。

(2)安装便携式汽车称重仪。

如图5-27所示,选择干净、水平、宽阔的地面进行安装,安装时注意,地面应不易软塌。

图5-27 便携式汽车称重仪安装

(3)将汽车调整到符合技术条件的状态。

检查汽车各总成、零部件、备用轮胎及随车工具是否齐全,是否装配在规定位置;燃油、润滑油及冷却液等是否加注足量;检查座椅、各种操纵踏板的行程及前轮定位等;后视镜等可动附件或附属装置所处状态是否正常;车门、发动机舱盖、行李舱盖及通风孔盖是否处于全关闭状态;货箱栏板是否关闭;汽车牌照是否处于正常位置;检查轮胎胎压。

(4)将汽车载荷装载到规定状态,载荷物应该均匀分布确保轴载质量、轮载质量正确,以保证测量准确性。

2.检测步骤

(1)开始测量前对便携式汽车称重仪进行校验,如空秤时毛重显示不为0或零位指示灯不亮可按"置零",仪器显示为0,同时零位指示灯亮,校验结束。

(2)汽车平稳停放、发动机熄火、变速器置于空挡、制动器放松、不允许用三角木顶车轮。

(3)输入检测车辆信息,如车牌号、轴型、检验人员、检测编号、检测路线等。将汽车缓慢地驶入检测仪器上方,拉起驻车制动器手柄,并升起挡板固定车辆的4个车轮,防止车辆在测量过程中移动,如图5-28所示。

(4)汽车从一个方向驶上称重台,依次测量前、后轴质量,反方向再测量一次。仪表即自动打印出检测凭单,同时显示本次检测结果,如图5-29所示。

图5-28 利用便携式汽车称重仪检测

图5-29 检测结果显示

(5)将测量所得前、后轴轴载和轴距代入式(5-1)、式(5-2),计算质心水平位置:

$$a = \frac{m_2 L}{m_1 + m_2} \tag{5-1}$$

$$b = \frac{m_1 L}{m_1 + m_2} \tag{5-2}$$

式中:L——轴距,mm;

a、b——汽车质心至前、后轴中心线距离;

m_1、m_2——前、后轴轴载质量。

(6)利用力矩平衡原理,将汽车前、后悬架锁定在正常位置上,把汽车的一根车轴放置在轴重仪上,而将另一根车轴抬高到任意高度 n(图5-30)。代入式(5-3),对后轴中心取矩,即可测得质心高度。

$$b' = \frac{Z'_f}{G}L' = \frac{Z'_f}{G}\sqrt{L^2 - N^2} = \frac{Z'_f}{G}\sqrt{L^2 - (n-r)^2} \tag{5-3}$$

$$h_g = r + \frac{\Delta G_f}{G}L\sqrt{\frac{L^2}{n-r} - 1} \tag{5-4}$$

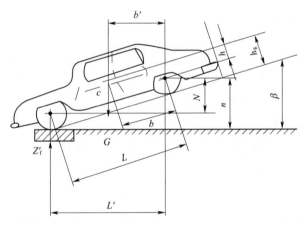

图5-30 利用力矩平衡原理测量车辆质心高度示意图

三、评价与反馈

1. 自我评价

(1)通过本学习任务的学习,回答以下问题:

①汽车质量与质心参数是什么?

② 汽车质量与质心参数检测方法是什么?

(2)通过本学习任务的学习,你认为自己的知识和技能还有哪些欠缺?

2. 小组评价(表5-6)

小组评价表　　　　　　　　　　　表5-6

序号	评价项目	评价情况
1	是否熟悉汽车质量与质心参数定义	
2	是否了解轴重仪的结构与工作原理	
3	是否按照安全和规范的流程进行检测	
4	是否遵守学习、实训场地的规章制度	
5	是否能保持学习、实训场地整洁	
6	团结协作情况	

参与评价的同学签名：_____　　_____年___月___日

3. 教师评价

_____

_____。

教师签名：_____　　_____年___月___日

四、技能考核标准(表5-7)

技能考核标准表　　　　　　　　　　　表5-7

序号	项目	操作内容	规定分	评分标准	得分
1	汽车入场前检查	清洗车辆记录信息	8分	是否清洗并记录车辆信息	
		检查有无撞击	6分	是否有检查动作	
		车辆部件是否正常	6分	是否有检查动作	
		车辆铭牌是否一致	7分	检查结果是否准确	
		车辆轮胎有无异常	5分	是否进行此操作	
		内饰的检查	6分	是否进行此操作	
		制动性能是否良好	9分	是否检查制动	
2	仪器的安装	仪器量程与车辆质量是否一致	7分	量程的选择是否合理	
		仪器的外观检查	7分	是否有检查动作	
		仪器的调试是否正常	6分	是否调试准确	
		安装的地面是否干净平整	6分	地面是否干净平整	
		仪器的校零	7分	有无校零动作	
3	检测过程	检测前是否升起挡板	6分	挡板是否升起	
		车辆车轮是否位于检测仪器中间	7分	车轮是否位于检测仪器中间	
		是否待数值稳定后记录	7分	是否待数值稳定后记录	
	总分		100分		

学习任务4　通过性参数检测

学习目标

▶ **知识目标**
1. 掌握汽车通过性参数的含义；
2. 掌握汽车通过性参数检测的具体项目。

▶ **技能目标**
1. 能完成汽车通过性参数的检查流程及步骤；
2. 能查出汽车存在的通过性的问题。

建议课时

2课时。

一、理论知识准备

1. 通过性定义

汽车的通过性是指汽车在一定载质量下，能以足够高的平均车速，通过各种坏路和无路地带（如松软的土壤、沙漠、雪地、沼泽及坎坷不平地段），以及克服各种障碍（陡坡、侧坡、台阶、壕沟等）的能力（图5-31、图5-32）。

图5-31　松软路面上的汽车通过性

图5-32　陡坡路面上的汽车通过性

2. 通过性分类

1）轮廓通过性

表征汽车通过坎坷不平路段和障碍的能力。

2）牵引支承通过性

汽车顺利通过松软土壤、沙漠、雪地、冰面、沼泽等地面的能力。

3. 通过性参数

汽车通过性的主要参数是汽车的几何参数及支承和牵引参数。通过性几何参数主要有最小离地间距、接近角和离去角、纵向通过角、最小转弯直径、最大通道宽度或转弯通道圆。

1）最小离地间距（图5-33）

除车轮外汽车的最低点与路面间的距离，是衡量汽车能否顺利通过树桩、石块等低矮障碍物的重要参数。影响最小离地间隙的结构：前桥、飞轮壳、变速器壳等。在设计汽车时，应保证有较大的最小离地间隙。

一般来说，轿车的最小离地间距为110～150mm，例如奥迪A6轿车的最小离地间距为142mm。对于轿车来说，离地间距越大（超过130mm），通过性能相对来说越好，但高速稳定

图5-33 最小离地间距

性会变差；离地间距越小（低于110mm），高速稳定性就越好，但通过性会变差。现在装有空气悬架的车型可以自动调整离地间距，能较好地满足通过性和高速稳定性的双重需要。

2）接近角和离去角（图5-34）

自车身前、后突出点，分别向前、后车轮外缘引切线，切线与路面之间的夹角。汽车接近或离开障碍物时，不发生碰撞的能力。接近角或离去角越大，通过性越好。

图5-34 接近角与离去角

3）纵向通过角（图5-35）

汽车空载、静止时，在汽车侧视图上通过车轮前、后外缘作切线交于下部较低部位所形成的最小锐角，称为纵向通过角，即汽车可以超越的最大角度。是衡量汽车可无碰撞地通过小丘、拱桥等障碍物的轮廓尺寸。纵向通过角越大，汽车的通过性越好。

4）最小转弯直径（图5-36）

汽车行驶过程中，转向盘向左或向右转到极限位置时，汽车外转向轮在其支承面上的轨迹圆直径。体现汽车在最小面积内的回转能力和通过狭窄弯曲地带或绕过障碍物的能力。

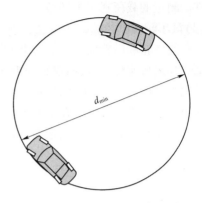

图 5-35　纵向通过角　　　　　图 5-36　汽车最小转弯直径

5）最大通道宽度或转弯通道圆

最大通道宽度是汽车最远点最小转弯直径,与最近点最小转弯直径之差的一半。转向盘转到极限位置时,下述两圆为汽车转弯通道圆（图 5-37）：

（1）汽车所有点在支承面上的投影均位于圆外的最大内圆（$D_1 = 25.00$m）。

（2）包含汽车所有点在支承面上的投影的最小外圆（$D_2 = 10.60$m）。

二、任务实施

1. 准备工作

（1）测量仪与设备。

①高度尺：量程 0～1000mm,最小刻度 0.5mm。

②离地间隙仪：量程 0～500mm,最小刻度 0.5mm。

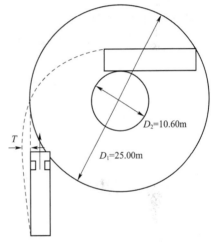

图 5-37　汽车最大通道宽度或转弯通道圆

③角度尺：量程 0°～18°,最小刻度 1°。

④钢卷尺：量程 0～20m,最小刻度 1m。

⑤行驶轨迹显示装置。

⑥水平仪。

（2）检测场地及汽车准备。

①测量场地应具有水平坚硬覆盖层的支承表面,其大小应允许汽车做全圆周行驶。

②汽车转向轮应以直线前进状态置于测量场地上。

③汽车轮胎气压应符合设计要求。

④汽车前轮最大转角应符合该车的技术条件规定。

2. 测量步骤

（1）接近角、离去角、纵向通过角的测量分空车和满载两种状况。

（2）最小离地间距的测量部位：测量支承平面与汽车中间部分最低点的距离且指明最低

点部件。测量的载荷状况为满载。

（3）汽车转弯直径。

①在前外轮和后轮胎面中心的上方别装设行驶轨迹显示装置。

②汽车以低速行速,转向盘转到极限位置,保持不动,待车速稳定后起动显示装置,使各测点分别在地面上显示出封闭的运动轨迹之后,将车开出轨迹外。

③用钢卷尺测量各测点在地面上形成的轨迹圆直径,应在互相垂直的两个方向测量,取算术平均值作为测试结果。汽车向左转和向右转各测定1次。

三、评价与反馈

1. 自我评价

(1)通过本学习任务的学习,回答以下问题：

①汽车通过性几何参数主要有什么？

_____。

②纵向通过半径越_____,汽车的通过性越好。

(2)汽车通过性参数检测操作过程中用到了哪些设备？

_____。

(3)实训过程完成情况如何？

_____。

(4)通过本学习任务的学习,你认为自己的知识和技能还有哪些欠缺？

_____。

签名：_____　　____年____月____日

2. 小组评价(表5-8)

小组评价表　　　　　　　　　　表5-8

序号	评价项目	评价情况
1	是否熟悉汽车通过性参数	
2	是否了解汽车通过性参数检测方法	
3	是否按照安全和规范的流程操作	
4	是否遵守学习、实训场地的规章制度	
5	是否能保持学习、实训场地整洁	
6	团结协作情况	

参与评价的同学签名：_____　　____年____月____日

3. 教师评价

_____

_____。

教师签名：_____　　____年____月____日

四、技能考核标准(表5-9)

技能考核标准表　　　　　　　　表5-9

项目	操作内容	规定分	评分标准	得分
通过性参数检测	车辆类型		轿车（　） 货车（　） SUV（　） 客车（　）	
	最小离地间隙	10分		
	纵向通过半径	10分		
	横向通过半径	10分		
	接近角	10分		
	离去角	10分		
	汽车转弯半径	50分		
	总分	100分		

学习任务5　稳定性参数检测

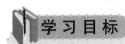

学习目标

☞ 知识目标
1. 掌握汽车稳定性的重要性；
2. 掌握汽车稳定性的检测内容。

☞ 技能目标
能完成汽车稳定性检测的流程及步骤。

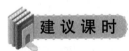

建议课时

2课时。

一、理论知识准备

1. 静侧翻稳定性

汽车在静态条件下受到侧向力时，本身所固有的抗侧翻能力。

2. 侧翻角

汽车随侧翻试验台侧倾，汽车车轮支承平面与水平面的夹角。

3. 最大侧翻稳定角

汽车随侧翻试验台侧倾,汽车一侧车轮支承平面法向反力至零时的侧翻角(图5-38)。

图5-38 汽车侧翻示意图

4. 汽车稳定性参数

根据道路及交通情况,汽车有时直线行驶,有时沿曲线行驶。在出现意外情况时,驾驶员还要作出紧急的转向操作,以避免事故。此外,汽车在行驶中还不断受到地面和大风等外界因素的干扰。为此,汽车应具备良好的操纵稳定性能。

汽车的操纵稳定性是指驾驶员不感到过分紧张、疲劳的条件下,汽车能遵循驾驶员通过转向系及转向车轮给定的方向行驶,且当遭遇到外界干扰时,汽车能抵抗干扰面而保持稳定行驶的能力。汽车的操纵稳定性是汽车主动安全性的重要评价指标。汽车操纵稳定性检查内容包括以下几项:

(1)转向盘角阶跃输入下进入的稳态响应:稳态横摆角速度增益即转向灵敏度。

(2)转向盘角阶跃输入下的瞬态响应:反应时间、横摆角速度波动的无阻尼圆频率。

(3)横摆角速度频率响应特性:共振峰频率、共振时振幅比、相位滞后角、稳态增益。

(4)转向盘中间位置操纵稳定性:转向灵敏度、转向盘力特性即转向盘转矩梯度等。

(5)回正性:回正后剩余横摆角速度与剩余横摆角、达到剩余横摆角速度的时间。

(6)转向半径:最小转向半径。

(7)转向轻便性:原地转向轻便性、低速行驶转向轻便性、高速行驶转向轻便性。

(8)直线行驶性能:直线行驶性、侧向风稳定性、路面不平度稳定性、转向盘转角和侧向偏移、侧向偏移。

(9)典型行驶工况性能:蛇行性能、移线性能、双移线性能都是回避障碍性能,转向盘转角、转向力、侧向加速度、横摆角速度、侧偏角、车速等。

(10)极限行驶能力:圆周行驶极限侧向加速度、抗侧翻能力、发生侧滑时的控制能力。

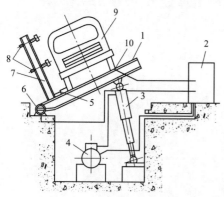

图5-39 SAPU-CF-30 侧翻试验台
1-承载平台;2-测试控制台;3-油缸;4-液压泵站;5-防滑挡板;6-侧翻角度传感器;7-支架;8-可调防侧翻支盘;9-测试车辆;10-压力传感器

5. 汽车侧翻试验台结构与原理

如图5-39所示,以SAPU-CF-30型侧翻试验台为对象介绍其结构与工作原理。该试验台由机械、液压及电气控制装置、测量与报警系统、安全保护装置及各种附件组成。

1）结构

（1）机械、液压及电气控制装置。

该部分由可承载 30t 的承载平台、侧翻铰支座、两个三节式单作用液压缸、液压泵站和电气控制箱组成，承载平台的一侧由两个铰链连接支承在地面的支座上。两个单作用液压缸，一端通过铰链支承在地坑内的支座上，另一端经过铰链与承载平台的另一侧纵梁焊连。

（2）测试与报警系统。

达到最大倾斜角的标志是侧翻过程中靠近举升液压缸一侧的汽车轮胎在平台台面上的法向反力降为零。该信号由安装在轮胎接地面上的压力传感器提供，经过放大器转换、放大后，传送到计算机，计算机对该信号进行实时处理并监控，当压力降为零时，由计算机发出的警报并立即发出停止向液压缸充油的命令，同时采集此时的倾斜角数值，并由打印机输出该值。

（3）安全保护装置。

防止汽车侧向翻倒，以保证试验车辆不受任何损坏。在平台的铰链一侧焊接有可调节支承点的防翻支架，当试验达到或超过侧倾稳定角时，被试车一侧可平稳地依靠到支承软垫上。

（4）各种附件。

为扩展侧翻试验台功能而设置的附件，包括为进行半挂车侧翻试验的鞍座及支架，进行侧滑试验时模拟路面附着系数的"模拟路面"，进行侧倾特性测定的各种配套的测试仪器及附件等。

2）工作原理

侧翻试验台的基本结构为以液压系统为驱动力的可倾翻四板称重结构。安装于基架上的四台称重板的工作面共同构成被测汽车的支承平面，每台称重板可独立测量其工作面（上平面）所受法向力。在液压系统的驱动下，基架和称重板一起做侧倾运动，被测汽车支承平面的侧倾角由固联于基架上的角度传感器测出。

测试时，被试汽车按要求停放于试验台面，由四块称重板分别称量其各轮载质量，系统根据被测汽车的轴距、轮距和轮载质量（含法向力），经计算可得被测汽车的轴载质量、总质量、轴负荷率、质心位置平面坐标。

侧倾时，系统根据侧倾角度、称重板在该侧倾角度下所受法向力及被测汽车的几何参数，经计算可得被测汽车的质心高度。

侧倾过程中，当被测汽车一侧车轮对其支承平面的法向力为零时的侧倾角即为被测汽车的该侧最大侧倾稳定角。

6. 汽车侧倾稳定性相关标准

机动车的侧倾稳定性通常用空载、静态状态下，向左侧和右侧倾斜最大的侧倾角时汽车不发生侧翻的极限角。《机动车运行安全技术条件》（GB 7258—2017）规定，机动车的最大侧倾稳定角：

(1)三轮车、三轮农用运输车不小于25°。
(2)总质量为车辆整备质量的1.2倍以下的车辆不小于30°。
(3)其他车辆(两轮摩托车及轻便摩托车除外)不小于35°。

二、任务实施

1.准备工作

(1)汽车各总成、部件及附属装备(包括随车工具与备胎)必须按出厂技术条件装备齐全,并装在规定位置上;对于位置可调整者(如提升轴、可调空气悬架),应将其调整至与载荷相适应的状态。

(2)轮胎气压应符合汽车技术条件的规定,误差不超过10kPa。

(3)为防止燃料、润滑油、冷藏液的泄漏,可采用堵塞或等质量代换的方法。

(4)对于采用空气悬架及油气悬架的汽车,应安装防止悬架脱开的安全装置,有高度调整机构者应适应锁止该装置。

(5)应根据测量需求确定汽车的载荷状态(无特殊要求时按整备质量状态)。当汽车需装模拟载荷时,所有载荷应予以适当定位,应防止在汽车侧倾试验时发生移位。

(6)环境风速不大于1.5m/s。

2.检测步骤

1)测定汽车向左倾斜时的最大侧翻定角

(1)将汽车至于侧翻试验台上,车轮处于直线行驶状态,汽车的纵向对称平面与试验台面转动中心线平行。

(2)实施驻车制动,安装防侧滑挡块及防侧翻安全设备。

(3)启动试验台,使汽车随试验台以相应的速度向左倾斜(当侧倾角大于20°时,上升速度不得高于规定的最小上升速度限值),实时检测右侧车轮负荷,至汽车右侧所有车轮支承平面法向反力为零止(如果没有车轮负荷测量装置,试验到右侧所有车轮脱离试验台面时为止)。此时,试验台的侧倾角即为汽车向左侧倾时的最大侧翻稳定角。

(4)控制试验台下降,使试验台面侧倾角恢复为0。

(5)重复(3)、(4)试验步骤。试验共进行三次。

2)测定汽车向右侧倾时的最大侧翻稳定角

将汽车掉头,重复1)中各步骤即可测得。

三、评价与反馈

1.自我评价

(1)通过本学习任务的学习回答以下问题:

①汽车的四轮定位分别是_____。

②纵向通过半径越_____,汽车的通过性越好。

(2)汽车稳定性参数检测操作过程中用到了哪些设备?

_____。

(3)实训过程完成情况如何?

_____。

(4)通过本学习任务的学习,你认为自己的知识和技能还有哪些欠缺?

_____。

签名:_____　_____年___月___日

2. 小组评价(表5-10)

小 组 评 价 表　　　　　　　　　　　　　　表5-10

序号	评 价 项 目	评 价 情 况
1	是否熟悉汽车稳定性内涵	
2	是否了解汽车侧倾试验台的结构与工作原理	
3	是否了解汽车侧倾稳定性检测方法	
4	是否了解汽车侧倾稳定性检测结果分析	
5	是否能合理规范地使用仪器和设备	
6	是否按照安全和规范的流程操作	
7	是否遵守学习、实训场地的规章制度	
8	是否能保持学习、实训场地整洁	
9	团结协作情况	

参与评价的同学签名:_____　_____年___月___日

3. 教师评价

_____
_____。

教师签名:_____　_____年___月___日

四、技能考核标准表(表5-11)

技能考核标准表　　　　　　　　　　　　　　表5-11

项目	操作内容	规定分	评分标准	得分
稳定性参数检测	主销内倾	10分		
	主销外倾	10分		
	前轮外倾	10分		
	前轮前束	10分		
	后轮外倾	10分		
	后轮前束	10分		
	正确使用汽车侧翻试验台	20分		
	正确使用转向参数测试仪	20分		
	总分	100分		

学习任务6　整车密封性检测

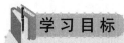

☞ 知识目标
1. 了解整车密封性的相关概念；
2. 了解整车密封性的检测设备；
3. 了解整车密封性的检测方法。

☞ 技能目标
能完成整车密封性检测的流程及步骤。

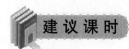

2 课时。

一、理论知识准备

1. 密封性相关定义

1）防雨密封性

汽车处于静止状态下,在规定的人工淋雨试验条件下,关闭所有门、窗和孔口盖,防止雨水进入车厢的能力。

2）渗

水从缝隙中缓慢出现,并沿着车身内表面向周围蔓延。

3）慢滴

水从缝隙中出现,以小于或等于每分钟30滴的速度离开或沿着车身内表面断续落下。

4）滴

水从缝隙中出现,以大于每分钟30滴且小于或等于每分钟60滴的速度离开或沿着车身内表面断续落下。

5）快滴

水从缝隙中出现,以大于每分钟60滴的速度离开或沿着车身内表面断续落下。

6）流

水从缝隙中出现,离开或沿着车身内表面连续不断向下流淌。

7）平均淋雨强度

单位时间某一淋雨面内各喷嘴的总喷水体积量与该淋雨面内各喷嘴对应的总喷淋面积

的比值,单位为 mm/min。

2. 淋雨装置

淋雨装置为循环过滤系统,主要由水泵、压力自动调节阀、水压表、主管路、分管路、支管路、流量计、流量调节阀、喷嘴、喷嘴架、喷嘴架驱动调整机构及蓄水池构成,如图 5-40 所示。由喷嘴及喷嘴架构成前后左右及顶部五个矩形喷淋面,若淋雨试验涉及带行李舱的客车,还应设置底部矩形喷淋面。各喷嘴与支管路连接。在通向前喷淋面及通向其他喷淋面的分管路起始端,分别设置流量计和流量调节阀。水泵供水压力设定为 150kPa ± 10kPa。水泵的扬程、流量以及管路直径等应满足系统使用要求。各喷淋面应涵盖淋雨试验所涉及的外形尺寸最大的车型以及各种车型的各受检部位,喷淋面可为移动式以适应汽车外形及尺寸的变化。

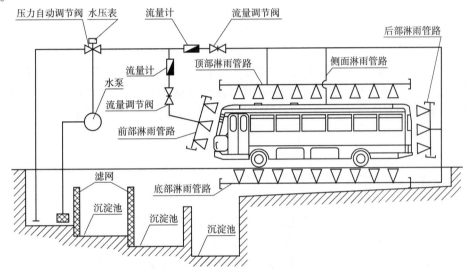

图 5-40　汽车淋雨试验装置

在各喷淋面支管路上均匀安装喷嘴,喷嘴间横向及纵向间距为 0.4m,喷嘴数量应保证对应车身外表面各受检部位处于淋雨区域内。顶部及底部喷嘴的轴线与水平面垂直,前部及后部喷嘴的轴线与汽车纵向对称面平行,侧面喷嘴的轴线与汽车纵向对称面垂直。喷嘴垂直朝向对应车身。底部喷嘴位于地面以下 0.2m,其余喷嘴与车身外表面距离为 0.7m ± 0.2m。喷嘴出水应均匀且呈 60°圆锥体形状,喷孔直径为 2.5 ~ 3mm,所有喷嘴的尺寸及内部结构应相同。

3. 淋雨试验标准

《客车防雨密封性限值及试验方法》(QC/T 476—2007)对于客车防雨密封性限值见表 5-12。

客车防雨密封性限值　　　　　　　　　　表 5-12

客车类型		限值(分)
小型客车		≥94
旅游客车,长途客车	车长≤9m	≥94
	车长>9m	≥92

续上表

客车类型		限值(分)
城市客车	车长≤9m	≥92
	车长>9m	≥90
双层客车,铰接客车,无轨电车		≥88

二、任务实施

1. 检测前准备

(1)淋雨装置应符合《客车防雨密封性限值及试验方法》(QC/T 476—2007)标准的要求。

(2)车身前部、侧面、后部及顶部的各受检部位均应处于受雨状态。带行李舱的客车,其行李舱底部也应处于受雨状态。

(3)将分管路流量调节阀置于某一开度,启动淋雨设备,将主管路压力调节至规定值,分别调节分管路流量调节阀开度,使分管路流量计示值分别达到规定平均淋雨强度的对应值;车身前部平均淋雨强度为 12mm/min±1mm/min,车身侧面、后部、顶部及底部平均淋雨强度为 8mm/min±1mm/min。

2. 检测步骤

(1)将试验汽车停放在淋雨场地内指定位置。

(2)试验人员进入车厢,关闭所有门、窗及孔口盖。

(3)启动淋雨设备,待淋雨状态稳定后试验开始,试验时间为 15min。

(4)试验开始后 5min,试验人员开始观察并记录车厢内各部位的渗漏情况。若渗漏部位有内护板遮挡,应将该部位内护板拆除。对渗漏状态无法确定的,可用适当大小的矩形金属薄板紧贴渗漏部位,与铅垂面呈45°向下,将渗漏的雨水引流,以雨水离开薄板的状态判别渗漏情况。

(5)对于带行李舱的客车,试验人员应在试验结束后,擦净行李舱门接缝处的积水,打开行李舱门,观察并记录行李舱内部的渗漏情况,行李舱底板如有水迹,每处均按慢滴处理。

(6)汽车渗漏情况记入表5-13。

客车防雨密封性检查记录表　　　　　　　　　　表 5-13

检查部位	渗漏处数及扣分值										小计
	渗(每处扣1分)		慢滴(每处扣2分)		滴(每处扣4分)		快滴(每处扣6分)		流(每处扣10分)		
	处数	扣分	处数	扣分	处数	扣分	处数	扣分	处数	扣分	处数	扣分
风窗												
侧窗												
后窗												

续上表

检查部位	渗漏处数及扣分值										
	渗（每处扣1分）		慢滴（每处扣2分）		滴（每处扣4分）		快滴（每处扣6分）		流（每处扣10分）		小计
	处数	扣分	处数	扣分	处数	扣分	处数	扣分	处数	扣分	处数	扣分
驾驶员门												
乘客门												
后门												
顶盖（顶窗）												
前围												
侧围												
后围												
行李舱												
其他部位												
合计												

（7）试验数据处理采用扣分法，初始分值为100分，每出现一处渗扣1分，每出现一处慢滴扣2分，每出现一处滴扣4分，每出现一处快滴扣6分，每出现一处流扣10分，初始分值减去全部扣分值，如出现负数则按零分计，实得分值即为试验结果。

三、评价与反馈

1. 自我评价

(1) 通过本学习任务的学习回答以下问题：

①你熟悉汽车密封性相关概念吗？

_____。

②是否掌握汽车淋雨试验装置？

_____。

(2) 汽车转向轮横向侧滑量检测操作过程中用到了哪些设备？

_____。

(3) 实训过程完成情况如何？

_____。

(4) 通过本学习任务的学习，你认为自己的知识和技能还有哪些欠缺？

_____。

签名：_____　　_____年___月___日

2. 小组评价(表5-14)

小 组 评 价 表   表5-14

序号	评价项目	评价情况
1	是否熟悉汽车密封性内涵	
2	是否了解汽车淋雨装置的结构与工作原理	
3	是否了解汽车密封性检测方法	
4	是否了解汽车密封性检测结果记录	
5	是否能合理规范地使用仪器和设备	
6	是否按照安全和规范的流程操作	
7	是否遵守学习、实训场地的规章制度	
8	是否能保持学习、实训场地整洁	
9	团结协作情况	

参与评价的同学签名：_____ _____年___月___日

3. 教师评价

_____

_____。

教师签名：_____ _____年___月___日

四、技能考核标准(表5-15)

技能考核标准表   表5-15

序号	项目	操作内容	规定分	评分标准	得分
1	车辆的准备	车辆信息的记录	6分	是否清洗并记录车辆信息	
		车辆停放的安全检查	6分	是否有检查动作	
		车辆停放在淋雨试验台位置	6分	车辆在淋雨试验台上的位置是否正确	
		车辆的门、窗关闭准备情况	6分	是否关闭并有检查动作	
		试验前对车内状况的检查	6分	有无检查动作	
2	仪器的准备	主管路压力调节	10分	有无调节	
		分管路流量调节	10分	有无调节	
		淋雨强度调节	10分	有无调节	
3	检测过程	检测时间掌握	10分	试验时间是否符合标准规定	
		数据的记录	15分	数据记录是否完整	
		车内渗漏情况的检查	15分	渗漏检查位置是否准确	
		总分	100分		

思考与练习

(一) 填空题

1. VIN 的中文名称是_____, VIN 由_____、_____、_____三部分组成。

2. WMI 的中文名称是_____，VDS 的中文名称是_____，VIS 的中文名称是_____。

3. 车身长度的是_____。

4. 汽车质心位置则是影响其_____、_____、安全性的重要因素。

5. 质心过_____，很易导致车辆横向失稳，特别是弯道行驶时，易造成侧向倾翻，操纵稳定性和侧倾稳定性越不好，质心_____达到一定值时，这两项指标就很难合格。

(二) 判断题

1. 检测站配备的钢直尺、钢板尺及钢盒尺是用来检查车辆轮廓尺寸的。（　　）

2. 用轮胎气压表检查轮胎气压时，气压值如果符合该车使用说明书的规定值，就可判定其合格。（　　）

3. 车体周正不周正，一眼就可以看出来。（　　）

4. 外观检查中发现发动机漏水、漏油或漏气，可判定为建议维护项。（　　）

5. 蓄电池桩头及连线，电器导线及各种管路的检查属照明和电器信号装置检查项目的检查内容。（　　）

6. 车身高度是从地面算起，一直到车身顶部最高位置，但不包括天线长度。（　　）

7. 汽车的最小离地间距，就是在水平面上汽车底盘的最低点与地面的间距，通常单位为毫米(mm)，不同车型其离地间距也是不同的，离地间距越大，车辆的通过性就越差。所以通常越野车的离地间隙要比轿车要大。（　　）

8. 车身高度是从地面算起，一直到车身顶部最高位置，包括天线长度。（　　）

9. 使用厢式汽车和集装箱运输车时，除选用质心较低的车辆以外，不用注意合理配载。（　　）

10. 质心高度就是确定汽车质心位置的关键所在。（　　）

(三) 选择题

1. 汽车通过性包括(　　)。
　　A. 接近角　　　B. 离去角　　　C. 纵向通过角　　　D. 最小离地间距

2. 汽车在水平路面上加速行驶时，其行驶阻力包括(　　)。
　　A. 滚动阻力、空气阻力、坡度阻力　　B. 滚动阻力、空气阻力、加速阻力
　　C. 空气阻力、坡度阻力、加速阻力　　D. 滚动阻力、空气阻力、坡度阻力、加速阻力

(四) 问答题

1. 车辆外观检验项目中"车身外观"的检查，主要检查哪几个方面的内容？

2. 车辆外观检验项目中"发动机运转情况"的检查，要检查哪几个方面的内容？

3. 请列举汽车上常见的结构参数，并说出其定义。

4. 汽车的轴距怎么计算？

5. 什么是汽车质量与质心？

6. 请简述汽车质量与质心的测量步骤。

单元六　汽车主要总成性能参数与检测

学习任务1　汽车发动机技术性能检测

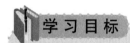

☞ **知识目标**

1. 掌握汽车发动机密封性的概念；
2. 掌握汽车发动机密封性检测的相关理论知识；
3. 理解汽车发动机功率曲线的内涵；
4. 了解汽车发动机无负荷测功的理论知识；
5. 清楚相关国家标准的检测要求。

☞ **技能目标**

1. 掌握汽车发动机密封性检测设备的使用方法；
2. 能完成汽车发动机密封性检测并掌握检测结果分析方法；
3. 能完成汽车发动机无负荷测功检测流程并掌握分析方法。

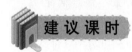

6 课时。

一、理论知识准备

1. 汽车发动机密封性能

汽缸密封性是表征汽缸组技术状况的重要参数，也是判断发动机总技术状况的依据。直接影响汽缸密封性的因素有：汽缸、汽缸盖、汽缸衬垫、活塞、活塞环和进排气门等零件的工作状况。在发动机使用过程中，由于上述零件的磨损、烧蚀、结胶、积炭等原因，会引起汽缸密封性下降，从而严重影响发动机的动力性和经济性，甚至发动机的使用寿命。

（1）汽缸压缩压力。

发动机汽缸压缩压力取决于压缩比，以及汽缸的密封性。为确保发动机具有一定的动力性和经济性,根据发动机压缩比的不同,其最低压缩压力应在 440~780kPa(汽油发动机)或 2.0MPa(柴油发动机)。否则,属于故障。如活塞、活塞环与汽缸壁间隙过大,活塞环弹力不足、卡滞、对口、气门和气门座接触不密合、气门脚间隙过大或过小,汽缸衬垫漏气等,都会使汽缸压缩压力降低,从而导致发动机动力性及经济性下降。

(2)曲轴箱窜气量。

汽缸与活塞组的磨损间隙增大后,窜入曲轴箱的气体量(可燃混合气与燃烧废气)将会增加。在单位时间内漏入发动机曲轴箱中的气体越多,曲轴箱中的压力就越高。虽然现代发动机都有曲轴箱通风系统,但是它在气体大量漏入曲轴箱时(大于 60L/min)就不能保证气体完全被排除,此外通风系统可能结胶,不能充分发挥作用。因此,随着进入曲轴箱的气体增加,压力就随之增高。在发动机曲轴箱密封程度不变的情况下,曲轴箱中的气体压力就成为汽缸活塞组磨损量的函数。实际上,曲轴箱的密封程度在使用中由于磨损、拆装等因素而变化。也可通过观察从曲轴箱冒出过多的烟来判断发动机故障。

(3)进气管真空度。

进气管真空度的大小,表明发动机汽缸活塞组、进气系统、配气机构的密封性的好坏。发动机怠速运转时,若此时真空表的指示值在 57.3~70.7kPa 为正常;怠速时,真空度数值低,表明气门烧毁或被结胶粘住,造成气门与座不密合;怠速时,真空度值不稳定,表明气门弹簧弹力不足,气门杆与导管磨损;怠速时,真空度值大幅度摆动,表明汽缸盖螺栓不紧或汽缸衬垫漏气等。

2. 发动机功率检测

1)发动机功率检测分类

汽车发动机功率检测分为稳态测功和动态测功两类。

稳态测功是指发动机在节气门开度一定、转速一定和其他参数都保持不变的稳定状态下,在测功器上测定发动机功率的一种方法。

稳态测功的结果比较准确、可靠,多为发动机设计、制造、院校和科研单位做性能试验所采用,其缺点是费时费力、成本较高,并且需要大型、固定安装的测功器。因而,在一般的汽车运输企业、汽车维修企业和汽车检测站中采用不多。

动态测功是在发动机节气门开度和转速等均为变动的状态下,测定发动机功率的一种方法。由于动态测功时无须向发动机施加负荷,所以就不需要像测功器那样的大型设备,可用小巧的无负荷测功仪就车检测。

虽然其测量精度较之稳态功要差一些,但该方法特别适用于在用车发动机的检测,测量时省时、省力、方便。故一般运输企业、维修企业和检测站采用较多。

2)无负荷测功测量原理

无负荷测功是基于动力学的原理。当发动机在怠速或某一空载低转速运转时,突然全开节气门加速运转,此时发动机产生的动力,除克服各种内部运动阻力矩外,将使曲轴加速运转,即发动机以自身运动机件为载荷加速运转。如果被测发动机的有效功率愈大,则曲轴的瞬时角加速度也愈大,而加速时间愈短。所以,只要测得角加速度和加速时间,就可以间接获得发动机功率。

(1)测角加速度。

转矩与角加速度的关系为:

$$M_e = I\frac{d\omega}{dt} = I\frac{\pi}{30} \cdot \frac{dn}{dt} \tag{6-1}$$

式中：M_e——发动机的有效转矩，N·m；

I——发动机运动机件对曲轴中心线的当量转动惯量，kg·m²；

n——发动机转速，r/min；

$d\omega/dt$——曲轴的角加速度，rad/s²；

dn/dt——曲轴的加速度，1/s²。

把 M_e 代入功率计算公式 $P_e = \frac{1}{9550}M_e n$，整理得：

$$P_e = K \cdot n \cdot \frac{dn}{dt} \tag{6-2}$$

式中：K——修正系数。（由于发动机加速过程是一个非稳定工况，所以实际测得功率值是小于同一转速下的稳态测功值的，因而进行修正）

上式表明，发动机加速过程中，在某一转速下的有效功率与该转速下的瞬时加速度成正比。因此，只要测出加速过程中的这一转速和对应的瞬时加速度，即可求出该转速下的有效功率。对于一定型号的发动机，其转动惯量 I 为一常数。修正系数 K 的数值可通过台架对比试验得出。

(2) 测加速时间。

根据功能原理，发动机在某一转速范围的加速过程中，发动机驱动曲轴转动所做的功等于曲轴旋转动能的增量：

$$A = \frac{1}{2}I\omega_2^2 - \frac{1}{2}I\omega_1^2 \tag{6-3}$$

式中：A——发动机所做的功，J；

ω_1、ω_2——测定区间起始角速度和终止角速度，rad/s。

若发动机从 ω_1 上升到 ω_2 的时间为 $\Delta T(s)$，则发动机在这段时间内的平均功率 P_{em} 为：

$$P_{em} = \frac{A}{\Delta T} = \frac{1}{2}I\frac{\omega_2^2 - \omega_1^2}{\Delta T} \tag{6-4}$$

应注意，以千瓦(kW)作为平均功率的单位，则有：

$$P_{em} = \frac{C_1}{\Delta T} \tag{6-5}$$

若已知转动惯量 I，并确定测量时的起始转速和终止转速 n_1、n_2，则 C_1 为常数，称为平均功率测功系数。

由上式可知，发动机在起止转速范围内的平均有效加速功率与其加速时间成反比。即当发动机的节气门突然全开时，发动机由起始转速加速到终止转速的时间越长，则其有效加速功率越小；反之，则越大。因此，只要测得发动机在设定转速范围内的加速时间，便可得出平均有效加速功率。

另外，还需要通过台架试验，找出稳态特性平均功率与外特性最大功率之间的关系。其中，加速时间 ΔT 与最大功率之间的关系可对无负荷测功检验仪进行标定，并输入微机，以便通过测出加速时间而能直接读出功率数，也有的把它们之间的关系绘制成曲线图或排成表格,以便测出加速时间后能在图中或表中查出对应的功率值。

3. 发动机特性曲线

当发动机运转的时候,其功率、转矩和耗油量这三个基本性能指标都会随着负荷的变化而变化。这些变化遵循一定的规律,将这些有规律的变化描绘成曲线,就有了反映发动机特性的曲线图。根据发动机的各种特性曲线,可以全面地判断发动机的动力性和经济性。反映发动机运行状况常用速度特性曲线,如图6-1所示。

发动机的速度特性曲线表示有效功率 $N(kW)$、转矩 $M(N \cdot m)$、比燃料消耗量 $g[g/(kW \cdot h)]$ 随发动机转速 n 而连续变化的表现。发动机的速度特性是在制动试验台架上测出的。保持发动机在一定节气门开度情况下,稳定转速,测取在这一工况下的功率、比燃料消耗量等,然后调整被测机载荷(转矩变化),使发动机转速改变,再测得另一转速下的功率、比燃料消耗量。按照一定转速间隔依次进行上述步骤。就能测出在不同转速下的数值,将这些数值点组成连续曲线,就生成了功率曲线、转矩曲线和比燃料消耗量曲线,它们与相应的转速区域对应。

汽油机节气门完全开启的速度特性,称为发动机的外特性,它表示发动机所能得到的最大动力性能。从外特性曲线上可以看到,发动机所能输出的最大功率、最大转矩以及它们相应的转速和燃料消耗量,汽车产品介绍书上大都采用发动机外特性曲线图,但一般只标出功率和转矩曲线,见图6-2。

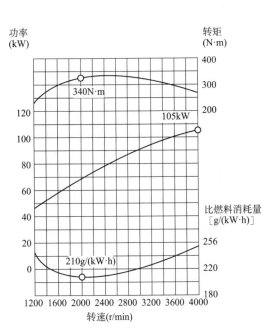

图6-1 汽油发动机速度特性曲线图

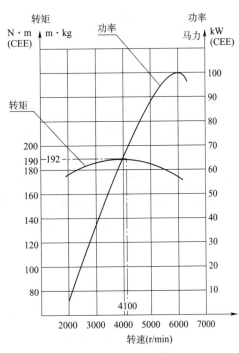

图6-2 汽油发动机外特性曲线图

汽车发动机的外特性曲线图是表明汽车发动机在不同转速下输出功率和转矩的大小。从图中可看出发动机的主要性能表现如何。发动机特性曲线图的横坐标为发动机的转速(r/min 或 rpm)纵坐标为发动机的功率和转矩。图中曲线为发动机在不同转速下功率和转矩数值变化的轨迹。发动机外特性曲线一般有两条。一条为功率曲线,另一条为转矩曲线。

这一组曲线又称发动机的外特性曲线。

1) 起步加速能力

如图6-3所示,转矩在1000r/min的时候达到240N·m,升至2500r/min的过程中有一个快速的提升过程,而如果此区间内的斜线倾斜度越大、越光滑,则代表发动机可以用较短的时间达到转矩的峰值,并且加速平稳线性(即起步加速能力好)。转矩峰值出现在2500~3000r/min,而此区间正是在驾车时最常用的转速。在实际的驾车当中,随着驾驶员踩下加速踏板,汽车克服地面摩擦力,开始起步,随着发动机转速提高,汽车的转矩会快速提升,一般的发动机在3000r/min左右时到达转矩峰值,而经常提及的"3000转换挡"的惯性操作,实际目的就是为了能够保持这个最大的牵引力,通过换挡,使发动机保持在最高转矩转速附近,这样就可以用更短的时间提高车速。

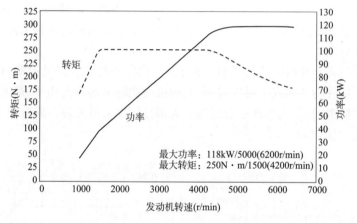

图6-3 起步加速发动机功率转矩图

2) 超车能力

从图6-4中可以看到,在1950~4700r/min,发动机转矩输出始终为225N·m,而与图6-1中只有一个扭矩峰值的抛物线图形相比,图6-2不同的是,曲线中有一段"平顶"工况,整体更近似于一个"梯形"。而此种图形则代表发动机不仅具有良好的低速大转矩输出能力,而且更凭借峰值转矩在中高速的持续输出,具备较强的超车加速性能。

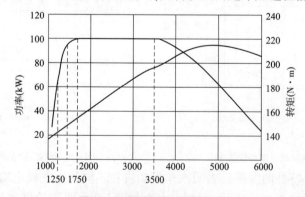

图6-4 超车时发动机功率扭矩图

3) 最高车速

转矩是决定用多长时间可以达到目标,而功率是决定可以达到多高的目标,也就是人们常说的车可以跑多快、拉多少人。通常,在车速提高的这个过程中,功率一直在不断增加,直到发动机转速到达一个特定点,无论再怎么踩加速踏板,车也开不快了,而这个点所达到的速度就是汽车的最高车速。以图6-1为例,此发动机的功率具有较高的峰值184kW(250马力),并且出现在高转速6300r/min。这"双高"特性决定了匹配此发动机的汽车可以达到较高的时速。而图6-2的发动机在5700r/min时发动机达到最大功率120kW(163马力),那么装备该发动机的汽车最高车速将不会很高。

不过,一般判断一款车动力足不足,最高车速究竟能达到多少,只需观察它的发动机功率曲线和最大功率值即可,高转速功率越高,代表其动力更充沛,最高车速值也相应会较高。研究发动机外特性曲线的主要目的是找出发动机在不同转速下工作时,其动力性能指标和经济性能指标的变化规律,以及对应于最大功率、最大转矩和最低燃油消耗率时的转速,从而可以确定发动机最有利的工作转速范围。

二、任务实施

1. 发动机密封性检测

汽缸密封性的检测内容一般包括汽缸压缩压力的检测、汽缸漏气量的检测、曲轴箱窜气量的检测、进气歧管真空度的检测。实际检测时,只要进行上述一项或两项,就可确定汽缸的密封性。

1) 汽缸压缩压力检测

检测活塞到达压缩终了上止点时汽缸压缩压力的大小,可以表明汽缸的密封性。可用汽缸压力表检测汽缸压力,如图6-5所示。汽缸压力表具有价格低廉,轻便小巧,实用性强和检测方法简便等优点,在汽车维修企业中应用非常广泛。另外,还可以利用汽缸压力检验仪检测汽缸压缩压力,如图6-5所示。

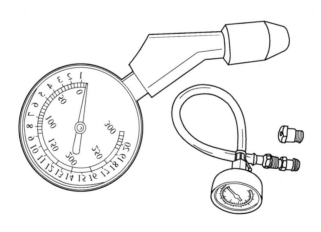

图6-5 汽缸压力表与汽缸压力检验仪

(1)检测过程。

①检测条件。

起动发动机,使其运转至正常工作温度(冷却液温度70~90℃)后熄火;清除发动机火花塞或喷油器(柴油机)周围脏物并将火花塞或喷油全部拆下;把节气门和阻风门置于全开位置;用起动机带动曲轴旋转3~5s(不少于四个压缩行程)。

②检测过程。

如图6-6所示,将汽缸压力表的锥形橡胶接头压紧在被测汽缸的火花塞孔内(或把螺纹管接头拧在火花塞孔上)。用起动机带动曲轴旋转,指针稳定后读取读数。

然后按下单向阀,使指针回零,重复上一步骤。

每个汽缸的测量次数应不少于两次,测量结果应取其测量次数的平均值。

按上述方法依次检测各个汽缸。

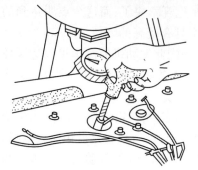

图6-6 汽缸压力检测

(2)检测标准。

按照《营运车辆综合性能要求和检验方法》的规定:大修竣工发动机的汽缸压力应符合原设计规定,每缸压力与各缸平均压力的差,汽油机不超过8%、柴油机不超过10%。

(3)检测结果分析。

当汽缸压力的检测值低于标准值时,常根据润滑油具有密封作用的特点,用下述方法确定导致汽缸密封性不良的原因。

由火花塞或喷油器孔注入适量(一般为20~30mL)润滑油后,再次检测汽缸压力,并比较两次检测结果。

①如果第二次检测结果比第一次高,并接近标准值,则表明汽缸密封性不良是由于汽缸、活塞环、活塞磨损过大或活塞环对口、卡死、断裂及缸壁拉伤等原因而引起。

②如果第二次检测结果与第一次近似,则表明汽缸密封性不良的原因为进排气门或汽缸衬垫不密封(滴入的润滑油难以达到这些部位)。

③两次检测结果均表明某相邻两缸压缩压力低,其原因可能是两缸相邻处的汽缸衬垫烧损窜气。

如果所测汽缸压力高于标准值,并不一定说明汽缸密封性好,而应结合使用和维修情况分析具体原因。因为燃烧室内积炭过多、汽缸衬垫过薄或缸体与缸盖的接合平面经多次修理后加工过度,均会导致汽缸压缩压力过高。同时,汽缸压缩压力高于标准值常会导致爆燃、早燃等不正常燃烧情况的发生。

2)汽缸漏气量检测

汽缸漏气量的检测采用汽缸漏气量检测仪进行。其基本原理是利用充入汽缸的压缩气,用压力表检测活塞处于压缩终了上止点时汽缸内压力的变化情况,来表征整个汽缸组的密封性。即不仅表征汽缸活塞摩擦副的密封性,还要表征进排气门、汽缸衬垫、汽缸盖及汽缸的密封性。汽缸漏气量检测仪结构如图6-7所示。

(1)检测过程。

①先将发动机预热到正常工作温度,然后用压缩空气吹净缸盖,特别要吹净火花塞孔上的灰尘,拧下所有火花塞,装上充气嘴。

②将仪器接上气源,在仪器出气口完全密封的情况下,通过调节调压阀,使测量表的指针指在400kPa位置上。

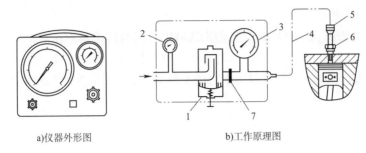

图 6-7 汽缸漏气量检测仪
1-调压阀;2-进气压力表;3-测量表;4-胶软管 5-快速接头;6-充气嘴;7-校正孔板

③卸下分电器盖和分火头,装上指针和活塞定位盘。指针可用旧分火头改制,仍装在原来的位置上。活塞定位盘用较薄的板材制成,其上按缸数进行刻度,并按分火头的旋转方向和点火次序刻有缸号。假定是 6 缸发动机,分火头顺时针方向转动,点火次序为 1-5-3-6-2-4,则活塞定位盘上每 60°有一刻度,共有 6 个刻度,并按顺时针方向在每个刻度上分别刻有 1、5、3、6、2、4 的字样。

④摇转曲轴,先使第 1 缸活塞处于压缩终了上止点位置,然后转动活塞定位盘,使刻度"1"对正指针。变速器挂低速挡,拉紧驻车制动器,以保证压缩空气进入汽缸后,不会推动活塞下移。

⑤把 1 缸充气嘴接上快速接头,向 1 缸充气,测量表上的读数,便反映了该缸的密封性。在充气的同时,可以从进气口、排气消声器口、散热器加水口和加机油口等处,察听是否有漏气声,以便找出故障部位。

⑥摇转曲轴,使指针对正活塞定位盘下一缸的刻度线,按以上方法检测下一缸漏气量。

⑦按以上方法和点火次序,检测其他各缸的漏气量。为使数据可靠,各缸应重复测量一次。仪器使用完毕后,调压阀应退回到原来的位置。

(2)检测标准。

汽缸漏气率的检测,在检测仪器、检测方法、检测结果分析上与汽缸漏气量的检测基本相同,仅仅是检测仪器的显示装置标定单位有所区别。汽缸漏气量检测仪的显示装置标定单位为 kPa 或 MPa,而汽缸漏气率检测仪显示装置的标定单位为百分数。

在国家标准《汽车维护、诊断、检测技术规范》(GB 18344—2016)中对汽缸漏气量(率)没有明确给出技术要求。在汽缸漏气量(率)检测仪的调定的初始压力为 400kPa 的条件下,当检测仪的显示装置读数大于或等于 250kPa 时,表示汽缸密封正常;当显示装置读数小于 250kPa 时,表示汽缸密封性能差。一般来说,当汽缸漏气率达 30%～40% 时,如果通过漏气部位确认进气门、排气门、汽缸垫、汽缸套、汽缸盖是密封的,则说明是汽缸与活塞或活塞环间的磨损严重使配合间隙过大,或者是活塞环对口、损坏、弹性不足而失去了密封作用,导致漏气量较大。对汽缸漏气率的检测标准可参考表 6-1。

汽缸漏气量的检测标准　　表 6-1

汽缸密封状况	检测仪显示装置读数(%)	汽缸密封状况	检测仪显示装置读数(%)
良好	0～10	较差	20～30
一般	10～20	换环或换活塞或镗缸	30～40

(3)检测结果分析。

①在节气门处监听,如听到漏气声,则为该缸进气门与座密封不良。

②在消声器处监听,如听到漏气声,则为该缸排气门与座密封不良、烧蚀等造成漏气。

③在正常冷却液温度下,散热器加水口若有气泡冒出,则为汽缸与水道相通(汽缸盖衬垫漏气)。

④若进排气门处均无漏气声,而在相邻缸火花塞处听到漏气声,则为相邻两缸之间的缸垫烧穿漏气。

⑤如在曲轴箱加注润滑油孔处监听到漏气声,通过把检测活塞从压缩上止点摇到下止点,根据漏气声的变化,可估计汽缸的磨损情况。

3)曲轴箱窜气量检测

曲轴箱的窜气量采用漏气量检验仪进行检测。

(1)检测过程。

检测曲轴箱漏气量时,发动机运转至正常工作温度,在选定的曲轴箱入口(其余入口全部封死)处,连接漏气量测量装置,不使用PCV阀(曲轴箱强制通风装置),并将曲轴箱入口处的压力调整至环境大气压力,在底盘测功试验台上,按规范所示工况进行检测。当直接挡车速为50km/h,进气管真空度达到55kPa时,按工况测量;达不到55kPa时,按工况测量。曲轴箱漏气量从流量计上读取。

(2)检测标准。

对于曲轴箱漏气量,维修企业所用的企业标准,一般是通过具体车型的测量,逐渐积累资料来制定。根据试验资料,大修后汽缸换活塞环的里程在25000~40000km,窜气量为45~50L/min,换环后窜气量回降10~20L/min。参照标准如表6-2所示。

曲轴箱窜气量的参考检测标准   表6-2

类型	推荐值(L/min)	
	汽油机	柴油机
轻型车发动机,怠速时曲轴箱窜气量	<40	
中型及以上车发动机,怠速时曲轴箱窜气量	<70	
新发动机单缸平均窜气量	<2~4	<3~8

(3)检测结果分析。

曲轴箱窜气量较大时,一般是由于发动机汽缸活塞磨损严重、活塞环断裂等造成。测量结果应结合使用、维修和配件质量等进行综合分析。曲轴箱窜气量只能表征发动机总成的工作能力,根据它难于确定各缸的磨损程度。

而且,窜气量指标还可用于检查发动机大修质量,在大修走合期后,其窜气量一般在10~20L/min。根据大修间隔周期中窜气量变化情况,可以判断汽缸磨损是否正常。总之,在进行窜气量检测的同时,再辅以其他诊断手段,可以实现对发动机进行不解体检查与诊断。

4)进气歧管真空度的检测

发动机进气歧管的真空度也称进气管负压。它是进气管管内的进气压力与外部大气压力的压力差,单位用kPa表示,它可以表征汽缸组和进气管的密封性,进气管真空度是汽油机重要诊断参数之一。

汽油机在调整负荷时,是依靠节气门开度变化,控制进入汽缸混合气的量,来改变发动机输出功率。急速时,节气门开度小,进气节流作用大,进气管中真空度较高;节气门全开时,进气管中真空度较小。由于急速时进气管真空度高,且较稳定,并对因进气管、汽缸密封性不良引起的真空度下降较为敏感。因此,常在急速条件下检测进气管真空度。

检测真空度的真空表,由表头和软管组成。真空表头同汽缸压力表头一样,多为鲍登管。当真空进入表头内弯管时,弯管更加弯曲,于是通过杠杆、齿轮机构带动指针动作,在表盘上指示出真空度的大小,真空表的量程为 0～101.325kPa(旧式表为 0～760mmHg 或 0～30inHg)。软管一头固定在表头上,另一头可方便地连接在进气管的接头上。

(1)检测过程。

检测前应将发动机预热至正常工作温度并处于急速状态,然后把真空表软管连接到节气门后方的进气管专用接头上,保持发动机按规定的急速值无负荷运转,读取真空表上的读数和指示状态。

(2)检测标准。

大修竣工的汽油发动机在急速时,进气歧管真空度应在 57～70kPa。进气歧管真空度波动:六缸汽油机不超过 3kPa,四缸汽油机不超过 5kPa(大气压力以海平面为准)。

进气管真空度随海拔高度升高而降低。海拔每升高 500mm,真空度将降低 4.53kPa。因此检测发动机进气管真空度时,应根据当地海拔高度修正检测标准。

(3)检测结果分析。

可由真空表的指示来分析判断汽缸活塞组和配气机构的技术状况。

①急速时,真空表指针的指示应稳定在 64～70kPa,表示密封性正常。迅速开闭节气门,若指针在 6.7～84.6kPa 之间灵敏摆动,说明进气管真空度对节气门开度变化的随动性较好,意味着各部位在各工况的密封性均较好。

②急速时,真空表指针在 17.3～64kPa 之间大幅度摆动,表示汽缸垫松动、烧毁。因为是大缝隙变量漏气,工作气压影响缝隙的变化,漏气量较大,真空度波动大。

③急速时,真空表指针在 17.3kPa 以下,表示进气管垫漏气。因为是大缝隙定量漏气,缸外漏气比缸内漏气对真空度影响更大,严重的会熄火。

④急速时,真空度低于正常值,降低程度取决于磨损程度,快开节气门时,真空表指针下降为零,表示活塞环、缸壁磨损,黏结对口、拉缸。因为是大缝隙定量漏气,活塞的密封性变差,真空度降低,导致功率下降,机油加注口冒蓝烟。

⑤急速时,真空表指针跌落值在 6.7kPa 以上,摆幅不大。表示气门及座烧蚀、结胶。因为是小缝隙变量漏气,气门和气门座关闭不严,导致真空度降低。进气门漏气、回火,排气门漏气、放炮。

⑥急速时,真空度的跌落值更大,表示液力挺柱顶死。因为是大缝隙定量漏气,液力挺柱损坏时易顶死气门或加大噪声。

⑦急速时,真空表指针在 46.7～60kPa 之间摆动,表示气门导管磨损漏气。因为是小缝隙变量漏气,气门随机偏摆运动,缝隙变化无常。

⑧急速时,真空表指针在 33.3～74.6kPa 之间缓慢摆动,且随转速的升高而摆动,表示

气门弹簧弹力不足,关闭不严。因为是小缝隙定量漏气,燃烧情况欠佳,发动机功率下降所致。

⑨急速时,表针有时可达53kPa,但又快速跌落为零或很低,表示排气系统阻塞原因是排气系统有在较大的反向压力,导致真空度波动大,且异常。

2. 发动机无负荷测功

发动机无负荷测功采用无负荷测功仪检测。与发动机台架测功的最大区别是无须将发动机总成从车辆上拆下,通过传感器和信号线将测功仪与汽车发动机直接相连,则可测出汽车发动机飞轮处输出的功率值。

无负荷测功仪由传感器、脉冲整形装置、时间信号发生器、加速度计数器和控制装置、转换分析器、转换开关、功率指示表、转速表和电源等组成,如图6-8所示。无负荷测功结果的显示方法,常见的有三种形式,即指针指示式、数字显示式和等级显示式。指针指示式和数字显示式可指示出功率或加速时间的具体数值,等级显示式只显示良好、合格和不合格三个等级。

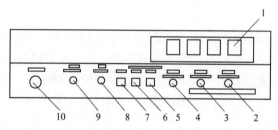

图6-8 无负荷测功仪

1-LED数码显示器;2-模拟转速调整;3-测量与模拟开关;4-四缸与六缸开关;5-功率测量按键;6-转速测量按键;7-置零按键;8-下门限调整;9-上门限调整;10-输入

(1) 检测过程。

①将仪器电源线的红鱼夹接在蓄电池"+"极上,黑鱼夹接在蓄电池的"-"极上。此时仪器数码管点亮。

②检查仪器并按使用说明书要求调试校正。

③将输入线上的红鱼夹接在分电器上的低压接柱或低压导线上,黑鱼夹接在搭铁线上。

④起动发动机并预热至正常工作温度(80~90℃),并调整好发动机怠速,使其在规定的范围内稳定运转。

⑤测量转速。按下"转速"键,将测量与模拟开关置于测量挡,根据发动机缸数,将四缸与六缸开关置于相应挡位。此时,数码管显示数字为发动机转速。

⑥测功。将"测功"键按下,将"测量与模拟"开关挪于"测量"。在发动机怠速稳定运转状态下,将加速踏板一脚踩到底,转速猛然上升,然后发动机将自动熄火,松开加速踏板,此时,仪器数码管显示的数字为发动机规定转速 n_1 到 n_2 之间的加速时间记录数据,单位为"秒"。按"复零"键,重新起动发动机至稳定转速后,可进行第二次测量。重复上述操作三次,最后取平均值。

(2) 检测标准。

根据国家标准《机动车运行安全技术条件》(GB 7258—2017)的规定:在用车发动机功率不得低于原标定功率的75%,大修后发动机最大功率不得低于原设计标定值的90%。

(3)检测结果分析。

如果发动机功率偏低,一般系燃料供给系调整状况不佳、点火系技术状况不佳或汽缸密封不佳等原因造成的。其典型故障的原因与排除方法如下:

对个别汽缸技术状况有怀疑时,可对其进行断火后再测功,从功率下降的大小,诊断该缸的工作情况。发动机单缸功率偏低,一般系该缸高压分火线或火花塞技术状况不佳、汽缸密封性不良等原因造成,应调整或检修。

发动机功率与海拔高度有密切关系,无负荷测功仪所测结果是实际大气压下的发动机功率,如果要校正到标准大气压下的功率,还应乘以校正系数。

三、评价与反馈

1. 自我评价

(1)通过本学习任务的学习,回答以下问题:

①汽车发动机密封性评价项目有哪些?

_____。

②汽车发动机功率检测的实质是检测什么?

_____。

(2)汽车发动机密封性检测、发动机功率检测过程中用到了哪些设备?

_____。

(3)实训过程完成情况如何?

_____。

(4)通过本学习任务的学习,你认为自己的知识和技能还有哪些欠缺?

_____。

签名:_____   ____年___月___日

2. 小组评价(表6-3)

小组评价表　　　　　　　　　　　　　　　表6-3

序号	评价项目	评价情况
1	是否掌握发动机密封性能的检测参数内涵	
2	是否掌握发动机无负荷测功的原理	
3	是否理解了发动机特性曲线	
4	是否掌握发动机密封性能检测参数的检测方法	
5	是否掌握发动机无负荷测功的检测方法	
6	是否按照合理、安全、规范的流程操作和使用仪器设备	
7	是否遵守学习、实训场地的规章制度	
8	是否能保持学习、实训场地整洁	
9	团结协作情况	

参与评价的同学签名:_____   ____年___月___日

3. 教师评价

_____
_____。

教师签名：_____   _____年___月___日

四、技能考核标准(表6-4、表6-5)

技能考核标准表　　　　　　　　　　表6-4

项目	操作内容	规定分	评分标准	得分
汽车发动机汽缸压缩压力检测	记录车辆铭牌信息,进行车辆登记	5分	记录与登记信息是否全面	
	汽缸压力表的准备	5分	是否有检查动作,并给出正确结论	
	汽车车发动机的准备工作	10分	是否有检查动作,并给出正确结论	
	检测仪表与车辆的连接	15分	操作是否正确	
	汽缸压缩压力的检测过程	30分	操作是否正确,并给出结论	
	读取检测结果,打印结果	10分	记录信息是否全面、正确	
	检测结束,整理试验现场	5分	是否达到现场整理规范	
	检测结果分析	20分		
	合计	100分		

技能考核标准表　　　　　　　　　　表6-5

项目	操作内容	规定分	评分标准	得分
汽车发动机功率检测	记录车辆铭牌信息,进行车辆登记	5分	记录与登记信息是否全面	
	发动机无负荷测功仪的准备	5分	是否有检查动作,并给出正确结论	
	汽车发动机的准备工作	10分	是否有检查动作,并给出正确结论	
	测功仪与车辆的连接	10分	操作是否正确	
	发动机功率的检测过程	25分	操作是否正确,并给出结论	
	发动机单缸功率的检测过程	15分	操作是否正确,并给出结论	
	读取检测结果,打印结果	10分	记录信息是否全面、正确	
	检测结束,整理试验现场	5分	是否达到现场整理规范	
	检测结果分析	15分		
	合计	100分		

学习任务2　汽车转向系性能检测

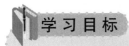

☞ 知识目标

1. 了解汽车转向盘自由行程；
2. 了解汽车前轮定位参数；
3. 掌握汽车转向系性能检测设备；
4. 掌握汽车转向盘的自由行程和转向力检测；
5. 掌握汽车四轮定位参数检测。

☞ 技能目标

能完成汽车转向系的检测流程及分析。

4 课时。

一、理论知识准备

1. 汽车转向盘自由行程

转向盘自由行程是转向系的各项间隙的综合反应。转向盘自由行程与转向盘转向力是关系到转向轻便、行驶稳定和行车安全的重要技术性能参数。

《机动车运行安全技术条件》（GB 7258—2017）中对转向盘的自由行程和转向力均作了以下明确规定。

机动车转向盘的最大自由转动量中间位置向左或向右转角均不得大于：

(1) 最大设计车速大于或等于 100km/h 的机动车 20°。

(2) 最大设计车速小于 100km/h 的机动车 30°。

机动车在平坦、硬实、干燥和清洁的水泥或沥青路面上以 10km/h 的速度在 5s 内沿螺旋线从直线行驶过渡到直径为 24m 的圆周行驶，其施加于转向盘外缘的最大切向力不得大于 245N。

2. 转向力—转角测量仪

下面以 ZC-2A 型转向力—转角测量仪为对象介绍其结构，如图 6-9 所示。ZC-2A 型转向盘转向力—角仪由操纵盘、主机、连接叉、定位杆四部分组成。操纵盘由螺栓固定在三爪底盘上，底盘经力矩传感器同连接叉相连。连接叉上有三只可伸缩的活动卡头，测试时与被测车辆的转向盘连接。主机固定在底板中央，主机里装有力矩传感器、转角传感器和显示电路板。定位杆从仪器面板中心伸出通过磁力座固定在被测车辆上。

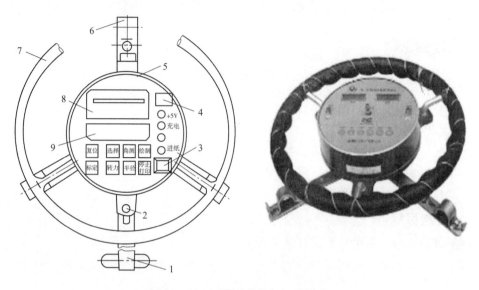

图 6-9　ZC-2A 型转向盘转向力—转角仪

1-定位杆；2-固定螺栓；3-电源开关；4-电压表；5-主机；6-连接装置；7-操纵盘；8-打印机；9-显示器

ZC-2A 型转向盘转向力—转角测量仪用于汽车、拖拉机、工程机械及其他轮式车辆的转向性能测量。该仪器的核心部分采用集成电路、国际通用标准件、LED 液晶显示、传感器和二次仪表一体化。该测量仪结构合理、性能可靠、操作方便。可测量转向盘的自由行程、原地转向力、转向盘转矩转角和其他动态、静态的参数，并有转矩和转角的模拟输出接口。

3. 汽车前轮定位检验设备

前轮定位的技术状况，影响汽车行驶的操纵性、稳定性和轮胎磨损情况。因而有必要对前轮定位进行定期检验与调整。

前轮定位检验设备主要用于测量车前轮（转向轮）的主销内倾角、主销后倾角、车轮后倾角和车轮前束值，以及它们之间的配合情况，如图 6-10 所示。

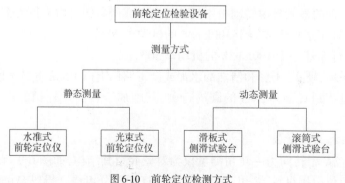

图 6-10　前轮定位检测方式

1) 水准仪式前轮定位仪

水准仪式前轮定位仪,用于静态测量前轮定位的几何角度值,最为常见的是永久磁式倾角仪与车轮转角仪器配合使用,见图6-11。倾角仪上有一永久磁铁,检验时用它把倾角仪吸附在被测车轮的轮毂端部。倾角仪表面上有四只气泡式水准仪,分别用于测量主销内倾角、主销后倾角和车轮外倾角,以及仪器安装调整水平。车轮外倾角可以由倾角仪直接测出,而主销内倾角、主销后倾角无法直接测量,需将被测车轮置于车轮转角仪上,将车轮向左和向右回转20°,由两侧偏斜角来求出主销倾角值。

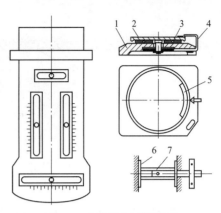

图6-11 水准仪式前轮定位仪
1-磁盘;2-上转盘;3-钢球;4-指针;5-刻度尺;6-横向导轨;7-纵向导轨

图6-12是主销内倾角测量原理图,AB为主销中心线,BC为过B点的铅垂线,$\angle ABC = \theta$,为主销内倾角。由主销上A点作$AC \perp AB$,且交BC于C点。在$\triangle ABC$中,设$AC = r$、$BC = a$,则$\sin\theta = \dfrac{r}{a}$。以$AB$(主销)为轴线使$\triangle ABC$旋转一周,得图中图6-12b)所示图锥形。若车轮向右转α(20°)角,C点将移至C_1点;车轮向左转α(20°)角,C点将移至C_2点。由图可以看出$\angle C_0BC_1 = \beta_1$、$\angle C_0BC_2 = \beta_2$;在$\triangle AC_0C_1$中,$C_0C_1 = r\sin\beta_1$,所以有:

$$r\sin\alpha = a\sin\beta_1 \tag{6-6}$$

所以:

$$\sin\beta_1 = \dfrac{r}{a}\sin\alpha \tag{6-7}$$

同理:

$$\sin\beta_2 = \dfrac{r}{a}\sin\alpha \tag{6-8}$$

可以看出$\sin\beta_1 = \sin\beta_2$,即$\beta_1 = \beta_2$,所以:

$$\sin\beta_1 + \sin\beta_2 = 2 \times \dfrac{r}{a}\sin\alpha \tag{6-9}$$

又因为,$\sin\theta = \dfrac{r}{a}$,所以有:

$$\sin\beta_1 + \sin\beta_2 = 2\sin\theta \times \sin\alpha \tag{6-10}$$

即:

$$\sin\theta = \dfrac{\sin\beta_1 + \sin\beta_2}{2\sin\alpha} \tag{6-11}$$

由于$\alpha = 20°$、$\sin 20° = 0.342$,所以有:

$$\sin\theta = \dfrac{\sin\beta_1 + \sin\beta_2}{2 \times 0.342} = 1.45(\sin\beta_1 + \sin\beta_2) \tag{6-12}$$

为测量方便,倾角仪的气泡式水准仪刻度已根据上式按比例刻制,测量时可直接读出主销倾角值。

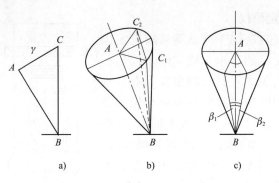

图 6-12 主销内倾角测量原理图

主销后倾角测量原理与上述方法相同,公式推导过程从略,结论如下:当主销后倾角为 γ 时,车轮向左转时,转向节轴相对于车身中心线垂直方向的倾角为 a;车轮向右转时,该倾角为 b,则:

$$\gamma = \frac{a-b}{2\cos(\beta+\gamma)\sin\theta} \qquad (6\text{-}13)$$

式中:γ——轴负荷;

β——车轮与滚筒的附着系数;

θ——滚筒半径。

由于前轮定位的各种角度数值都很小,用气泡式水准仪读数不够方便,因此有的检验仪在水准仪的位置上加装一只小聚光灯,该灯投射出一线光束至一定距离的有刻度的屏幕上呈现一个光点。测量时,由于车轮和主销倾角的改变,使光束投射方向发生变化,前轮定位的各参数值,由光点在屏幕上进行显示,读数十分方便。

2)滑板式侧滑试验台

滑板式侧滑试验台是一种动态测量前轮定位的装置。将在本书的其他章节详细介绍。

3)四轮定位仪

一般来说,汽车四轮定位参数均按设计标准值调整合适时,才能保证汽车转向精确、运行稳定、行驶安全,同时也能使汽车的油耗降低并减轻轮胎的磨损。汽车在使用中出现下列情况时,需要进行四轮定位的检测调整:

①直线行驶困难。

②前轮摇摆不定,行驶方向漂移。

③轮胎出现不正常磨损。

④汽车更换悬架系统、转向系统有关部件或前部经碰撞事故维修后。

在对汽车的四轮定位参数进行检测调整时需采用四轮定位仪。四轮定位仪涉及了机械、光学、电子、计算机软件、数学模型等多个领域的知识,其中最为关键的技术是测量传感器和数据通信方式。根据测量传感器所采用的技术,可以把四轮定位仪的发展分为 3 个阶段:拉线式、CCD 式和 3D 图像式等。

下面主要介绍 3D 图像式四轮定位仪。3D 图像式四轮定位仪由定位平台、转盘、夹具、附件、反光板、CCD 摄像机和测量仪表等组成,如图 6-13 所示。3D 图像式四轮定位仪对举升机和转盘等有着严格的精度要求。测量仪的主机为一台安装有图像采集卡的计算机,通过视频线和4个CCD摄像机相连。

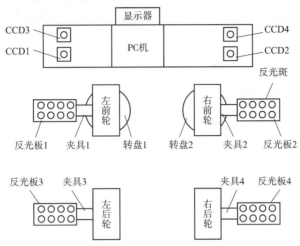

图6-13 3D图像式四轮定位仪的组成

(1)定位平台。

定位平台可以为汽车四轮定位检测和调整时提供符合一定标准的场地,主要有地沟和举升机两种形式,如图6-14、图6-15所示。举升机造价较高,要求车间有相应的高度,操作人员使用方便。举升机的跑台经长期使用后,难免会出现变形,可能出现纵向倾斜和左右两侧跑台高度出现偏差,因此每半年左右要校准一次。地沟结构简单,造价低,特别适合高度较低、不能使用举升机器的车间,但需挖地坑。

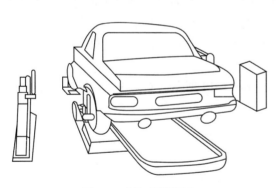

图6-14 地沟式测量平台

图6-15 四柱式举升机测量平台

(2)转盘。

转盘由固定盘、活动盘、扇形刻度尺、游标指针、锁止销和滚珠等组成,如图6-16所示。活动盘上装有指针用于指示轮转过的角度。有的转盘装有位移传感器构成电子转盘,可将转盘转过的角度转换成电信号,并通过电缆线传送给测量仪表。

当汽车转向轮置于转盘上转向时,活动盘不仅能保证转向轮灵活偏转,而且能保证转向轮发生横向和纵向位移。车轮绕主销转动时的运动轨迹,如图6-17所示。C为车轮接地中心,O为转动前后车轮中心线的交点。当车轮绕O回转20°时,C点将以OC为半径画圆弧移至C'点。由C'点向CO作垂线,并连接CC'。可见,当车轮转动时,既有转角变化,又有位置变化(车轮接触点C沿X方向移动距离CD和沿Y方向移动距离DC'),为此,转盘的固定盘和活动盘之间装有滚珠(或滚柱)及保持架,以确保活动盘可转动自如。

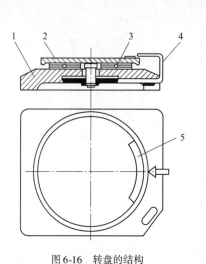

图 6-16　转盘的结构
1-固定盘;2-活动盘;3-滚珠;4-指针;5-刻度尺

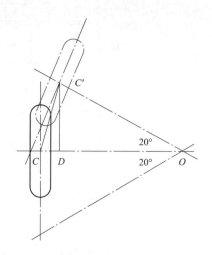

图 6-17　车轮回转时的轨迹

由此可见,转盘的作用是:

①在主销倾角的检测中,便于静止汽车转向轮转向,并转至规定的角度。转盘的转角测量范围不小于 $-45 \sim +45°$。

②测试两转向轮的最大转向角。用转向盘可测出转向轮最大转向角(即左、右转极限角)。检测前后可用锁止销将活动盘锁止(游标指针对准"0"刻度),将汽车转向轮直接驶入转盘中心位置,保证车轮处于直线水平位置,转向轮位于直线行驶中心位置。然后拔下锁止销,可以开始测量。将转盘分别向左和向右转到极限位置,即可测出左右极限转向角。

(3)夹具。

夹具是把测量头固定在被测车轮上的装置,如图 6-18 所示。它是 3~4 个卡爪,材料大多用轻铝合金。有 3 个卡爪的夹具采用自定心方式。有 4 个卡爪的夹具采用四点定位方式,中心对正较好,精度较高。

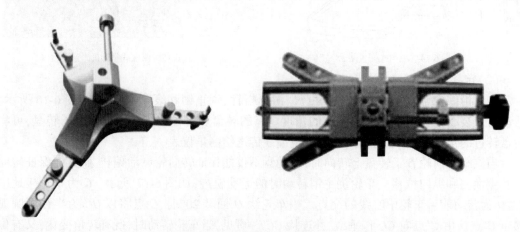

图 6-18　夹具

使用时,先通过调节转钮将夹具的间距调整合适,再与车轮的轮辋相连,然后在夹具的轴销上安装测量头。夹具的卡爪有多种形式,可根据需要进行选择。夹具的装配正确与否与测量结果有很大的关系。在装配夹具时,应使卡爪避开轮辋平衡块处,同时应使4个卡爪与轮辋接触均匀。

(4)附件。

附件包括制动踏板锁、转向盘锁等,如图 6-19 所示。制动踏板锁防止在测量主销倾角时车轮发生前后移动。转向盘锁可防止测量前束时车轮转向。

(5)反光板。

反光板是用有机玻璃制成,其上有若干规定大小的反光斑,反光斑是作为摄像机检测的目标,如图 6-20 所示。反光板用夹具来固定在每个车轮上。在测量过程中,应尽量避免外界的红外光照在反光板上,而干扰摄像机镜头采集图像。

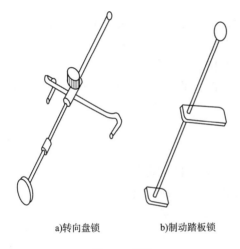

a)转向盘锁　　b)制动踏板锁

图 6-19　附件

图 6-20　反光板

(6)CCD 摄像机。

CCD 摄像机如图 6-21 所示。CCD 摄像机一般固定于定位仪主机旁的两个立柱之内或横臂之上,CCD 摄像机的发光二极管发出的固定频率的红外光经柱面镜单方向拉伸成一个光平面照射在装夹在车轮上的反光板上。反光板在接收到光线后会将光线反射给 CCD 摄像机。CCD 摄像机成像,所成的像经过视频线传输和图像采集卡采集后,计算机利用数字图像处理技术计算出反光板与 CCD 摄像机间距离,再通过数据处理后,计算出汽车相关尺寸,从而可以得出相应的四轮定位参数值。

(7)3D 图像式四轮定位仪的测量原理。

3D 图像式四轮定位仪是通过前后移动汽车,使反光板随车轮转动,然后用 CCD 摄像机拍摄装在车轮上的反光板随车轮滚动的空间运动图像,由计算机三维数字处理技术对空间运动图像进行处理和坐标变换,通过比较反光板的起始位

图 6-21　CCD 摄像机

置和终点位置图像,计算出每个车轮的转动轴线,从而直接可计算出车轮前束角、车轮外倾角。

通过左右转动转向盘,同样用 CCD 摄像机拍摄装在车轮上的反光板随车轮转动的空间运动图像,由计算机三位数字图像处理技术对空间运动图像进行处理和坐标变换,比较两个不同位置的图像,测量车轮转动轴线,直接计算出主销内倾角和主销后倾角。

二、任务实施

1. 汽车转向盘的转向力和自由行程检测

1)转向盘转向力的检测

(1)将仪器固定在汽车转向盘上代替原转向盘。

(2)卸下角度指示杆,打开电源开关,按下清零键,如不回零,则将调零电位器调整至显示值为"0.00"即可。

(3)发动汽车,使之以 10km/h 的速度在 5s 内沿画在水泥路面上的直径为 24m 的圆弧上运行。打开电源开关,分别按下清零按钮。清除原有数据,进行测试操作一直到停止。记录左转力的大小与右转力的大小,测试结束关闭电源。

(4)转向盘转向实际操纵力值与被测车的转向盘的大小是否与本测力仪的转向盘大小有关,需进行换算。

2)转向盘自由行程检测

(1)将测力仪固定在转向盘上。

(2)在驾驶台上一个适当位置,将附件"角度指示杆"固定位。

(3)伸长或缩短指示杆的长度,使其指向刻度盘的零刻度或某一角度。

(4)转动测力仪,便可测出转向盘自由转动量偏转角度。

2. 四轮定位检测

本书以"美国战车"四轮定位仪为例来介绍 CD 图像式四轮定位仪的检测过程。

(1)完成检测前相关准备工作。

检查轮胎气压,使其符合标准值;完成车轮动平衡试验。

汽车驶上举升平台,托起四个车轮,完成第一次举升。托起车身适当部位,把汽车举升至车轮能够自由转动,完成第二次举升。车身不平应先调平。

(2)安装传感器。

把传感器支架安装在轮辋上,再把传感器(定位校正头)安装到支架上,按使用说明书的规定调整。

(3)进入测试程序。

开机进入测试程序,定位主页的标记。如图 6-22 所示,所有车轮定位功都能从默认或"主页"屏幕的定位主页标记开始。屏幕包含一系列执行与定位有关的功能的图标。功能图标的描述如表 6-6 所示。

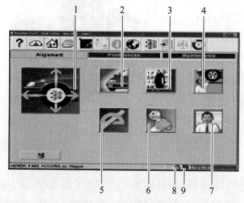

图 6-22 主页功能图标

单元六 汽车主要总成性能参数与检测

功能图标的功能描述　　　　　　　　　　　　　　　　表 6-6

标　号	图标功能	功能描述
1	向导	选择向导启动收集定位角度的预先编程的定位过程。该过程由当时选择的向导指挥
2	车辆选择	选择要定位的车辆品牌、年份和型号
3	车辆规范	显示选择的车辆定位规范,显示定位动画
4	检验	此图标下具有6个检验屏幕。它们是预定位检验、轮胎检验、制动检验、车底盘检验、发动机舱盖内检验和友好性检验
5	测量	此图标允许快速接触若干角度测量屏幕,如主销后倾角、主销内倾角、转向角和车辆尺寸
6	调节	该图标选择可访问各种性能,帮助技术人员调节定位角。这些性能中某些性能包括在用主销后倾、A 臂调节、后垫片程序和骨架调整
7	客户数据(选项)	该高级性能启用时,打开一个数据输入屏幕,用来记录客户信息和他的车辆信息。然后能以字母顺序检索信息
8	话语识别状态(选项)	点击可启动
9	传感器类型显示器	点击进行常规传感器和成像传感器类型之间的切换

(4)输入被检汽车的车型和生产年份。

(5)轮辋变形补偿。

转向盘位于直行位置,使每个车轮旋转一周,进行轮辋变形补偿,即可把轮辋变形误差输入电脑。

(6)降下第二次举升量,使车轮落到平台上,选择测量程序。

(7)测量后轮参数。

用制动踏板锁压下制动踏板,使汽车处于制动状态。

把转向盘左转至电脑发出"OK"声,输入左转角度;然后把转向盘右转至电脑发出"OK"声,输入右转角度。

把转向盘回正,电脑屏幕上显示出后轮的前束及外倾角数值。

(8)测量前轮参数。

调正转向盘,并用转向盘锁锁止转向盘,使之不能转动。

把安装在四个车轮上的定位校正头的水平仪调到水平线上,此时电脑屏幕上显示出转向轮的主销后倾角、主销内倾角、转向轮外倾角和前束的数值。

测量的相关定位数据的直观显示见图 6-23。

(9)重新调整与再测量。

测量后的前后轮调整界面见图 6-24,把指针处在红色区域的相关参数调整到指针在绿

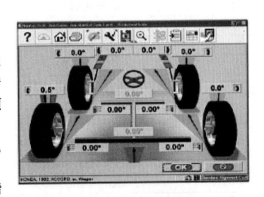

图 6-23　测量参数显示

色区域即可。先调整后轮后调整前轮,相关的具体调整方法参照各车型维修手册。

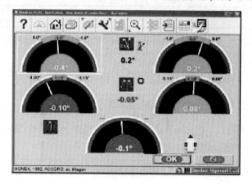 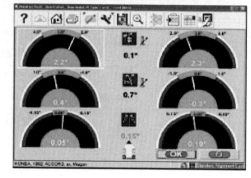

图 6-24 参数调整显示

三、评价与反馈

1. 自我评价

(1)通过本学习任务的学习,回答以下问题:

①汽车转向系转向盘自由行程是什么?

_____。

②汽车前轮定位参数是什么?

_____。

(2)四轮定位操作过程中用到了哪些设备?

_____。

(3)实训过程完成情况如何?

_____。

(4)通过本学习任务的学习,你认为自己的知识和技能还有哪些欠缺?

_____。

签名:_____　　_____年____月____日

2. 小组评价(表6-7)

小 组 评 价 表　　　　　　　　　表6-7

序号	评价项目	评价情况
1	是否理解汽车转向盘自由行程的实质	
2	能否正确地使用转向力—转角测量仪	
3	是否掌握汽车四轮定位仪的结构与原理	
4	是否掌握汽车转向盘的转向力和自由行程的检测方法	
5	是否掌握汽车四轮定位的检测方法	
6	是否按照合理、安全、规范的流程操作仪器设备	
7	是否遵守学习、实训场地的规章制度	
8	是否能保持学习、实训场地整洁	
9	团结协作情况	

参与评价的同学签名:_____　　_____年____月____日

3. 教师评价

_____
_____。

教师签名：_____　　_____年____月____日

四、技能考核标准（表6-8）

技能考核标准表　　　　　　　　　表6-8

项目	操作内容	规定分	评分标准	得分
汽车四轮定位检测	记录车辆铭牌信息，进行车辆登记	5分	记录与登记信息是否全面	
	四轮定位仪的准备	5分	是否有检查动作，并给出正确结论	
	车辆的准备工作	10分	是否有检查动作，并给出正确结论	
	车辆驶上四柱举升机	5分	操作是否正确	
	检测补偿工作	15分	操作是否正确，并给出结论	
	各定位参数的检测过程	30分	操作是否正确，并给出结论	
	读取检测结果，打印结果	10分	记录信息是否全面、正确	
	检测结束，整理试验现场	5分	是否达到现场整理规范	
	检测结果分析	15分		
	总分	100分		

学习任务3　汽车车轮动平衡性能检测

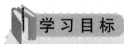

☞ 知识目标

1. 掌握汽车车轮不平衡相关概念；
2. 熟悉汽车车轮动平衡检测设备结构与工作原理；
3. 了解车轮动不平衡的原因；
4. 掌握汽车车轮动不平衡的检测方法；
5. 清楚相关国家标准的检测要求。

☞ 技能目标

能完成汽车车轮动不平衡的检测流程。

建议课时

4 课时。

一、理论知识准备

车轮偏心或由于制造、翻修、装配等原因造成质量分布相对于转动中心不均匀时,在车轮转动过程中,不平衡质量产生离心力,会引起车轮振动。由于离心力大小与旋转角速度平方成正比,因此在相同质量偏心的情况下,车轮转速越高,离心力越大,车轮振动也越严重。为此,在汽车速度不高的情况下,车轮平衡问题并不突出,而在高速公路上,车速大大提高,车轮平衡问题也就显得重要,对于高速汽车,车轮平衡是必要的诊断项目。

1. 离心力

由于不平衡质量的存在,车轮在旋转中产生离心力。假定不平衡质量 m 集中于距车轮中心距离为 r 的圆周上某点,则车轮转动时所产生的离心力 F 的大小为:

$$F = m\omega^2 r \tag{6-14}$$

式中:ω——车轮旋转的角速度(rad/s);

m——不平衡质量(kg);

r——不平衡质量距车轮中心的距离(m);

F——离心力(N)。

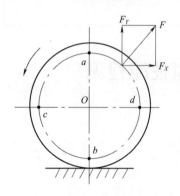

图 6-25 车轮静不平衡示意图
F-离心力;F_X-水平分力;F_Y-垂直分力

从式中可见,转速越高,不平衡质量越大,且距旋转中心的距离 r 越大,静不平衡质量所产生的离心力也越大。

如图 6-25 所示,离心力 F 可分解为水平分力 F_X 和垂直分力 F_Y。每旋转一周,垂直分力 F_Y 在过旋转中心垂直线的 a、b 两点达到最大值且方向相反,引起车轮的跳动。水平分力 F_X 在过旋转中心水平线的 c、d 两点达到最大值且方向相反,形成绕主销来回摆动的力矩,造成转向轮摆振。当左、右转向轮的不平衡质量相互处于 180°时,转向轮摆振最剧烈。

2. 轮胎平衡

1) 车轮平衡分类

车轮的平衡可分为车轮静平衡和车轮动平衡。

2) 车轮静平衡与静不平衡

支起车轴,调整好轮毂轴承松紧度,用手轻转动车轮,使其自然停转。车轮停转后在离地最近处作一标记,然后重复上述试验多次。若车轮经几次转动自然停转后,所作标记的位置各不一样,或强迫停转后,消除外力车轮也不再转动,则车轮为静平衡。静平衡的车轮,其旋转中心与车轮中心重合。

如果每次试验的标记都停在离地最近处,则车轮为静不平衡。静不平衡的车轮,其旋转中心与车轮中心不重合。

3)车轮动平衡与动不平衡

在图 6-26a)中,车轮是静平衡的,在该车轮旋转轴线的径向反位置上,各有一作用半径相同质量也相同的不平衡点 m_1 与 m_2,且不处于同一平面内。对于这样的车轮,其不平衡点的离心力合力为零,但离心力的合力矩不为零,转动中产生方向反复变动的力偶矩 M,使车轮处于动不平衡中。动不平衡的前轮绕主销摆动。如果在 m_1 与 m_2 同一作用半径的相反方向上配置相同质量 m_1' 与 m_2',则车轮处于动平衡中,如图 6-26b)所示。

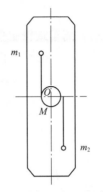
a)车轮静平衡但动不平衡

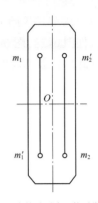
b)车轮动平衡且静平衡

图 6-26 车轮动不平衡与动平衡

动平衡的车轮肯定是静平衡的,因此对车轮主要应进行动不平衡检测。

4)轮胎动不平衡的表现

(1)前、后轮胎单侧偏磨;更换新胎或发生碰撞事故维修后。

(2)驾驶时转向盘过重或飘浮发抖。

(3)直行时汽车向左或向右跑偏。

5)轮胎不平衡的原因

(1)轮毂、制动鼓(盘)加工时轴心定位不准、加工误差大、非加工面铸造误差大、热处理变形、使用中变形或磨损不均。

(2)轮毂螺栓质量不等、轮毂质量分布不均或径向圆跳动、端面圆跳动太大。

(3)轮胎质量分布不均、尺寸或形状误差太大、使用中变形或磨损不均、使用翻新胎或垫、补胎。

(4)并装双胎的充气嘴未相隔180°,单胎的充气嘴与不平衡点标记相隔180°安装。

(5)轮毂、制动鼓、轮胎螺栓、轮辋、内胎、衬带、轮胎等拆卸后重新组装成轮胎时,累计的不平衡质量或形位偏差太大,破坏了原来的平衡。

3. 轮胎平衡机

1)就车式轮胎平衡机

如图 6-27 所示为就车式轮胎平衡机。汽车轮胎无须拆卸,在顶起汽车车桥轮胎离开地面后,可将平衡机置于轮胎下方直接检测汽车轮胎的动不平衡情况。

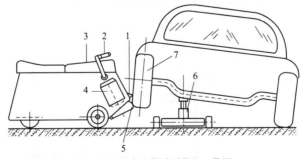

图 6-27 就车式轮胎平衡机工作图

1-光电传感器;2-手柄;3-仪表板;4-驱动电机;5-摩擦轮;6-传感器支架;7-被测车轮

2）离车式轮胎平衡机

如图 6-28、图 6-29 所示为离车式轮胎平衡机。使用这种轮胎平衡机需要将轮胎从车辆上拆卸后安装在轮胎平衡机上才可检测出轮胎的不平衡量。

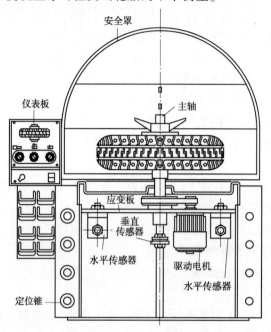

图 6-28　立式车轮平衡机

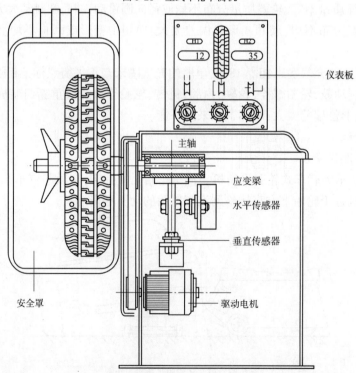

图 6-29　卧式车轮平衡机

3）离车式轮胎平衡机结构

离车式轮胎平衡机的结构如图6-30所示,由机箱、转轴、显示与控制装置、车轮防护罩组成。

机箱中配有驱动电机、传动机构,用于驱动转轴高速转动。转轴随轮胎的上下跳动量与摆动量,分别由水平传感器和垂直传感器测得,并以电信号形式送给显示装置。具体结构如图6-31所示。车轮防护罩除具有检测过程中的防护作用外,还是离车式车轮动平衡机的起动开关和制动装置。除此结构之外,还有一些附属装置,机柜侧面的测量尺等。

除此结构之外,还有一些附属装置,机柜侧面的测量尺。

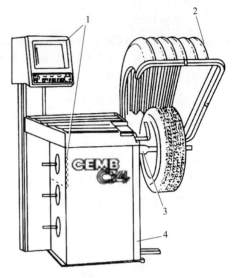

图6-30 离车式车轮动平衡机
1-显示与控制装置;2-车轮防护罩;3-转轴;4-机箱

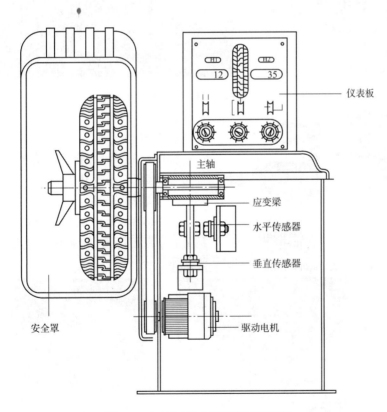

图6-31 离车式车轮动平衡机结构解剖图

4.轮胎平衡检测标准

《汽车轮胎动平衡试验方法》(GB/T 18505—2013)对轮胎平衡机作了相关方面的规定。对轮胎动平衡检测规定,不平衡量<5g。

二、任务实施

具体的轮胎动平衡检测过程以离车式轮胎动平衡机为例加以介绍。

1. 检测前准备工作

(1) 机器应水平稳固安装。

(2) 附件齐全,包括椎体、快速螺母、卡尺等。

(3) 显示面板正常,未出现"error"等其他字符。

(4) 清除轮胎上的杂物。

(5) 检查轮胎气压,必须符合原厂规定。

(6) 拆下旧的平衡块,如图 6-32 所示。

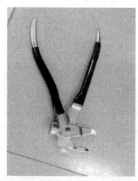

图 6-32 拆除旧平衡块

图 6-33 轮胎平衡机开机

2. 检测过程

1) 开机

如图 6-33 所示,旋转轮胎平衡机开关,机器面板显示数字,表示开机成功。

2) 安装被测轮胎

如图 6-34 所示,选择适合的锥体,注意锥体的方向,装上轮胎,加装快速螺母,并按一定力矩旋紧。

(14寸以上轮辋装在外侧,反之在内侧)

图 6-34 安装轮胎

3) 测量与输入相关检测参数

如图 6-35 所示,从轮胎平衡机的机柜侧面拉出测量尺,测量轮辋边缘至机箱的距离参

数 a。而后从机器面板输入相应数值,如图 6-36 所示。

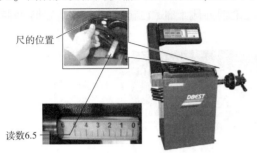

图 6-35　测量参数 a

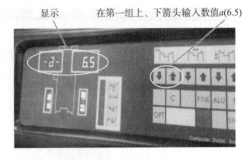

图 6-36　输入参数 a

如图 6-37 用卡尺卡住轮辋两侧测量并读取轮辋宽度参数 b。从机器面板输入轮辋宽度数值,如图 6-38 所示。

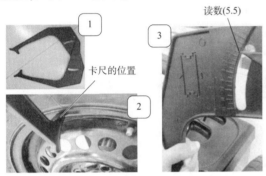

图 6-37　测量轮辋宽度参数 b

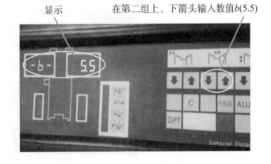

图 6-38　输入轮辋宽度参数 b

如图 6-39 所示,在轮胎边缘找出轮胎规格标识,读取轮辋直径参数 d。例如,如果轮胎规格标识是 195/65R15,字母 R 后面是轮辋直径参数 d。从机器面板输入轮辋直径参数 d,如图 6-40 所示。

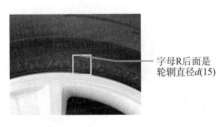

图 6-39　读取轮辋直径参数 d

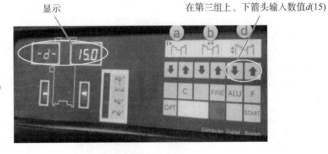

图 6-40　输入轮辋直径参数 d

4) 检测

推动车轮,并按下面板上"START"键开始检测。轮胎在旋转过程中,轮胎平衡机进行数值的收集与计算,这时注意不能有外力加在平衡机上。

5) 读取不平衡量

如图 6-41 所示,在显示装置上读取轮胎的不平衡量。显示面板上左边是车轮内侧,右边为外侧。

6）确定平衡块安装位置

转动被测轮胎，当信号指示灯全亮时停止，轮辋外侧上部（12点位置）即是安装平衡块的位置，如图6-42所示。

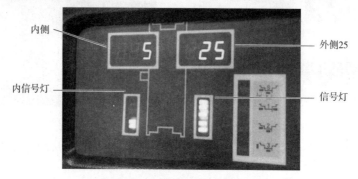

图6-41　轮胎动平衡检测结果

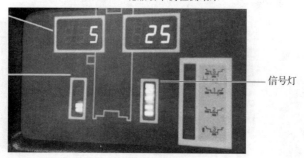

图6-42　平衡块安装位置确定

7）安装平衡块

将被测轮胎从轮胎平衡机上拆下，选择合适质量的平衡块在轮辋内、外侧最高位置（12点位置）安装，如图6-43所示。以图6-42所显示结果为例，则需要在轮辋外侧最高位置安装一个质量为25g的平衡块，在轮辋内侧最高位置安装一个质量为5g的平衡块。

图6-43　平衡块安装

8）复检测

将安装好平衡块的轮胎重新安装至轮胎平衡机上，按上述过程进行重复检测。如图6-44所示，当面板数值小于或等于5时，表明车轮已经处于平衡；当面板数值大于5，需再打平衡块直到数值合格为止。

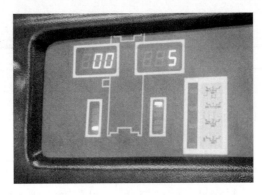

图 6-44　检测结果合格显示

三、评价与反馈

1. 自我评价

(1) 通过本学习任务的学习,回答以下问题:

① 什么是轮胎动平衡是什么?

_____。

② 为什么需要做轮胎动平衡?

_____。

(2) 动平衡的操作步骤是什么?

_____。

(3) 实训过程完成情况如何?

_____。

(4) 通过本学习任务的学习,你认为自己的知识和技能还有哪些欠缺?

_____。

签名:_____　　_____年____月____日

2. 小组评价(表 6-9)

小组评价表　　　　　　　　　　　　　　　　表 6-9

序号	评价项目	评价情况
1	是否理解轮胎动不平衡的内涵	
2	是否熟悉轮胎平衡机的结构与工作原理	
3	能否正确地掌握轮胎动平衡的检测步骤	
4	是否合理、安全、规范地使用仪器设备	
5	能否准确地记录检测数据	
6	能否正确地按照检测标准分析检测结果	
7	是否遵守学习、实训场地的规章制度	
8	是否能保持学习、实训场地整洁	
9	团结协作情况	

参与评价的同学签名:_____　　_____年____月____日

3. 教师评价

_____

_____。

教师签名：_____　　_____年___月___日

四、技能考核标准（表6-10）

技能考核标准表　　　　　　　　　　　　　表6-10

项目	操作内容	规定分	评分标准	得分
车轮动平衡检测	记录车辆铭牌信息，进行车辆登记	5分	记录与登记信息是否全面	
	轮胎平衡仪的准备	5分	是否有检查动作，并给出正确结论	
	轮胎的准备工作	10分	是否有检查动作，并给出正确结论	
	轮胎的安装	5分	操作是否正确	
	参数的测量与输入	15分	操作是否正确，并给出结论	
	轮胎动平衡的检测	20分	操作是否正确，并给出结论	
	读取检测结果，打印结果	5分	记录信息是否全面、正确	
	轮胎的复检	15分	操作是否正确，并给出结论	
	检测结束，整理试验现场	5分	是否达到现场整理规范	
	检测结果分析	15分		
	总分	100分		

思考与练习

（一）填空题

1. 汽车发动机无负荷测功是指测量汽车_____部位的输出功率。实现汽车发动机无负荷测功通过_____和_____两种方式来实现发动机无负载运行。

2. 发动机无负荷测功仪主要显示_____、_____两种参数。

3. 汽车发动机无负荷测功时，测得的加速时间 T 越小，表明汽车发动机的功率越_____（大、小）。

4. 发动机无负荷测功仪的输入信号是_____信号。测功是测_____转速下对应的发动机功率。

5. 进行发动机的单缸功率检测时，功率下降值越大，则表明该缸功率越_____（大、小）。当对某一缸断火检测时，当发动机的转速下降值为0时，表明发动机该缸处于_____状态。

6. 汽车发动机汽缸密封性与活塞、活塞环、_____、_____、_____等零部件的技术状况有关。

7. 汽缸压力的测试所用仪器为_____，是发动机处于_____行程时的压力值。

8. 进行汽缸压力的测试，需_____（填部分或全部）拆除火花塞或喷油器，用

_____带动曲轴运转。

9. 发动机汽缸压力的测试,将汽缸压力表的锥形头抵在发动机的_____部位。

10. 发动机汽缸压力值除压力值大小要符合汽车制造厂的规定外,各缸的压缩压力还要满足_____要求。

11. 反映发动机密封性能除汽缸压力这一诊断参数外,还有_____、_____、_____三个诊断参数。

12. 曲轴箱窜气量诊断参数反映发动机_____部位的密封性能。

13. 用汽缸漏气量检测仪进行发动机密封性能检测时,当进气门密封不严时,汽车_____部位有漏气声;当排气管口处有漏气声时,表明发动机燃烧室_____部位密封不严;当打开水箱盖时,见到水箱中有气泡冒出,则表明发动机燃烧室_____部位密封不严;如果曲轴箱通风口不断有气体冒出,则表明发动机燃烧室_____部位密封不严。

14. 发动机自由全加速是指_____。

15. 转向盘自由行程是指_____。

16. 进行汽车转向盘自由行程测量时,应使汽车的两转向轮始终处于_____位置不动。向某一侧转动转向盘至极端直至感觉到_____时为止。

17. 用转向盘转角测量仪可以检测汽车转向盘的_____和_____两个参数。

18. 四轮定位仪是由_____、_____系统、_____装置_____装置4个部分组成。

19. 进行四轮定位检测前,要对轮胎进行_____检查和_____补偿2个方面准备工作。

20. 进行四轮定位检测,开电脑主机进入测试程序,必须输入被测汽车的_____和_____,才可对检测结果的合格与否进行判断。

21. 在四轮定位仪上读前轮的定位参数时,处于绿色区域的表示_____(合格、不合格)。

22. 转向盘自由行程的存在,其实质是_____。

23. 在配备动力转向系统的车辆上,测量其转向盘自由行程时,发动机_____(需要、不需要)发动。

24. 在 GB 7258—2017 中规定,轮胎的动不平衡量必须小于_____g。

25. 对汽车轮胎进行动平衡检测的设备为_____。

26. 在轮胎平衡机中,信号传感装置是_____和_____两个传感器。

27. 进行轮胎动平衡检测时,要做_____和_____两项准备工作。

28. 进行轮胎动平衡检测时,要输入_____和_____、_____三个参数。

29. 轮胎不平衡质量引起的离心力中,沿地面垂直方向的分力 F_Y 会引起轮胎_____运动,与地面平行的分力 F_X 会引起轮胎绕_____运动。

(二) 判断题

1. 汽车发动机无负荷测功需要将发动机从汽车上拆卸下来后进行。（   ）

2. 汽车检测中用来测发动机汽缸压力的仪器是真空表。（   ）

3. 检测发动机汽缸压力时,判断所测值是否符合标准时要从各缸压力的绝对值大小和每缸压力与各缸平均压力的差两个方面进行判断。（　　）

4. 进气管负压越大,则汽缸的密封性越差。（　　）

5. 汽缸漏气量检测仪是用来检测发动机曲轴箱窜气量用的设备。（　　）

6. 对整车进行四轮定位检测,必须使用具有二次举升功能的举升机。（　　）

7. 四轮定位检测时,传感器是直接安装在汽车车轮上。（　　）

8. 前轮外倾角是轮胎的中心面与地面垂直面之间的夹角。（　　）

9. 转向盘锁和制动踏板锁是四轮定位检测时用到的辅助装置。（　　）

10. 车轮在转动过程中,如果车轮处于静平衡状态,用外力强迫车轮在任一位置停转后,消除外力车轮也不再转动。（　　）

11. 由于车轮上存在不平衡质量,所以轮胎出现动不平衡。（　　）

12. 车轮静平衡时,有可能动不平衡。（　　）

13. 车轮动平衡时,就一定静平衡。所以对车轮进行动平衡检测即可。（　　）

14. 轮胎动平衡检测时,装上平衡块后就可结束,不需要进行复检。（　　）

15. 如果车轮处于静平衡状态,每次自然停转后,所停的位置应不一样。（　　）

16. 用轮胎平衡机检测完不平衡量后,轮胎仍装在轮胎平衡机上用榔头直接将平衡块敲到轮胎轮辋上。（　　）

17. 进行轮胎动平衡检测时,安装在某一个轮胎上的平衡块数量不受数量限制。（　　）

18. 轮胎动平衡检测完安装平衡块时,将轮胎置于轮胎平衡机上直接安装平衡块。
（　　）

(三) 选择题

1. 下列哪些项是汽车发动机无负荷测功的检测要求(　　)。
    A. 在用车发动机功率不得低于标牌标明的发动机功率的75%
    B. 大修后的发动机功率不得低于额定功率的90%
    C. 额定转速下测得的额定功率必须符合车辆技术要求
    D. 进行单缸功率检测,发动机转速下降最大值与最小值之差与发动机转速下降平均值的比值小于或等于30%

2. 下列哪些诊断参数可以反映汽车发动机汽缸的密封性(　　)。
    A. 汽缸压力   B. 曲轴箱窜气量
    C. 汽缸漏气率   D. 进气管真空度

3. 下列条件中哪些是用来测发动机汽缸压力时要准备的(　　)。
    A. 发动机预热至正常温度
    B. 拆下全部火花塞或喷油器
    C. 用运动机带动曲轴运转,运行时间为3～5s
    D. 部分拆除火花塞或喷油器

4. 下列哪些原因会引起发动机汽缸压力过低(　　)。
    A. 汽缸、活塞环、活塞磨损过大   B. 进、排气门不密封
    C. 燃烧室积炭过多   D. 汽缸衬垫不密封

5. 以下对车轮动不平衡的影响描述不正确的是(　　)。
   A. 影响汽车的行驶平顺性　　　　B. 使驾驶员难以控制汽车行驶方向
   C. 降低零部件的使用寿命　　　　D. 有利于提高车轮附着力
6. 下列四轮定位仪无法测知的跑偏因素是(　　)。
   A. 前轮主销后倾角左右不对称　　B. 前轮外倾角左右不对称
   C. 后轮外倾角左右不对称　　　　D. 胎压不均匀
7. 下列哪些定位参数可以在四轮定位仪上测得(　　)。
   A. 前轮外倾角　　B. 主销后倾角　　C. 主销内倾角　　D. 轮距　　E. 轴距
8. 车轮动不平衡的原因是(　　)。
   A. 磨损不均匀　　B. 轮辋变形　　C. 补胎
   D. 胎面粘有异物　　E. 气压不足

(四) 问答题

1. 如何检测汽车发动机的单缸功率？对单缸功率有什么技术要求？
2. 进行汽缸压缩压力的检测时，如何根据检测结果分析发动机的密封性能？
3. 前轮定位参数有哪4个？绘图示意出4个前轮定位参数。
4. 用语言描述什么是轮胎静平衡？用图解释什么是轮胎动不平衡？
5. 绘图描述轮胎动平衡检测的原理。

单元七　汽车试验场

学习任务1　汽车试验场、设施与试验

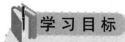

知识目标
1. 掌握汽车试验场的类型与技术要求；
2. 掌握汽车试验场的试验设施；
3. 掌握汽车试验的理论知识；
4. 清楚相关国家标准的检测要求。

技能目标
1. 能完成汽车试验场的试验流程与试验步骤；
2. 能根据检测结果评价汽车的综合性能。

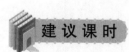

4 课时。

一、理论知识准备

1. 汽车试验场概述

汽车道路试验是考核和评价汽车质量的最终技术措施和手段，而汽车试验场则是专供汽车进行道路试验用的场所。

汽车试验场按其功能一般可分为专用汽车试验场和商用汽车试验场。专用汽车试验场通常隶属于某大型汽车生产厂家，其主要功能是为本公司汽车新产品的开发、新车定型及产品质量控制提供试验手段；商用汽车试验场则向全社会开放，为各类客户提供全方位的汽车道路试验条件和技术服务，并侧重于安全、公害、商检等法规性试验和产品定型试验。

汽车试验场是进行汽车整车道路试验的场所，如图 7-1 所示。为满足汽车的实际行驶要求，汽车试验场的主要设施是集中修建的各种各样的试验道路，包括汽车高速行驶的环形

跑道、可造成汽车强烈颠簸的凸凹不平的坏路以及动力学广场、坡道、ABS 试验路、噪声试验路等,给汽车提供稳定的路面试验条件。汽车试验场有大有小,试验道路的品种和长短也不尽相同,而且随着汽车技术的发展,会不断提出新的要求。

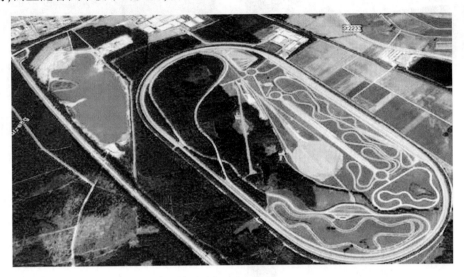

图 7-1 汽车试验场

2. 汽车试验场的功能

重现汽车使用过程中遇到的各种道路条件和使用条件,进行汽车整车道路试验。试验场将实际存在的各种道路经过集中、浓缩、不失真地强化形成典型化的道路,从而满足企业对汽车新产品定型试验及强制性检验试验等方面的要求。试验场主要任务是汽车产品的质量鉴定试验;汽车新产品的研发、认证试验;试验室试验提供路谱采集条件;汽车法规、标准的研究和验证试验。

3. 汽车试验场主要检测设施

1) 高速环道

高速环道是汽车试验场的主体设施,供汽车进行连续高速行驶试验。其平面形状以椭圆形为主,也有采用圆形、三角形、电话听筒形等形状的;设计平衡车速一般为120～300km/h;圆曲线半径为 100～1000m;车道数为 2～5 条;总长度从 2～20km 不等;直线部分设 1%～2% 的单向排水横坡,弯道部分则根据平衡离心力的需要设置很大的超高倾角;路面类型为水泥混凝土或沥青混凝土。为使试验车辆安全、舒适地实现直线和圆曲线之间的过渡,高速环道缓和曲线的设计至关重要。在高速环道几何设计中,缓和曲线的平面线形经常采用麦克康纳尔(McConnell)曲线或布拉斯(Bloss)曲线;横断面则多采用二次、三次、复合曲线或平衡车速沿横向呈直线分布的曲线形式,如图 7-2 所示。

2) 长直线综合试验路

长直线综合试验路是为进行汽车常规性能试验(包括燃油经济性试验、操纵安全性试验、制动试验等)而设计的综合性试验道路。一般直线长度为 2～5km,车道数为 2～10 条。它既可以设计为独立的试验道路,也可以与高速环道结合起来设计,利用高速环道作为加、减速路段。必要时也可以在高速环道的直线部分进行各种汽车性能试验。

图7-2 高速环道试验场

3）动态试验区

动态试验区（Vehicle Dynamics Area），又称"滑溜广场"，是进行汽车极限状态下的操纵稳定性、交通流模拟等试验的设施。其形状一般为圆形或方形，边长（或直径）从50~500m不等；除有自身的加减速跑道外，还多利用其他试验道路作为助跑道。根据用户的需要，在试验区内还可以设计各种不同的道路铺装和给水、排水设施，如图7-3所示。

图7-3 低附着系数试验道路

4）碰撞试验区

碰撞试验区是用来进行汽车与护栏等道路构造物碰撞或汽车与汽车碰撞等被动安全性试验的试验设施，其场地布置及试验设备根据试验内容的不同而变化。实车碰撞试验的场地一般布置为不规则多边形，采用的牵引方式有汽车牵引、高速卷扬机牵引等；模拟碰撞试验则主要用于乘员保护装置的性能评价和零部件耐惯性力试验，其常用设备有HYGESLED台车等。为进行试验数据的采集和分析，试验时还必须配备带有各式传感器的模拟人、高速摄影摄像机、图形图像分析仪等设备。

5）制动试验路

主要用于汽车的制动安全性试验，如水漂试验、汽车防抱死装置（ABS）试验、制动距离试验等。在该试验路的试验区域，一般都布置有2~9种由不同材料修建而成的具有不同摩擦系数（$\mu=0.1~1.0$）的特种路面，如水泥混凝土路、沥青混凝土路、钢板路、瓷砖路、结冰路等。

6）强化试验路

强化试验路由各种具有不同几何特性和材料特性的特种路面构成，可供汽车进行零部件、车身、悬架、总成等结构的强化疲劳及可靠性试验，因此强化试验路又称为可靠性试验路。其道路总里程一般为2~10km，常采用的特种路面有：混凝土凸块路、卵石路、搓板路、爬坡路、阴井盖群试验路、扭曲路，如图7-4所示。

图 7-4 汽车试验场强化试验路

7) 耐久试验路

耐久试验路主要用于汽车整车的耐久性试验。在耐久试验路上也布置有与强化试验路类似的特种路面，其路面类型主要有：比利时路、扭曲路、坑洼路、搓板路、混凝土凸块路、横枕木路、盐水路、泥泞路、铸铁饼路、石块路、卵石路、砂石路、沥青混凝土坏路、水泥混凝土坏路等。作为一个整体，耐久试验路一般还包括由各种坡道构成的标准坡道（纵坡为 5% ~ 60%）和模拟地区性道路的典型试验路（如城市环道、乡村急弯路等），道路总里程一般较强化试验路长，为 5 ~ 100km。

8) 专项测试道

专项测试道指为对汽车的某个专项技术指标进行测试而修建的标准试验路，如噪声发生路、标准噪声路、粉尘隧道等。这些设施一般必须根据特定的技术和工艺要求进行专门设计。

9)溅水池与涉水池

溅水池一般与石块路并行,水深0.15m左右且可调,池两侧设挡水墙。汽车连续在石块路上行驶时,悬架系统,特别是减振器发热严重,会造成非正常损坏。所以试验场一般规定汽车在石块路上每转两圈必须通过一次溅水池,以起到冷却悬架系统作用。

涉水池可修成环形或长条形,水深可调,用于制动器浸水恢复试验,汽车下部和底板浸水密封性以及电器装置防水性能等试验,如图7-5所示。

a)溅水池(水深约0.2m)

b)军用越野车进行涉水试验的情形

图7-5 溅水池与涉水池

10)试验场主要配套试验室

(1)噪声和振动试验室。

通过噪声和振动试验室能够开发出舒适和低噪声的汽车。它提供的服务项目从发动机或零部件的噪声研究、评价、认证,到整车的噪声和振动性能开发。采用的新技术包括脉冲容量的声级测量,根据发动机和零部件的噪声参数预计车辆内部的噪声水平,用激光扫描干涉测量法绘制车辆表面的振动图,估算发动机进气和排气系统的噪声性能。

试验设施主要有整车半消声室、发动机半消声室、发动机全消声室、独立的排气系统试验装置和变速器传动试验间。

主要设备包括底盘测功机和噪声测量仪器。

(2)排放试验室。

排放试验室主要用于冷和热测试、化学试验室物质分类、多用途催化剂的效率分析、增强蒸发的排放测量、用户自定义试验、代用燃油试验、高海拔试验和各国法规规定的试验等。

主要设备包括底盘测功机、废气分析仪、密闭舱和低温舱等。

(3)碰撞试验室。

在碰撞试验室中可以进行国际法规认证试验、车辆碰撞性能和乘员保护系统的独立评价、使用最新科技设计并开发车辆原型、为厂家保密的例行碰撞试验等,以解决各种有关碰撞难题。

主要仪器设备包括实车碰撞系统和模拟碰撞系统,其中包含照明、假人、牵引、数据采集、高速摄像和图像数据分析系统。

(4)电磁干扰试验室(EMC)。

该设施用来对工作状态中的机动车及其他设备进行完全辐射敏感度和电磁辐射度的测试;在人工操作状态下测试车辆在城市及郊区遇到的宽频带电磁环境;在正常操作环境下车辆电子配件互相作用的影响;车辆系统电压改变和瞬变的影响;从附近发射机、动力线和闪电来的外部电磁辐射对车辆产生的影响;车辆上的移动无线发射机产生辐射的影响;车辆系统辐射(点火、发动机微机控制、数字时钟等)对环境的影响。

(5)发动机试验室。

发动机及传动系统耐久性室内模拟试验、新型发动机设计、提高燃油经济性、降低有毒物质的排放以及改善发动机性能等。

(6)车辆结构试验室。

车辆结构试验室从事车身部件结构整体性的研究和开发工作。结构分析包括线性和非线性、静态和动态有限元模型计算、结构模型分析、碰撞分析和系统模拟等。

(7)零部件耐久性试验室。

零部件耐久性试验室的主要试验项目包括结构或部件的断裂、失效、静态受力、振动试验;弯曲、扭转、剪切等组合应力分析;通过机械、气压、电液压方法产生的随机负荷输入、单一负荷输入以及程序控制的负荷输入;锈蚀、湿度、高低温、灰尘进入对汽车部件的影响;用于凸轮和随动件、车轮、齿轮的专用试验装置;空气、润滑油和燃油滤清器试验;零部件失效分析;为客户设计并建造特殊的试验台架或试验室。

(8)人体工程学试验室。

人体工程学是汽车设计和试验工作中必须考虑的重要问题,主要指人与车辆相互作用的关系,包括驾驶过程的工作量、乘坐舒适性、行人安全性和维修人员的操作简便性等。

(9)腐蚀试验室。

腐蚀试验室能够进行车辆的加速腐蚀性试验。其由六面双层隔热板包围而成,拥有先进的空气自动控制系统。室内温度、湿度都可根据需要进行调节。所有设备都进行了防腐蚀处理,并有安全保护装置。汽车在腐蚀试验室内进行50天实验与实际使用5年所受的腐蚀等效,从而大大缩短了试验周期。

4. 国外汽车试验场

早在1917年美国建成了世界上第一个汽车试验场——阿伯丁(Aberdeen)汽车试验场。第二次世界大战后,工业发达的西方国家的各大汽车公司(如美国通用、克莱斯勒、福特公司,日本丰田、三菱公司等)为发展本国汽车工业、占领世界汽车市场,纷纷斥巨资修建大型汽车试验场。以美国通用公司为例,它不但在美国本土,而且在巴西、英国、加拿大等国都兴建了自己的汽车试验场。近30年来,随着世界汽车工业的发展,各国汽车试验场的水平、数量和规模更是以前所未有的速度迅速发展。据不完全统计,目前,世界上已建有100多个不同类型的试验场。如美国的罗密欧(Romeo)、米尔费德(Milford),英国的米拉(MI-RA)、米尔布鲁克(Millbrook),德国的欧拉(Ehra-Lessien),日本汽研所(JARI)汽车试验场等都是世界著名的大型汽车试验场。表 7-1 为世界各国有代表性的部分汽车试验场及其主要技术参数。

国外主要汽车试验场主要技术参数　　　　　表 7-1

序号	名称	试验场面积（公顷）	高速环道 形状	高速环道 长度(km)	试验道路里程（km）	建成年份
1	OHTRC(美国)	3280	椭圆形	12.08	24	1961
2	Romeo(福特)	1570	椭圆形	8.05	170	1956
3	Milford(通用)	1613	椭圆形	6.1	101	1924
4	AASHO(美国)	2330	听筒形	10.24		1961
5	Dearborn(美国)	145.7		4	27	1935
6	Arizona(美国)	1554	椭圆形	8.05	41.8	1955
7	MIRA(英国)	263	三角形	4.5	21	1954
8	TRL(英国)	133	8 字形	4.5	38	1960
9	Millbrook(英国)	285	圆形	3.2	48	1971
10	Dodenhofen(德国)	260	圆形	4.8	43	1966
11	Ehra-Lessien(德国)	1100	听筒形	21	100	1968
12	INDIADA(西班牙)	400	椭圆形	7.56	22	1995
13	LCPC(法国)	215	椭圆形	4		1980
14	JARI(日本)	237	椭圆形	5.5	21	1965
15	土木研究所(日本)	134	听筒形	6.15		1979
16	TATRA(捷克)	147	长瓢形	1.65	18	1965
17	RABA(匈牙利)	153	长瓢形	3.67	20.6	1990

5. 国内汽车试验场

中国第一个试车场建成于 1987 年，位于海南琼海，随后，包括襄阳汽车试验场、定远汽车试验场等一批试验场陆续建成。但是，最初并非为轿车试验而建，主要是用于载货汽车和军用车辆的试验。这些试验场到 21 世纪才陆续开放为轿车进行试验。

目前，国内的整车试验场密集建设，分别有：

1) 交通部公路交通试验场(北京试验场)

北京试验场是公路科学研究院所属的，建成了包括实车碰撞试验室、汽车整车排放试验室、发动机试验室、整车试验室、汽车保修设备试验室、智能运输系统试验室、路桥工程试验室、交通工程试验室、环境工程试验室在内的试验室群。

2) 海南汽车试验场

海南汽车试验场，是我国唯一一个汽车湿热带综合试验基地，隶属于一汽集团，坐落在海南岛中部万泉河畔，占地 1200 亩。它基本上包含了中国现有条件的各种典型道路：沙滩路、扭曲路、石板路、鱼鳞坑路、搓板路、条石路、陡坡路、卵石路、沙土路等，可全面考核汽车的各种成分及零部件。

3) 定远汽车试验场

定远汽车试验场位于安徽省定远县境内，覆盖面积约 10000 亩，是目前国内占地面积最大的汽车试验场。现拥有4km椭圆形高速试验环道、2.2km综合性能试验路、6.6km凹凸不平试验路、10km越野路和5km场区山路，还拥有地形通过性试验设施、城市工况模拟试验广场、淋雨试验台、质心测试平台、标准纵坡(20%~60%)等重要专用试验设施，以及一套完整的、在国内较为先进的测试仪器，为汽车试验的开展提供了良好的条件，如图7-6所示。

图7-6　定远汽车试验场

4) 一汽技术中心农安试验场

一汽技术中心农安试验场坐落在长春市农安县，主要承担一汽集团汽车新产品的整车及主要总成的性能试验。同时，亦承担国内各厂家主要产品和进口样车的质量考核、鉴定及各种专项试验。试车场占地面积96万m^2。主要设施有：长4000m的长圆形高速环形跑道，分三车道，设计车速160km/h，最高车速可达200km/h。

5) 襄阳汽车试验场

襄阳汽车试验场始建于1985年，隶属东风汽车工程研究院。襄阳汽车试验场占地面积2902亩，内有高速环道、直线性能路、2号综合路、比利时环道等近30km试验路面和溅水池、标准坡、灰尘洞等试验设施，设有汽车整车、总成、零部件等试验室十余个，国家进出口车商检试验室2个，可满足国内外机动车辆的新产品开发试验、产品质量鉴定的需要，如图7-7所示。

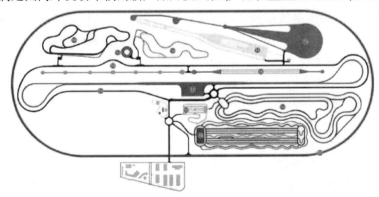

图7-7　襄阳汽车试验场

6）中汽中心盐城汽车试验场

试验场地位于江苏省盐城市。试验场主要包括：最高车速达 300km/h 以上的高速环道；用于高速变向和操控体验的直径 300m 的动态广场；满足高速直线竞速的长度为 2.7km 的性能路；多种弯角组合的用于车辆驾驶体验、操控状态测试的干湿操控路；同时，场地建设有多种附着系数的制动路、越野跑道和疲劳测试道路等。

7）上海通用泛亚安徽广德试验场

广德试车场是目前国内先进的试车场之一。试验道路长达 60 多公里，再加上各种配套辅助设施，使得广德研发试验中心具备有效考验车辆各方面极限性能的先进硬件。

8）上海安亭试车场

上海安亭试车场斥资 12 亿元，占地面积 1.44km^2。试车场内包括高速环道、强化试验、耐久试验等各种不同类型的道路，可以对轿车进行全面的专业测试。

9）福特试车场

2017 年建成，该测试中心拥有多条试车跑道用于模拟全世界各地不同特征的典型路面环境，并可以完成近八十项车辆测试。

10）丰田试车场

丰田试车场位于丰田汽车中国研发中心内。该试车场由多种赛道组成，路面和路况却比一般的赛道更丰富，包括多个弯道的沥青混凝土赛道、宽敞的直道、水泥路、砂石路面、土路、陡坡等，可以对汽车的性能进行综合测试。

11）广汽本田试车场

广州本田试车场主体工程包括全长 4.17km 呈浅碟状的高速环道和低摩擦系数路（玄武岩路面）、坏路（石块路）、弯曲路等 20 余种特种试车路面。

12）东风日产试车场

该试车场位于东风日产大连工厂内。整个试车场占地面积约 5.2 万 m^2，有 16 种测试路面和直线距离 900m 测试跑道，能够充分检验车辆各项动态性能。

13）重庆西部汽车试验场

重庆西部汽车试验场，位于重庆市垫江县黄沙镇，具有国内独有的世界先进水平的干湿操纵性道路，具有直径 300m 国内最大的圆形动态广场，具有 4 个行车道最高 200km/h 安全车速的高速环道，具有 20 多种路面的综合性评价道路，具有基本性能道、制动测试道（含 6 条 ABS 测试道）、车外噪声测试道、舒适性道路、强化耐久试验道、标准坡道、异响路等路面，可满足企业开发性试验、耐久性型式认证以及汽车强制法规试验的需要。

14）长城汽车试验场

长城汽车综合试验场位于保定长城总部新产业园区，综合试验场高速环道总长 7.019km，设计平衡时速 240km，最高时速可达 290km，是目前国内最长、时速最高的高速环道；动态广场由 900m 加速段和直径为 300m 的圆形区构成，整体坡度严格控制在 0.5% 以内。

15）重庆机动车强检试验场

试验场建有高标准的性能试验路、ABS 试验路、噪声试验路、动态广场、试验坡道以及涉水池等 6 种试验道路，承载能力强，完全满足机动车相关试验标准的要求。同时，重庆机动车强检试验场可以开展所有车辆的最高车速、制动、ABS、ESC 等有关安全性、动力性、经济性、舒适性、操纵稳定性等项目的法规试验与检测。

16) 比亚迪汽车试验场

比亚迪试验场位于深圳比亚迪总部,主要由高速环形跑道、强化测试道路及性能测试设施三大部分组成。高速环道是汽车试验场的主体设施,主要供汽车进行连续高速行驶试验。此外,试车场的强化测试道路主要进行零部件、车身、悬架、总成等结构的强化疲劳及可靠性试验。而性能测试设施主要提供汽车进行整车及总成的各种性能测试的场所。

二、任务实施

本任务实施以交通运输部汽车试验场的产品定型可靠性行驶试验为例阐述。

1. 准备工作

1) 试验道路

试验道路为采用交通部公路交通试验场试验道路试验场,试验道路示意如图 7-8 所示。

图 7-8 交通部公路交通试验场试验道路试验场

2) 试验样车

试验样车数量及其试验实施条件应符合相应车型的汽车定型试验规程的规定,并按《汽车道路试验方法通则》(GB/T 12534—1990)规定进行试验车辆的准备。

3) 试验检测人员

试验检测人员应由试验负责人、技术人员、专业驾驶员、修理工组成。试验人员应正确理解和掌握试验规程,准确地进行试验操作。对于首次来场人员,应进行相应技术培训后方可进行。

2. 技术要求与注意事项

(1) 在每个循环行驶中,试验车按道路指示标志操作行驶。

(2) 在试验场内行驶的全部里程应开前照灯,在雾、雨天气还必须开启雾灯。

(3) 在整个汽车行驶试验过程中不得空挡滑行。

(4) 在试验过程中夜间行驶不少于总里程的 10%。

(5) 每班结束后,试验车在指定地点倒车行驶 20m。

3. 操作步骤

1）根据车辆技术特征登记车辆信息

适用于基本车型及变型车产品定型可靠性行驶试验检测，车辆规格如表7-2所示。

产品定型可靠性试验车辆规格　　表7-2

序　号	车型选择	车型主要技术特征
1	客车A类	车辆全长大于3.5m，主要总成专门设计或选用已定型的总成设计的客车或未定型的客车底盘
2	客车B类	车辆全长大于3.5m，选用已定型的底盘设计的客车
3	轿车C类	发动机排量大于1L的轿车
4	轿车D类	发动机排量小于或等于1L的轿车
5	微客	车辆全长小于或等于3.5m的客车
6	微货	最大总质量小于或等于1.8t的载货汽车
7	全轮驱动汽车	为民用目的设计的全轮驱动汽车
8	轻型货车	最大总质量大于1.8t，小于或等于3.5t的载货汽车

2）进行车辆检测里程分配

（1）基本车型。

基本车型可靠性行驶试验总里程及各种道路里程分配见表7-3。表中所规定的总里程不包括磨合行驶里程。

基本型车试验总里程及里程分配　　表7-3

序号	试验道路类别	行驶里程(km)							
		货车	轻型货车	全轮驱动汽车	客车		轿车		微型客车微型货车
					A	B	C	D	
1	一般公路	4000	4000	5000	4000	3000	4000	4000	4000
2	山区公路	6000	6000	7000	5000	2000	4000	3000	3000
3	高速跑道	12000	14000	9000	15000	5000	18000	15000	12000
4	强化坏路（含陡坡）	8000（1000）	6000（1000）	9000（1000）	6000（1000）	5000	4000（500）	3000（500）	3000（500）
	总计	30000	30000	30000	30000	15000	30000	25000	22000

注：1. 铰接式客车、双层客车的山路里程并入一般公路里程。

　　2. 全轮驱动汽车参照相应车型规定，总里程中应包含一定的全轮驱动里程。

（2）变型车型。

变型车型可靠性行驶试验总里程及各种道路里程分配见表7-4。表中所规定的总里程不包括磨合行驶里程。

3）确定可靠性行驶试验循环路线。

行驶试验按山路—高速跑道—强化坏路—（一般沥青路）的顺序进行，也可按企业要求进行，根据具体条件顺序可以颠倒。在强化坏路行驶循环中包含了一般沥青道路（也可将高速和强化坏路组成小循环），可靠性行驶循环路线如图7-9所示。

变型车试验总里程及里程分配(单位:km)　　　　表7-4

序号	改进项目		行驶里程			
			山区公路	强化坏路(含陡坡路)	高速跑道	总计
1	底架结构或车身骨架结构有重大改进	客车		5000	3000	8000
		微型客车		2500	2500	5000
2	货车改换驾驶室（不包括局部改变）	货车		5000	3000	8000
		微型货车		2500	2500	5000
3	货车改换货箱（不包括局部改变）	货车		3500	1500	5000
		微型货车		2500	2500	5000
4	换装已定型的发动机		2000	2000(200)	3000	7000
5	较原车发动机功率或转矩增大10%以上		3500	500(500)	3000	7000
6	加长轴距(轴距大于基本型5%)			5000(500)	2000	7000
7	传动系结构变更		3000	1000	3000	7000
8	转向系结构变更		3000	3000(500)	1000	7000
9	制动系结构改进		4000	2000(200)		6000
10	悬架结构改进		1000	5000	1000	7000
11	前轴、后桥(壳)结构变更	货车	2000	7000	1000	10000
		客车	2000	5000	1000	8000
12	总质量或轴载质量变更		3000	5000		8000
13	自卸车底盘		2000	5000		7000
14	半挂牵引车			2000	5000	7000

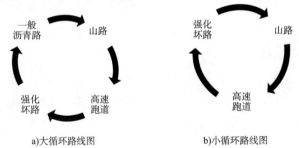

a)大循环路线图　　　　　　b)小循环路线图

图7-9　可靠性行驶试验循环路线

4）试验行驶检测

（1）一般沥青道路。

汽车以正常使用工况行驶，如图7-10所示。

（2）试验山路。

试验路段选择怀丰路和琉辛路北京怀柔境内的河防口—柏查子—密云的黑龙潭的一段山区公路，在保证安全的前提下以较高的车速行驶，上坡挡位不限，下坡原则上以高于上坡的一个挡位行驶，正常使用行车制动器，装有排气制动或辅助制动器的汽车应正常使用排气制动或辅助制动，如图7-11所示。

图 7-10 一般沥青道路

图 7-11 试验山路

图 7-12 高速跑道测试

(3)高速跑道。

试验车辆进入高速跑道后,以最高挡顺时针方向在相应车道上行驶,平均车速应不低于最大车速的 90%,每次持续行驶不少于 1.5h,如图 7-12 所示。

(4)强化坏路。

①强化坏路如图 7-13 所示,其各车道的适用车型及长度参数见表 7-5,平均速度及各种典型路面的参考车速见表 7-6,未规定车速的路面车速不限。

a)卵石路

b)搓板路

图 7-13 强化坏路测试

车道适用车型及长度　　　　表 7-5

车道名称	适用车型	长度(m)		
		强化坏路	连接路面	总长
1 车道	重型货车、重型自卸汽车、重型牵引汽车	5350	2878	8228
2 车道	中型货车、中型自卸汽车、中型牵引汽车	5350	2878	8228
3 车道	轻型货车、轻型自卸汽车、大中型客车	5103	3125	8228
4 车道	轻型客车、各型轿车、微型客车、微型货车	4203	4025	8228

平均车速及典型路面参考试验车速（单位：km/h）　　　　　表7-6

车道名称	石块路			扭曲路		卵石路		搓板路		坑洼路	长坡路	砂石路	平均车速
	甲	乙	丙	甲	乙	甲	乙	甲	乙				
1车道	25	30	30	10		30	40	40	40	5	40	30	25~35
2车道	25	30	30	10		30	40	40	40	5	40	30	25~35
3车道	25	40	40		10	40	50	60	50		50	40	35~45
4车道		40	50		10		50		50		50	40	40~50

②在陡坡路行驶过程中，试验车分别上18%坡、下20%坡、上10%坡、下6%坡，在坡道中间有标志处停车，使用驻车制动器，松开行车制动器。驻坡以后，驻坡制动5s后，起步继续行驶，如图7-14所示。

图7-14　陡坡路行驶

三、评价与反馈

1. 自我评价

(1)通过本学习任务的学习，回答以下问题：

①汽车试验场的功能是什么？

_____。

②汽车试验场有哪些特殊的试验路面？

_____。

(2)汽车试验场操作过程中用到了哪些设备？

_____。

(3)实训过程完成情况如何？

_____。

(4)通过本学习任务的学习，你认为自己的知识和技能还有哪些欠缺？

_____。

签名：_____　　　____年___月___日

2. 小组评价(表7-7)

小组评价表　　　　　　　　　　　　　　　　　　　表7-7

序号	评价项目	评价情况
1	是否了解汽车试验场的主要检测设施	
2	是否了解汽车试验场的准备工作	
3	是否了解汽车产品定型可靠性试验的检测步骤	
4	是否遵守学习、实训场地的规章制度	
5	是否能保持学习、实训场地整洁	
6	团结协作情况	

参与评价的同学签名：_____　　__年__月__日

3. 教师评价

_____
_____。

教师签名：_____　　__年__月__日

四、技能考核标准(表7-8)

技能考核标准表　　　　　　　　　　　　　　　　　　表7-8

项目	操作内容	规定分	评分标准	得分
汽车试验场与安全性设施试验	记录车辆铭牌信息,进行车辆登记	5分	记录与登记信息是否全面	
	确认试验道路设施的技术状态	5分	是否有检查动作,并给出正确结论	
	确认车辆技术状态是否正常	10分	是否有检查动作,并给出正确结论	
	确定车辆的循环路线	10分	是否有确认动作,并给出正确结论	
	确定车辆的循环行驶里程	5分	是否有确认动作,并给出正确结论	
	一般沥青路面行驶测试	10分	是否进行正确操作	
	试验山路行驶测试	10分	是否进行正确操作	
	高速跑道行驶测试	10分	是否进行正确操作	
	卵石路行驶测试	10分	是否进行正确操作	
	搓板路行驶测试	10分	是否进行正确操作	
	起伏路行驶测试	5分	是否进行正确操作	
	扭曲路行驶测试	5分	是否进行正确操作	
	检测结束,整理试验现场	5分	是否达到现场整理规范	
总分		100分		

学习任务2　基于虚拟现实(VR)技术的汽车性能与检测

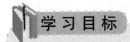

☞ 知识目标
1. 熟悉 VR 的基本知识；
2. 掌握基于 VR 的汽车检测技术；
3. 掌握基于 VR 的汽车检测工位技术实现与实践。

☞ 技能目标
1. 能完成 VR 设备的安装与调试；
2. 能完成基于 VR 技术的汽车检测项目。

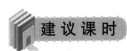

8 课时。

一、理论知识准备

1. VR

虚拟现实(Virtual Reality,VR)是指用于创建人造世界的计算机系统,在这个世界里,使用者有沉浸于其中的感觉,能在其内漫游并能操纵其内的物体。虚拟现实技术是仿真技术的一个重要方向,是仿真技术与计算机图形学、人机接口技术、多媒体技术、传感技术、网络技术等多种技术的集合,是一门交叉学科和富有挑战性的前沿技术研究领域。

VR 主要包括模拟环境、感知、自然技能和传感设备等方面。模拟环境是由计算机生成的、实时动态的三维立体逼真图像。感知是指理想的 VR 应该具有一切人所具有的感知。除计算机图形技术所生成的视觉感知外,还有听觉、触觉、力觉、运动等感知,甚至还包括嗅觉和味觉等,也称为多感知。自然技能是指人的头部转动、眼睛、手势或其他人体行为动作,由计算机来处理与参与者的动作相适应的数据,并对用户的输入作出实时响应,并分别反馈到用户的五官。传感设备是指三维交互设备。

1) VR 的特点

(1)多感知性:指除一般计算机所具有的视觉感知外,还有听觉感知、触觉感知、运动感知,甚至还包括味觉、嗅觉、感知等。理想的虚拟现实应该具有一切人所具有的感知功能。

(2)存在感:指用户感到作为主角存在于模拟环境中的真实程度。理想的模拟环境应该达到使用户难辨真假的程度。

(3)交互性:指用户对模拟环境内物体的可操作程度和从环境得到反馈的自然程度。

(4)自主性:指虚拟环境中的物体依据现实世界物理运动定律动作的程度。

2)虚拟现实的技术应用

由于虚拟现实技术的技术特点,VR在医学、娱乐、军事航天、工业仿真、应急推演、室内设计、道路桥梁、教育培训等领域均有广泛应用。当前,许多高校都在积极研究虚拟现实技术及其应用,并相继建起了虚拟现实与系统仿真的研究室,将科研成果迅速转化实用技术,如北京航空航天大学在分布式飞行模拟方面的应用;浙江大学在建筑方面进行虚拟规划、虚拟设计的应用;哈尔滨工业大学在人机交互方面的应用;清华大学对临场感的研究等都颇具特色。有的研究室甚至已经具备独立承接大型虚拟现实项目的能力。虚拟学习环境虚拟现实技术能够为学生提供生动、逼真的学习环境,如建造人体模型、电脑太空旅行、化合物分子结构显示等,在广泛的科目领域提供无限的虚拟体验,从而加速和巩固学生学习知识的过程。亲身去经历、亲身去感受,比空洞抽象的说教更具说服力,主动交互与被动灌输,有本质的差别。

3)实现虚拟现实的硬件

虚拟现实硬件指的是与虚拟现实技术领域相关的硬件产品,是虚拟现实解决方案中用到的硬件设备。现阶段虚拟现实中常用到的硬件设备大致可以分为四类。它们分别是:

(1)建模设备(如3D扫描仪)。

(2)三维视觉显示设备[如3D展示系统、大型投影系统(如CAVE)、头显(头戴式立体显示器等)]。

(3)声音设备(如三维的声音系统以及非传统意义的立体声)。

(4)交互设备[包括位置追踪仪、数据手套、3D输入设备(三维鼠标)、动作捕捉设备、眼动仪、力反馈设备以及其他交互设备]。

目前主流的VR交互设备有HTC VIVE、Oculus Touch等,如图7-15所示。

图7-15 HTC VIVE套装

2. 基于VR的汽车检测技术

1)传统汽车检测实训的弊端

传统的汽车检测站实训,都是在学校进行基本的设备讲解和操作后,再去真实运营的检测站去参观,因学校现有设备数量和场地的限制,无法展开实训。到了实际汽车检测站,考虑安全及生产效率等因素,学生也只能在部分工位上看几遍,很难进行动手操作。

2)VR技术在汽车检测教学的优势

基于VR的汽车检测技术,解决了学生实训场景数量有限、实训过程安全风险较大、经验丰富的师傅数量有限、设备价格昂贵复杂、实训管理混乱等各种影响汽车检测线相关实训的问题。通过整合汽车检测站的学习资源,虚拟实训课程包含"检测站总体布局及流程概述项目""外检线实训项目""安检线实训项目""尾气检测实训项目"等多个机动车安全技术检测典型环节的 VR 教学内容。学生可以用 VR 沉浸式的场景体验,身临其境地观察各操作工序及流程,自主学习丰富教学资源,深入了解汽车检测线的特点及布局,将自身的实际感受与虚拟环境中的检测线进行体验和交互,近距离地接触检测线,从而产生身临其境的感受和体验,达到最好的学习效果。

通过 VR 设备的人机交互功能,可以以不同的操作视角完成待检车辆的全部检测过程。从时间和空间上,大大节约了实训时间和场地问题,能够让学生不受训练次数的限制,提高了实训的安全性。

本任务采用的 VR 设备为 HTC VIVE 套装,配合罗技 G29 完成汽车检测线项目实训教学。

二、任务实施

(一) VR 设备的安装与调试

1. 准备工作

(1) 确保操作区域没有杂物。

(2) 连接所有的硬件。

(3) 检查定位器、头显、手柄是否正常工作。

2. 注意事项

为了能正常使用 VR 设备需要有至少 3m² 的空间,基本要求就是空旷,否则戴上 VR 头显之后进行相关互动时可能会有无意识的磕碰摔伤、撞伤。同时,两个 HTC 定位器之间的最长距离不能超过 4m,尽量设在高处,正面可以朝向整个空间。

3. 操作步骤

1) 连接所有硬件(图 7-16)

确保 HTC VIVE、罗技 G29 与电脑主机正确连接。

2) 打开 Steam VR 软件进行设备初始化(图 7-17)

首先进行环境配置,根据场地设置为可移动还是仅站立。其次设置可移动区域,最后设置手柄与地面的相对位置。

图 7-16 罗技 G29

图 7-17 环境配置

3)配置后出现提示(图 7-18、图 7-19)

如果配置正确,所有图标均为绿色,显示"就绪"。若有任一个出现异常则图标为灰色,显示"未就绪"且无法使用 VR 设备。

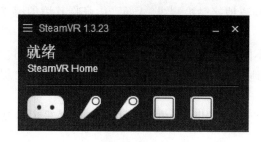

图 7-18　配置正确　　　　　　　　图 7-19　配置错误

(二)基于 VR 技术的汽车检测项目

1. 准备工作

(1)确认 VR 设备已安装调试完毕。

(2)检查定位器是否正常工作。

(3)确保操作区域没有杂物。

2. 注意事项

VR 设备的准备同上"VR 设备的安装与调试",由于篇幅有限,以下操作节选部分汽车检测项目,汽车外观检查及汽车尾气检测,主要体现 VR 设备的人机交互特性。

3. 操作步骤

1)打开汽车检测线课程软件(图 7-20)

设置显示分辨率、显示质量等参数,点击"Play"进入。

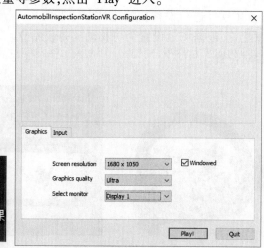

图 7-20　汽车检测线课程软件准备界面

单元七　汽车试验场

2）在虚拟的检测站大厅中选择相应功能（图7-21）

使用手柄可以选择如下功能：汽车检测站总体功能介绍、车辆操作员岗位、车辆外检岗位、车辆安检岗位、车辆尾气检测岗位。

图7-21　检测站大厅

3）以车辆操作员岗位为视角（图7-22）

以下项目需要在罗技G29上进行操作。

图7-22　车辆操作员准备

4）进入车辆外检工位（图7-23）

根据头显内屏幕提示将车辆驶入外检工位，待外检员进行车辆外观等项目检测。

图7-23　根据提示驶入外检工位

5)进行车辆外检操作(图 7-24、图 7-25)

以下为外检员视角,需要在不同的位置完成车辆外观、驾驶员座椅安全带、车厢内部、发动机舱、车辆识别号、行李舱等照片拍摄及上传。

图 7-24　车辆外观检查

图 7-25　车辆外检项目

6)进入汽车尾气检测工位(图 7-26、图 7-27、图 7-28)

以下为尾气检测工位操作员视角,使用手柄拾取尾气取样管,插入汽车排气管,并操作尾气分析仪。

7)根据提示进行操作(图 7-29、图 7-30)

以下为车辆操作员视角,在头显屏幕的提示下,踩踏 G29 的加速踏板完成操作。完成尾气检测操作后,车辆操作员将车辆驶入其他检测工位。

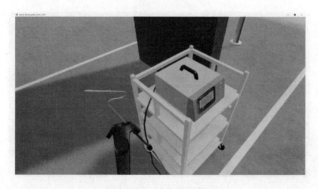

图 7-26　拾取取样管

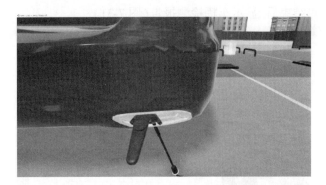

图 7-27　插入汽车排气管中

图 7-28　操作尾气分析仪

图 7-29　以 25km/h 的速度保持 10s

图 7-30　以 40km/h 的速度保持 10s

8）所有检测项目结束后，显示车辆检测报告（图7-31）

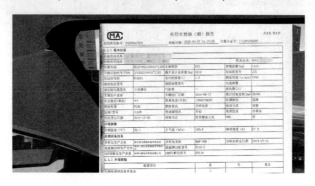

图7-31　车辆检测报告

三、评价与反馈

1. 自我评价

(1) 通过本学习任务的学习，回答以下问题：

① 虚拟现实技术的基本概念是什么？

_____。

② 利用VR技术用于汽车检测教学的好处是什么？

_____。

(2) 基于VR汽车检测项目操作过程中用到了哪些设备？

_____。

(3) 实训过程完成情况如何？

_____。

(4) 通过本学习任务的学习，你认为自己的知识和技能还有哪些欠缺？

_____。

签名：_____　　　_____年___月___日

2. 小组评价（表7-9）

小组评价表　　　　　　　　　　　　　　　　表7-9

序号	评价项目	评价情况
1	是否了解基于VR的汽车检测技术内涵	
2	是否了解基于VR的汽车检测系统的安装	
3	是否了解基于VR的汽车检测系统的中检测项目的操作方法	
4	是否遵守学习、实训场地的规章制度	
5	是否能保持学习、实训场地整洁	
6	团结协作情况	

参与评价的同学签名：_____　　　_____年___月___日

3. 教师评价

_____
_____。

教师签名：_____　　_____年____月____日

思考与练习

（一）填空题

1. 汽车试验场按其功能一般可分为_____和_____。

2. 汽车道路试验是考核和评价_____的最终技术措施和手段，而_____则是专供汽车进行道路试验用的场所。

3. 长直线综合试验路一般直线长度为_____，车道数为2~10条。

4. 汽车试验场中的制动试验路一般都布置有_____种由不同材料修建而成的具有不同摩擦系数(μ=0.1~1.0)的特种路面。

5. 汽车试验场中的强化试验路又称为_____，是由各种具有不同几何特性和材料特性的特种路面构成的。

（二）判断题

1. 虚拟现实与通常CAD系统所产生的模型以及传统的三维动画是一样的。（　　）

2. 虚拟现实是一种高端人机接口，包括通过视觉、听觉、触觉、嗅觉和味觉等多种感觉通道的实时模拟和实时交互。（　　）

3. 虚拟现实技术的沉浸感是最弱的。（　　）

4. HTC的VR设备使用1个定位器即可工作。（　　）

5. 基于VR的汽车检测技术实训课程无法进行检测设备的交互操作。（　　）

（三）选择题

1. 汽车可靠性行驶试验循环路线合理的是（　　）。
   A. 山路—高速跑道—强化坏路—一般沥青路
   B. 高速跑道—强化坏路—山路—一般沥青路
   C. 一般沥青路—山路—强化坏路—高速跑道
   D. 山路—强化坏路—高速跑道—一般沥青路

2. 试验场主要配套的噪声和振动试验室中的主要设备包括（　　）。
   A. 底盘测功机和噪声测量仪器　　　　B. 底盘测功机和灯光测量仪器
   C. 尾气分析仪和噪声测量仪器　　　　D. 底盘测功机和车速表测量仪器

3. 汽车试验场的高速环道设计平衡车速一般为（　　）。圆曲线半径为100~1000m。
   A. 120~300km/h　　　　　　　　　B. 150~350km/h
   C. 180~380km/h　　　　　　　　　D. 170~370km/h

4. 汽车试验场中的耐久试验路一般由各种坡道构成的标准坡道和模拟地区性道路的典型试验路组成，总里程一般为5~100km。其中标准坡道的纵坡为一般（　　）。
   A. 5%~60%　　　　B. 10%~60%　　　　C. 15%~60%　　　　D. 20%~60%

5. 汽车试验场的高速环道圆曲线设计半径一般为( )。
   A. 100~1000m   B. 130~1100m   C. 140~1200m   D. 150~1400m

(四) 问答题

1. 汽车试验场一般具备哪些试验设施?
2. VR系统的典型硬件组成有哪些?
3. VR技术的典型应用有哪些?
4. VR技术在汽车检测中的优势是什么?

参 考 文 献

[1] 杨柳青.汽车检测与诊断技术[M].上海:同济大学出版社,2009.
[2] 张建俊.汽车诊断与检测技术[M].北京:人民交通出版社,2012.
[3] 国家质量监督检验检疫总局,等.机动车运行安全技术条件:GB 7258—2017[S].北京:中国标准出版社,2017.
[4] 杨柳青.汽车检测技术[M].合肥:合肥工业大学出版社,2014.
[5] 方锡邦,等.汽车检测技术[M].合肥:安徽科学技术出版社,2000.
[6] 韩顺武.汽车检测与诊断[M].大连:大连理工大学出版社,2001.
[7] 邹小明.汽车检测与诊断技术[M].北京:人民交通出版社,2006.
[8] 国家汽车质量监督检验中心(襄樊).汽车静侧翻稳定性台架试验方法:GB/T 14172—2009[S].北京:中国标准出版社,2009.
[9] 国家质量监督检验检疫总局.机动车安全技术检测站:GB/T 35347—2017[S].北京:中国标准出版社,2018.
[10] 国家轿车质量监督检验中心.客车防雨密封性限值及试验方法:QC/T 476—2007[S].北京:中国标准出版社,2007.
[11] 杨益明.汽车检测设备与维修[M].北京:人民交通出版社,2005.
[12] 李运胜.论汽车试验场的建设与发展[J].公路交通科技,2000,17(6).
[13] 交通部公路交通试验场.汽车新产品定型可靠性行驶试验规范(试行),2010.
[14] 环境保护部.轻型汽车污染物排放限值及测量方法(中国第六阶段):GB 18352.6—2016[S].北京:中国环境出版社,2016.
[15] 王贤坤.虚拟现实技术与应用[M].北京:清华大学出版社,2018.
[16] 梁森山.VR与3D教育蓝皮书[M].北京:人民邮电出版社,2018.
[17] 生态环境部.汽车污染物排放限值及测量方法:GB 18285—2018[S].北京:中国环境科学出版社,2019.